大运河

传奇中国

姜师立 | 编著

中国轻工业出版社

推荐语

作为世界文化遗产的中国大运河，是由京杭大运河、隋唐大运河、浙东运河三部分组成的，全长3200公里，跨越地球11个纬度、10个经度，是中国乃至世界水利工程史上的一座丰碑。

本书作者姜师立是大运河研究方面的专家，扬州大学兼职教授。我和他相识于中国大运河申报世界遗产期间，他曾经多年出任中国大运河联合申报世界文化遗产办公室副主任、大运河遗产保护管理办公室副主任，专职从事大运河遗产保护与申遗工作。我知道，他对大运河的过去、现在和未来的独特思考和深入研究，在业内一直受人关注。

由他编著的这本《传奇中国：大运河》，涵盖了大运河开凿和贯通、河道、河流交汇技术、漕运、运河城市、运河世界遗产、运河工商百业、运河人物、风土人情、运河文化、对外交流、传承和创新等内容。通过精准生动的语言、精美的图片、巧妙的篇章结构，把中国大运河在中华五千年历史中的独特地位勾勒得惟妙惟肖，使我们对中国大运河有更加深刻而现实的了解，从书中体会到中华民族的创新意识和强大智慧，增强民族自豪感和自信心。

本书有以下几个亮点和特点：

按主题讲述，内容全面，重点突出。全书11个主题，囊括了中国大运河全部内涵，凸显了大运河的传奇之处。本书可以作为国民了解大运河文化的全新读本。

以文化为主线，旗帜鲜明，图文结合得当。本书让读者在感性和理性两方面深刻认识大运河工程在经济发展、风土人情、聪明智慧、国际交流、传承保护等方面孕育的强大的文化力量。精美而富有史料价值的图片使本书锦上添花。

观点新颖，解读深刻，亮点突出，特色明显。本书在行文中融入了作者多年的研究成果和独特的学术观点，丰富了人们对大运河历史作用、现实价值以及未来传承的理解，从物质和精神层面解读大运河丰富而多元的内涵，使读者耳目一新，开启了重新深刻认识大运河的独特视角。

总之，在建设文化强国背景之下看这本书，不仅有利于人们重新认识这项伟大运河工程，有利于加强文物古籍保护、研究、利用，强化重要文化和自然遗产、非物质文化遗产系统性保护，而且对深入推进大运河国家文化公园建设，传承弘扬中华优秀传统文化，都具有非常重要的作用。

刘曙光

中国博物馆协会理事长

国家文物局原副局长

2021年8月

推荐语

大运河是中国古代劳动人民创造的一项伟大工程，是世界上开凿较早、沿用时间最久、规模最大的运河，展现出我国古代劳动人民的伟大智慧和勇气，传承着中华民族的悠久文明和历史，是一部书写在华夏大地上的宏伟诗篇，2014年大运河成功入选《世界遗产名录》，大运河成为传播优秀中华文化的窗口。大运河是流动的文化，沿岸拥有数不清的码头、官仓、船闸、桥梁、堤坝、衙署、寺庙、会馆、历史街区和园林，如此丰富的物质和非物质文化遗产构成了大运河深厚的历史文化价值。认真贯彻落实习近平总书记关于“保护好、传承好、利用好大运河”这一祖先留给我们的宝贵遗产的重要指示批示精神，深入挖掘大运河承载的丰富历史文化资源，建设大运河文化带，推进大运河国家文化公园建设，打造成为展示中华文明的亮丽名片，是新时代党中央、国务院主动适应我国社会主要矛盾变化，作出的一项重大决策部署。本书正是在这一背景下诞生的。

只有了解了大运河，才能去真正热爱她，在了解和热爱的基础上才能更好地去保护和利用她。《传奇中国：大运河》作者姜师立，在大运河申遗期间，曾任大运河联合申报世界文化遗产办公室专职副主任，亲历了大运河申遗的过程，组织或参与了大运河申遗的关键工作。申遗成功后又投身于大运河文化的研究和大运河文化带建设的研究，出版过《京杭大运河历史文化及发展》《中国大运河百问》《中国大运河文化》《中国大运河遗产》《中国大运河 · 扬州》《大运河文化的传承与创新》《活在大运河》《运河王朝》等专著，他是名副其实的大运河的热爱者，又是运河文化的研究者，更是建立运河学的倡导者。如今他将许多珍贵的资料及多年的研究成果汇集成《传奇中国：大运河》图书，奉献给广大读者，目的是让更多的人了解大运河，热爱大运河，以激发全社会参与保护遗产的热情，更好地推进文化遗产事业的蓬勃发展。

该书的主要内容是展现大运河的价值：包括历史阶段的价值，大运河蕴含的文化和精神价值。从政治权杖、水利工程、经济发展、民族融合、文化传承等各个方面突出大运河的独特作用，从而让读者深度认识大运河。与以前出的大运河图书相比，这本书的特别之处有三点。

一是在图书的呈现形式上，采用了杂志风格的图书，通过有冲击力和鲜见的图片，精练而专业的文字，编成一本图文并茂、设计精美的普及读本。本书有些古图是首次用于大运河的图书中，特别是一些长图，通过折叠的形式放在书中，既可以作为图书的内容，也可以拉开独立观赏。

二是该书首次从运河与五大自然水系相交这个角度，对大运河的水工文化进行了研究，这在运河水工技术的研究上具有一定的独创性。

三是该书对与运河相关的人物进行了梳理，从开凿维修、使用和传播三个方面对运河人物进行介绍，方便读者全面地了解运河人物，了解大运河。从运河文化的研究层面上，该书具有一定的学术价值、历史价值、文化价值和出版价值。从文化传承、文化认同和文化走出去等层面，该书具备较高的出版价值和重大文化积累价值。从利用大运河文化，发展文化旅游产业的角度，该书的出版具有一定的经济效益。该书还可以作为一本很好的工具书，该书对中国大运河文化分条线式的介绍，图文兼备式的形式，无论对文化研究者，还是旅游产品设计者都将起到很好的辅助作用。

该书主题灵动，亮点突出，特色明显，既有时代气息，又有历史厚重感，可读性强。讲述中国大运河故事，传播中国历史、中国文化和中国声音，让更多的人认识大运河，领会大运河的价值所在，进而让我们的民众更加了解和尊重自己的历史，提高民族的自信心和自豪感，培养高度的文化自觉和文化自信，增强民族文化软实力，为中国优秀文化走出去奠定坚实基础。从这一层面来讲，该书的出版会带来显著的社会效益。

张廷皓

中国文物学会大运河专委会会长

原全国政协委员

原中国文化遗产研究院院长

目录

大运河的开凿和贯通

大运河的 10 大河道

世上没有两条交叉的河流，但大运河除外

漕运，不仅仅是流动的财富

运河锦练上的明珠

琳琅满目的大运河世界遗产

大运河工商百业

运河人物：运河边走出来的伟岸男子

大运河两岸的风土人情

大运河孕育的丰富文化

中外文化交流的纽带

尾声　新时代大运河的新使命

大运河的开凿和贯通

认识大运河要从了解大运河悠久的历史开始。

从文献资料了解到，
大运河的开凿始于前 5 世纪的春秋时期，
隋代完成第一次全线贯通，
形成隋唐宋时期以洛阳为中心沟通中国南北方的隋唐大运河。

元代由于中国政治中心的迁移，
将大运河『弃弓走弦』，改线为直接沟通北京与南方地区，
形成元明清时期以北京为中心的第二次大沟通。

大运河历经两千余年的持续发展与演变，
直到今天仍发挥着重要的交通与水利功能。

大运河的主体工程主要集中在三个时期：
一是春秋战国时期（前 5 世纪至前 3 世纪），
二是隋朝时期（7 世纪初），三是元朝时期（13 世纪后期）。

~

世界运河之都　古运河夜景

大运河的初创时期

前 5—6 世纪

前5～6世纪是中国早期运河开凿的高潮期，这一阶段的运河主要表现为区间运河，如徐国开凿的陈蔡运河、楚国开凿的江汉运河、魏国开凿的鸿沟、秦国开凿的郑国渠，还有齐国在山东淄、济之间开凿的运河，曹操开凿的白沟。而大运河最早的一段，即古邗沟，也是开凿于这个时期的区间运河，它沟通了淮河与长江，成为大运河河道成型最早的一段，作为重要的区域性交通要道，得到不断的维护与经营。**古邗沟也许不是最早开凿的人工运河，但却是这些区间运河中沿用时间最长、作用发挥最为明显的一段运河。**

~
今日古邗沟的一段

01

陈蔡运河

春秋战国时代，诸侯国林立，战争不断，军事征伐和政治、经济交流带来了运输的需要。在古代不发达的生产力条件下，水路运输是最快捷可行的交通方式。为了弥补天然河流的限制，各国开始人工开凿运河。

陈蔡运河是西周时徐国国君徐偃王开凿的运河。徐偃王是西周时期徐国第32代国君。徐国统辖今淮、泗一带，建都下邳（今更名为江苏省徐州市睢宁县古邳镇）。徐偃王在历史上最大的功绩，就是开凿了中国历史上可能最早的运河。据北魏郦道元《水经注》记载："偃王治国，仁义著闻。欲舟行上国，乃通沟陈蔡之间，得朱弓矢，已得天瑞，自称徐偃王。"徐偃王开凿了陈蔡运河，沟通了陈国和蔡国在淮水的两条支流。陈国和蔡国本来就是邻国，这条陈蔡运河比较小，且不久即被荒废，因而在历史上也无痕迹可寻觅。经过两三千年的沧海桑田，陈蔡运河具体在哪，已无从考证。

江汉运河又称扬水、子胥渎。《史记·楚庄王列传》记载：楚庄王（前613—前591年）时，激沮水作渠，引江水循入古汉水支流扬水，东北流至今湖北潜江西北注入汉水，沟通江汉；楚灵王（前540—前529年）时，又自章华台（今湖北监利北）开渎北通扬水以利漕运。江汉运河，这是有确切记载的中国最早的运河工程。

先秦时期位于楚国管辖范围内的“云梦泽”是一片江河漫流的区域。长江与汉江在江汉平原形成了烟波浩荡的水泽，泽地周边，河流或合或分，水运或通或塞，变化无常。前601年，楚国为了方便作战和运输，利用并疏通“云梦泽”中的天然河道——扬水，修建了扬水运河。当时，楚国的政治中心在纪南城（今湖北荆州，也叫郢都），而粮草却要依赖襄阳到沙洋一带的富裕地区。为了方便位于都城的军队获得粮食，需要便捷的水上运输通道，楚国令尹孙叔敖主持修建了扬水运河。孙叔敖勘察地形，决定从今天的沙洋一带到长湖开一条水路，直通纪南城，沟通长江与汉江。

扬水运河通航后，舟船可由汉江中游经这条运河到达今天的荆州沙市区附近入长江。楚国因这条“水上捷径”尽占舟楫之利，国运兴盛一时。

楚昭王（前515—前489年）时，伍子胥率领吴国军队伐打楚国，疏浚这条运道而进入，所以叫“子胥渎”。但据安作璋先生在《中国运河文化史》一书中考证，是有“子胥渎”这条运河，但未必是伍子胥开的。因为吴国在楚国东边，要进攻楚国应该在东边开运河，不可能到楚国郢都的西南去开子胥渎，可能是后人附会名人，将这条运河安在了伍子胥头上。

03 胥溪运河

明朝人韩邦宪的《广通坝考》说，伍子胥伐楚时，在吴国境内开凿过一条运河。这里至今还称胥溪，俗称胥河。

胥河源出南京市高淳区固城湖，古代称为胥溪、胥溪河、伍堰河、五堰河、鲁阳五堰、胥溪运河。这条运河在太湖的西边，横贯现在的南京市高淳区，西通固城湖上游连接长江在安徽芜湖的支流水阳江，下游接太湖水系的荆溪河，全长30多千米。

关于胥河是人工运河的记载，最早出自北宋元祐四年（1089年），著名水利专家、宜兴人单锷的《吴中水利书》。

但也有研究者认为，这条胥河并不是伍子胥开的，它只是一条自然河流。

今天的胥河

04 邗沟

春秋时期，扬州附近就是长江的入海口，扬州以西才具江型，扬州以东是开阔的海湾，当时的江岸就在蜀冈南边。吴国地处水乡泽国，“以船为车、以楫为马”（《吴越春秋》卷6），北上与齐国争霸，靠车马运输军事物资比较困难，而水路运输是最经济和可行的方案。而当时吴国北上中原有两条水路，一条是由长江入海，北上后再入淮河向西，但海上风浪大，行船没有保障。另一条是开凿由长江到淮河的人工水道。前486年，吴王夫差在今扬州市西北的蜀冈尾闾修建邗城，引江水入淮，因名邗沟。

春秋时期左丘明所著的《春秋·左传注》曾记载：“哀公九年，吴城邗，沟通江淮。”其路线是从邗城下挖沟，引江水经茱萸湾北上，在武广湖（今邵伯湖）和陆阳湖（今绿洋湖）之间，下注樊良湖（今高邮湖），折向东北入博芝、射阳二湖，出湖西北经夹耶至末口（今淮安）入淮河。

清代刘文淇在《扬州水道记》中叙述：“春秋之时，江淮不通。吴始城邗，沟通江、淮。此扬州运河之权舆也。于邗筑城穿沟，后世因名之曰邗沟，一曰邗江。而由江达淮，皆统谓之邗沟。”

古邗沟

古代长江与淮河间的分水岭并不明显，大致位于今扬州市江都区邵伯镇东至仪征陈集镇一线。凿通这一分水岭，沟通江淮，始于前486年邗沟的开挖。为减少工程量，当时邗沟尽量利用天然河道和湖泊，以较短的人工渠道相沟通。早期的扬州至淮安之间的运河，自北至南，由白马湖、宝应湖、高邮湖、邵伯湖等一系列天然湖泊连缀在一起。

古邗沟，正是充分利用了天然湖泊水域，通过人工挖掘，将这些天然湖泊连缀成一条畅通的水路。吴王夫差开邗沟的目的在于连通长江与淮河，北上与齐国争霸。但由于时间仓促，邗沟开凿得不够理想，第二年吴国北上伐齐还是由江入海，再由淮入泗的。但这条邗沟经过后代的不断开凿与拓展，到了隋代贯通，北通淮河与汴水，南贯长江与江南运河、浙东运河相通，直抵大海，成为贯通中国南北，连接东西的黄金水道，成为中央集权的多民族封建国家的经济命脉与制度支撑。

邗沟是大运河水系中有确切文献记载的最早的运河之一，也是世界上较早的运河之一。

05

菏水

征服了齐国后，北方还有一个强国晋国，晋国成为吴王夫差争霸中原的障碍。从齐地西进会盟晋侯，路途遥远，陆路运送军队和给养都十分困难。当时的泗水与济水之间是一片沼泽地，除了水面广阔的大野泽之外，还有雷泽、菏泽等。**于是夫差利用开凿邗沟的成功经验，又开凿了一条沟通泗水和济水的水道，后人称为菏水。菏水的开凿，开辟了夫差西进与晋侯争雄的水上通道。**

前482年，夫差倾全国之兵，北上会盟于晋侯。他的舟师顺利地由淮水入泗水、再由泗水入菏水，再入济水，最后到达他和晋侯会盟的济水岸边的黄池（今河南封丘南）。

这一时期的运河开凿的动因是诸侯国群立而带来的分裂局面，运河的开凿大多都是临时为某一政治或军事目的所开，既无统一的规划，也没有长期的考虑，因此，工程设施比较简陋，事后也没有经常地维护，在当时的交流方面所起的作用并不明显。但这些地区性运河最终改变了中原地区的水系面貌，而且为隋代贯通南北的大运河奠定了基础。

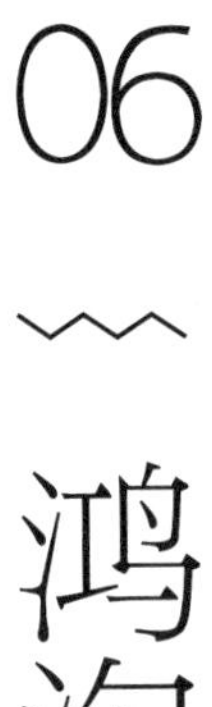

鸿沟始凿于战国中期。魏惠王六年（前396年），魏国把国都从安邑东迁到梁（今开封一带），又称大梁。因此，魏惠王又被称为梁惠王。魏惠王迁都大梁后，他在前361年前后开始挖掘改造鸿沟。鸿沟北接黄河，南边沟通了淮河北岸的几条主要支流，构成了黄、淮之间的水路交通网络。**鸿沟不是一条单一的水道，而是由几条运河共同组成一个水系，人们习惯上把这个水系称为鸿沟。**鸿沟大体流向是自今河南荥阳市北引黄河水南流入圃田泽，经魏国都城大梁，在大梁之东转而流向东南，到陈国都城陈（今河南淮阳），又折向南，最终入颍水。

后人将从大梁南流的这段水道称为狼汤渠，这就是项羽与刘邦楚汉分界的鸿沟。

从此，中原地区形成了以鸿沟为干渠的水运交通网。鸿沟水系的形成大大改变了黄淮平原的水系面貌，同时也改变了中原地区的水运和灌溉条件。前221年秦始皇统一六国后，为了建立和巩固空前统一的秦帝国，更充分利用了鸿沟水系，从各地漕运大批粮食，源源不断地运往关中和京师咸阳。

后来，鸿沟的一部分河道成为汴河即隋代通济渠的组成部分。

07 都江堰

春秋战国时期，除吴、楚、魏开凿运河，秦、齐也开凿了运河。齐国开凿的运河位于淄水和济水之间，是沟通淄水和济水之间的水道。而秦国在成都平原开凿的人工水道则更为出名，虽然它不是直接用于战争，但却对秦国灭六国，统一中国起到了重要作用。

为统一中国，秦昭襄王收服了巴、蜀地区。并于前256年，委任知天文、识地理的李冰为蜀郡太守。李冰上任后，就下决心根治岷江水患，发展川西农业，造福成都平原，为秦国统一中国奠定经济基础。

李冰和他的儿子，吸取前人的治水经验，主持修建了著名的都江堰水利工程。都江堰的整体规划是将岷江水流分成两条，其中一条水流引入成都平原，这样既可以分洪减灾，又可以引水灌田、变害为利。主体工程包括鱼嘴分水堤、飞沙堰溢洪道和宝瓶口进水口。李冰父子对地形和水情作了实地勘察，决定凿穿玉垒山引水。由于当时还未发明火药，李冰便用火烧石山使岩石爆裂，终于在玉垒山凿出了一个宽20米、高40米、长80米的山口。因其形状酷似瓶口，故取名“宝瓶口”，把开凿玉垒山分离的石堆叫“离堆”。

宝瓶口引水工程完成后，虽然起到了分流和灌溉的作用，但因江东地势较高，江水难以流入宝瓶口，为了使岷江水能够顺利东流且保持一定的流量，并充分发挥宝瓶口的分洪和灌溉作用，李冰又在岷江中修筑了分水堰，将江水分为两支：一支顺江而下，另一支被迫流入宝瓶口。由于分水堰前端的形状好像一条鱼的头部，所以被称为“鱼嘴”。

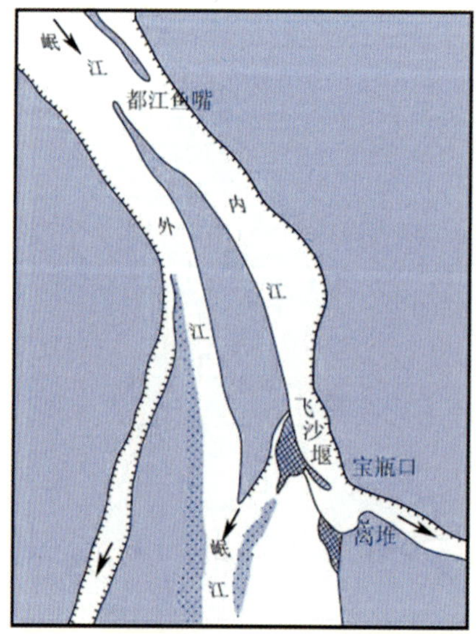

都江堰工程示意图

为了进一步控制流入宝瓶口的水量，起到分洪和减灾的作用，防止灌溉区的水量忽大忽小、不能保持稳定的情况，李冰又在鱼嘴分水堤的尾部，靠着宝瓶口的地方，修建了分洪用的平水槽和“飞沙堰”溢洪道，以保证内江无灾害。溢洪道前面修有弯道，江水形成环流，江水超过堰顶时洪水中夹带的泥石便流入到外江，这样便不会淤塞内江和宝瓶口水道，故取名“飞沙堰”。

这样就形成了以都江堰为中心的集防洪、灌溉、航运为一体的水利工程。这就是后来的都江堰水利系统。李冰开凿的都江堰水利系统，保证了川西平原约300万亩良田的灌溉，使成都平原成为天府之国。这对秦国的强盛，并最终灭掉六国起到了重要的作用。这套水利系统既可灌溉，又可行船，因此也归为运河。

~

都江堰宝瓶口

08 郑国渠

最早在关中建设的大型水利工程，是战国末年秦国开凿的郑国渠。前246年由韩国水利专家郑国主持兴建，约10年后完工。郑国渠的修建说来很有故事性，这一工程是韩国所施“疲秦”之计而造成的。

战国末期，在秦、齐、楚、燕、赵、魏、韩七国中，当秦国国力蒸蒸日上，虎视眈眈时，首当其冲的韩国却孱弱到不堪一击的地步，随时都有可能被秦并吞。前246年，韩桓王在走投无路的情况下，采取了一个非常拙劣的所谓“疲秦”策略。他以著名的水利专家郑国为间谍，派他到秦国，游说秦国在泾水和洛水（北洛水，渭水支流）之间，穿凿一条大型灌溉渠道。表面上说是可以发展秦国农业，真实目的是要耗竭秦国实力。本来就想发展水利的秦国，很快采纳了这一诱人的建议；并立即征集大量的人力和物力，任命郑国主持兴建这一工程。

渠还没有修成，韩国“疲秦”的阴谋败露，秦王大怒，下了“逐客令”，要杀郑国。李斯向秦王献上了著名的《谏逐客令》，历数秦国自缪公以来四代国君重用大批客卿，走上富国强兵之路的事实，李斯的上书打动了秦王，他收回了《逐客令》。在此背景下，郑国趁机向他进言：一开始我作为间谍，游说秦国建渠，是受韩国的指派，但渠建成了也是对秦十分有利的。我虽然主观上是为了韩国延长几年寿命，实际上却是为秦国建立万世之功。（《资治通鉴》第六卷秦纪一：“臣为韩延数年之命，然渠成，亦秦万世之利也。”）秦王嬴政是位很有远见卓识的政治家，认为郑国说得很有道理，同时，秦国的水工技术还比较落后，在技术上也需要郑国，所以秦王对他一如既往，仍然加以重用。

经过十多年的努力，工程全部完工，引泾河的水灌溉两岸低洼的盐碱地四万多顷。从此关中沃野千里，再没有饥荒年成，秦国富强起来。前231年，秦国伐韩，韩国割南阳求和；第二年，秦国再次攻韩，韩王安被俘，韩国灭亡。在以后的十年间，秦国逐一灭掉了赵、燕、魏、楚、齐五国，完成了统一全国的大业，这条渠功不可没，后被命名为郑国渠。

郑国渠的作用不仅仅在于它发挥灌溉效益的100余年，还在于它首开了引泾河灌溉的先河，对后世引泾灌溉产生了深远的影响。

09 灵渠

灵渠，古称秦凿渠、零渠、陡河、兴安运河、湘桂运河，是从秦代开始开凿的水利工程，它位于广西壮族自治区兴安县境内。

灵渠流向由东向西，将兴安县东面的海洋河（湘江源头，流向由南向北）和兴安县西面的大溶江（漓江源头，流向由北向南）相连，从而连接起了长江流域与珠江流域，是世界上最古老的运河之一，被称为“世界古代水利建筑明珠”。

秦吞并六国后，秦始皇又着手开拓岭南，统一中国。在进攻岭南时，为了运粮进兵，秦始皇二十八年（前219年），命监御史史禄主持灵渠工程，“以卒凿渠，而通粮道”。史禄督率士兵、民夫在兴安境内湘江与漓江之间修建了一条人工运河，运载粮饷。经几载寒暑，终于在秦始皇三十三年（前214年），灵渠凿成。灵渠的凿通，沟通了湘江、漓江，打通了南北水上通道，大批粮草经水路运往岭南，充足的物资供应，为秦王朝统一岭南地区提供了重要的保证。

灵渠上的游船

10 西汉漕渠

西汉时期，政府为了向京城长安运送漕粮，将运河向西延伸到达关中地区。前129年，汉武帝听从大臣郑当时的建议，命令著名水工徐伯，率领民工数万人，开凿了与渭河平行的漕渠。(《史记·河渠书》）漕渠位于渭水南岸，傍渭东行，流经今临潼、渭南、华县、华阴，至潼关附近注入黄河，全长100多千米。漕渠是人工开凿的渠道，渠直水深，便于行船。漕渠凿通后，关东地区的粮食和物资可以从水道直接运到长安，大大缩短了运输时间。以前关东漕粮沿渭水而上需要6个月，如今只需3个月就能到长安了。这样山东和江淮地区的粮食通过运河及自然河道就可以源源不断地运至关中，保证了京师的粮食供给。

西汉时期，由于皇帝热衷于开挖运河，兴修水利，而且成效显著，各诸侯国和地方官吏也竞相效仿。如汉初吴国国王刘濞在今天扬州至南通如皋之间开凿的运盐河（为通扬运河的前身），河北中部开挖的大白渠等。这些纵横交错的河流水渠，构成了一个个四通八达的水路交通网，几乎全国各地都普及了水运。

~

通扬运河的前身就是西汉时开凿的运盐河

11 东汉阳渠和汴渠

大运河洛阳段

东汉定都洛阳，使洛阳成为全国政治中心和最大的漕粮集散地。当时，黄河流域仍是当时的经济中心，粮食产区主要在黄河流域。东汉时期最主要的运河工程是在洛阳附近开凿的阳渠。洛阳在洛水北岸，漕船必须从黄河入洛水，然后抵达洛阳。当时洛水较浅，漕船不能通行。到了建武二十三年（47年），张纯任大司空，他在洛阳城西南新开了一条渠道，将洛水引入，东流穿越谷水，到偃师一带，再回到洛水中，这条运河就是阳渠。阳渠的水源主要依赖洛水，又纳入了谷水，所以水量很足，漕船畅通无阻。当时漕运到首都洛阳的粮食数量已相当可观，充分满足了东汉政府的漕运需求。

东汉政府的运河工程还有对汴渠的修浚。在东汉时，中原一带鸿沟水系的许多人工河，因黄河水的多年淤塞而废弃，最后只剩一条支流即汳水（后人称为汴渠）。由于漕运的需要，东汉政府十分注重修治汴渠。顺帝阳嘉年间（132—135年），曾大举动工，由汴口到淮口，沿岸积石为堤，加固堤防。灵帝建宁年间又在汴口增修石门，不使黄河水大量流入。

阳渠和汴渠，使黄河与淮河之间的人工运河又向西扩展，形成了西起洛阳，经阳渠，连接黄河、汴渠的新的水运航线，把洛阳与中原和江淮等经济区域密切联系起来，为后来以洛阳为中心的隋唐大运河的开凿贯通奠定了基础。

12 白沟

东汉末期，为征战北方，曹操利用黄河故道，开挖了白沟等运河，使运河向黄河以北延伸，抵达今河北省东部地区。白沟本来是黄河故道，原名宿胥渎，经今天河南淇县东南，转向东北流。为了给军队输送粮草，他引导淇水进入白沟，作为粮道的通道。据《三国志·魏志·太祖纪》记载："遏淇水入白沟，以通粮道。"曹操在淇水入黄河的入口黎阳用大木枋作堰，让全部的淇水东流进入白沟，以通粮道。

白沟的开挖对于曹操来说，具有重要的战略意义。白沟的开挖，使漕运由此直通洹水，再沿洹水直逼袁氏根据地邺城，进攻邺城时就不用担心军粮问题了。同时，白沟的开凿，使华北平原的运河水系确定了一个中心位置。此后，在白沟的基础上，曹操又陆续向东北方向开挖了平虏渠、泉州渠、新河和利漕渠，形成了以白沟为主干的运河漕运网，沟通了南起黄河，北到海河，中间包括清水、漳水、淇水、洹水、滹沱河等各大水系，大大便利了曹操对华北平原的控制，也有利于这一地区社会经济的发展。曹操所开的白沟就是后来用作永济渠的卫河。

卫河滑县段

13 广漕渠、淮阳渠、百尺渠、成国渠

广漕渠是曹操的儿子魏文帝曹丕时期开凿的。241年，魏国权臣司马懿为灭吴国做准备，命邓艾巡行淮水流域，邓艾建议开河渠、兴屯田。于是从钟离（今安徽省凤阳县东）以南，横石以西，直抵沘水（今安徽六安、霍山一线），共200多千米，作为淮南屯田区。同时，扩修淮阳、百尺二渠，上引河流，下通淮水、颍水，开广漕渠，全长150多千米，灌溉良田2万顷，淮南、淮北于是自我供应粮食有余并消除了水害。

14 陈登穿沟

东汉建安二年（197年），广陵太守陈登因为射阳以南邗沟的水路不通，射阳湖风浪大，损坏船只，于是重开邗沟，将河线向西移动，不再经过博芝湖，转而由樊良湖北口穿过白马湖，再转向射阳湖入淮。这次邗沟改道，不但缩短了江淮之间水上交通的距离，而且避开了湖中风浪，更加安全。原来的河线称为邗沟东道，改变后的河道被称为邗沟西道。

~

古邗沟射阳湖段

15 浙东运河

东汉时，会稽（今绍兴）的水运主要靠鉴湖与山阴水道。西晋永康元年，会稽内史贺循主持开凿了一条与鉴湖湖堤平行、由西陵钱塘江边（今钱塘江东岸西兴）向东，经萧山、钱清、柯桥至会稽郡城的漕渠。漕渠东出郡城，又可沿着鉴湖直到曹娥江边。今天曹娥江以东梁湖江坎向东至姚江通明坝的四十里河，据说也是贺循所开。这就形成了沟通钱塘江与曹娥江及浙东地区的浙东运河。（李昉等，《太平御览》）此后的东晋南北朝时期，南方政权着力开凿修治浙东运河，从杭州东渡钱塘江到萧山县的西兴镇，再由西兴镇东通到宁波，逐渐形成了以渠化天然河道为主的运河体系，沟通了姚江、甬江、钱塘江、曹娥江等自然河流。

~

浙东运河鉴湖边的漕渠旧址

曹操在华北平原开挖白沟、平虏渠、泉州渠、利漕渠等一系列水道，成为后来永济渠的雏形。魏国、西晋重点在淮河流域开挖了广漕渠、淮阳渠、百尺渠等河道，形成了通济渠的雏形。而西晋时在会稽开漕渠，东晋南北朝重点开发南方地区的运河，形成了后来江南运河和浙东运河的雏形。魏晋南北朝时期开凿和修筑的运河加上前代开凿的淮扬运河、鸿沟水系，形成了一个基本完整的大运河网络。

经过从春秋以来1000多年的陆续营建，到隋统一中国之前，以中原地区为中心，贯通东西南北的中国大运河雏形已经初步形成，为隋唐时期对运河大规模开挖整治、全线大贯通，以及内河航运的大繁荣奠定了基础。

大运河的第一次大贯通

7—12 世纪

隋朝时间，为了连通南方经济中心和满足对北方的军事需要，在帝国政府统一的规划、建设和管理下，先后开凿了通济渠、永济渠，并疏浚了邗沟，重修江南运河和疏通浙东航道，从而将前一时期的各条地方性运河连接起来，形成了以国都洛阳为中心，北抵涿郡、南达宁波的大运河体系，完成了大运河的第一次全线贯通，并在唐代和宋代得到维系和发展。

01 隋文帝开山阳渎

开皇七年（587年），为了讨伐南陈，杨坚在扬州附近开凿了山阳渎。“于扬州开山阳渎，以通运漕。”（《隋书·高祖纪》）这一决策，一方面是为了军事目的，通过这条水路，及时供给攻陈大军的物资，确保灭陈战争的胜利；另一方面也是为了将江淮地区的粮食运到洛阳和关中地区。隋文帝开的山阳渎，是在原邗沟的基础上经过疏浚修掘而成，其实就是东汉陈登穿沟前的古邗沟，《寰宇记》称：“**淮阴山阳渎即古之邗沟，旧水道屈曲，多设梁埭，隋文帝重加修掘通利焉。**”因为北起山阳县境，所以起名叫山阳渎。山阳渎河线的走向，由茱萸湾向东（今扬州市广陵区湾头镇）到今江都市宜陵镇，转而向北经今樊川镇接高邮、宝应三阳河到射阳湖，再沿用山阳水道旧道进入淮河，历史上称这条河线为邗沟东道。

~

《隋炀帝下江都》铜雕

02 开通济渠

第一次大沟通主要在7—12世纪。隋唐时期，中国的经济中心已经逐渐转移到长江流域等南方地区，而国家政治中心仍处于北方的关中地区和中原地区。大业元年（605年），为了加强东都洛阳与南方经济发达地区的联系，保证南方的赋税和物资能够源源不断地运往北方，隋炀帝在前代汴渠的基础上下令开凿通济渠，沟通黄河与淮河。“辛亥，发河南诸郡男女百余万，开通济渠。自西苑引谷、洛水达于河，自板渚引河通于淮”。同时，隋炀帝下令重新疏浚邗沟以及疏凿长江以南的江南运河，并对前代开凿的浙东运河航道加以整治，使大运河越过钱塘江沟通宁绍平原。此后，为了开展对北方的军事行动，隋炀帝又于608年，在黄河以北，在曹操时期开凿的原有运道的基础上，开凿永济渠，直抵涿郡（今北京南郊）。“大业四年春，正月乙巳，诏发河北诸郡男女百余万开永济渠，引沁水，南达于河，北通涿郡。”（《隋书·炀帝纪》）从而完成了以洛阳为中心，东北方向到达涿郡，东南方向延伸至江南的一条“Y”字形运河，在中国历史上第一次建成了从南方重要农业产区直达中原地区政治中心和华北地区军事重镇的内陆水运交通动脉。

隋大业元年（605年），隋朝政府在地方性运河的基础上，统一勘察设计，统一施工，修建了通济渠，并于一年之内完成全线建设施工。通济渠东段可上溯至战国时期开凿的鸿沟水系，西段始于东汉时期开凿的阳渠。全渠分为三段：西段起洛阳西苑，引谷水、洛水，向东注入黄河；中段从洛口到板渚，是利用黄河的自然河流；东段起自板渚，引黄河水向东注入淮水。通济渠沟通了黄河与淮河两大水系。史籍记载，通济渠宽60～80米，可容纳规模很大的船只通航。隋代开凿的通济渠，在后来的唐宋时期继续发挥着重要的漕运功能，成为支撑国家经济的交通动脉。

~
通济渠郑州段

03

改造邗沟

大业元年（605年），隋炀帝征召淮南的10多万民众开邗沟，从山阳到扬子入江，邗沟宽约70米，渠旁都筑了御道，并栽上柳树。据传说，当时隋炀帝为了鼓励人们在河道两侧种植柳树，规定每种活一棵柳树者，赏细绢一匹，甚至还搞了一个植柳仪式，并且给了柳树一个极高的政治荣誉——赐姓杨。从此，杨柳作为大运河沿线栽植的标准树种流传下来，至今大运河堤上也多以栽植杨柳作为景观树。

隋朝时，扬州附近的江岸已向南延伸到今扬子津一带，隋炀帝开的邗沟“自山阳至扬子入江”，并在大运河入江口的扬子津修筑临江宫以临江赏景。这条邗沟取代了隋文帝所开的山阳河，又回到邗沟西道。

04 开永济渠

为了东征高句丽，也为了北部边境的安宁，隋炀帝决定开凿一条从洛阳到涿郡的运河，以运输粮草、军队到东北前线。这条运河就是永济渠。

为了开展对高句丽的军事行动，隋炀帝于隋朝大业四年（608年）在黄河以北，在曹操时期开凿的原有运道的基础上，开凿了南到黄河，北到涿郡的永济渠，从而完成了洛阳以北大运河的开通。永济渠在隋炀帝发动的征辽东战争中，成为一条繁忙的运输线，军粮、士兵、武器等都通过永济渠，源源不断地运往前线。

大业六年（610年），隋政府又重新疏凿和拓宽长江以南区间的运河古道，重新开通镇江至杭州段的江南运河，形成从京口到余杭，400多千米，宽10多丈的河道。隋炀帝为了东巡会稽，让江南运河可通龙舟，并在沿途设置了行宫和驿站。同时，又对前代开凿的浙东运河航道加以整治，使大运河越过钱塘江，沟通宁绍平原。

经过第一次大贯通，大运河成为沟通中国经济中心与政治中心的大动脉，确保了繁忙的物资与人员交通，弥补了中国南北自然及经济资源的不平衡，不仅为维持中国大一统的政治局面作出了重要贡献，也促进了运河沿线地区的经济和社会的发展繁荣。

~
大运河杭州段的前身就是江南运河

05 唐宋时期的修缮

唐宋时期，运河各段的名称多有变化，但大运河的主要河段、格局和走向都基本没有变化，中央政府对运河的主要任务在于维护航道、大规模疏浚与改建部分航段，同时建立粮食仓储、转运等运河配套设施，并逐步完善了统一进行运河维护和运输管理的漕运行政体系，保障当时政府的政治与军事需求。

唐初一系列水利工程的实施，使四大经济区的生产很快得到了恢复，封建经济得到高度发展。为了使除关中经济区外其他经济区的粮食能够顺利地运到京城和其他军事要地，唐朝对大运河的重要段落进行了维护与整修，并建立了仓储转运系统，使运河的漕运网络更加健全，运河的作用发挥得更加完善。唐代的运河工程主要有开关中漕渠，治理汴河，开三门峡水道，开伊娄河，治理永济渠等。唐代尽管没有像隋代那样大规模地开凿运河，而是主要是对隋代遗留下来的运河工程加以疏浚，但唐代的漕运却是我国漕运史上最灿烂的一页。唐帝国政府在隋代大运河的基础上，经过局部变更和整修，建立起发达的运河交通网络。正是运河的沟通使政治中心与经济中心密切联系在一起，让整个唐帝国名副其实地凝结为一个坚强牢固的整体，为大唐盛世的到来奠定了基础。

北宋时期主要的运河工程是对汴河的治理，北宋首都汴梁的水运交通条件十分优越，除以汴河（宋朝对通济渠的称呼）外，还有向南经陈、蔡地区通往淮河流域的惠民河，向东经曹州通往齐鲁地区的五丈河，以及向西经中牟通往荥阳的金水河。

这一以汴河为主的运河系统构成以汴梁为中心的放射状河网，为北宋漕运的发达和京师汴梁的繁荣，提供了良好条件。北宋最早制定了完备的漕运制度，建立了独立完备的运河管理机构和全国性的漕运专门机构。宋朝的漕运改革与完善，创立了中国历史上独具特色的漕运文化。南宋时期，为了保证首都临安和前线的粮食供给，对东南地区的运河也进行了治理，主要是治理江南运河和浙东运河。南宋时期对江南地区运河的治理，不仅保证了漕运的畅通，为京城和军事前沿运输粮食提供了便利，而且促进了江南地区经济的发展。尤其是把陆上主要贸易线路延伸到东海岸，促进了海上贸易的繁荣，而且还刺激了运河流经地区商业的发展，催生了当时全球最大的都市临安。

大运河的第二次大贯通

13—20 世纪上半叶

大运河的第二次大沟通在13世纪到20世纪上半叶。北宋晚期以后，宋、金对峙，战乱不断，运河航道维护逐渐松弛，航道不断淤积，航运逐渐中断。期间黄河数次泛滥，淮河以北的大运河河道大多被黄河堵塞，以洛阳为中心的大运河体系逐渐宣告结束。由于中国的政治中心从关中地区迁移到北京，元代皇帝忽必烈组织开凿了会通河、通惠河等河道，从而将大运河改造为直接沟通北京与江南地区的内陆运输水道，形成大运河的第二次南北大沟通。明清两朝维系了大运河的这一基本格局，并进行了多次大规模的维护与修缮，特别是修建了南旺枢纽和清口枢纽等工程，使大运河一直发挥着漕粮北运、维系国家稳定繁荣等重要功能。

01 元朝开凿了会通河、通惠河

在元朝完成对中国的统一并在大都（今北京）建立政治中心后，从南方经济中心供给北方政治中心的需求再一次被提上议事日程。1289年，元朝政府组织开凿了会通河，北通卫河，南接泗水、黄河，从根本上改变了淮河以北大运河的格局与走向。由此开始，大运河不再流经洛阳，河南和安徽北部的河段被废弃，大运河形成了南北直行的走向，缩短航程500多千米。元朝至元三十年（1293年），沟通大都城内与城东通州的通惠河建成，来自南方的漕粮可直接抵达城内的积水潭，实现了大运河的第二次大沟通。

13世纪末（元代初期）开凿通惠河，漕运航船能够直抵大都，促使北运河的航运业在元代兴盛一时。在元代，无论自海道或内河南来的漕船，都需要经过北运河航行到通惠河再到大都。这段运河夏秋两季常常因洪水决堤，冬春两季则因为水浅阻滞行船。因此，早在开凿通惠河前，就开始了北运河的改道裁弯和疏浚工程，主要是改道孙家务，同时开凿了武清蒙村运道。通惠河开成以后，经北运河的运输量大大增加，又对北运河进行了整修和疏浚，主要采取了分引白河水放榆（温榆河），又从坝河引水入榆，以济北运河之水。经过大规模的整修，使得北运河直到元末仍能保护正常航运。北运河向南，从直沽向西，由静海向南转，过清州（今河北青县），与滹沱河、漳水交汇，再过沧州、陵州（今山东德州）至临清，这一段称为南运河。

当时，自临清以下的卫河还承担着河南北部和河北南部的漕运任务，这一段称为御河。南运河通过连接御河，实现了漕运的目的。

由于长期战乱，到元世祖初年，南运河已多淤塞毁坏。为维护南运河堤堰，疏浚河道，元政府诏令滨河州县的官员都兼河防事务，凡堤防损坏的地方，及时修筑，严禁私自掘堤放水，还在河堤上种植树木以加固堤防，保证了南运河的畅通。元世祖至元十二年（1275年），丞相伯颜率军南征，设立水运驿站，委派郭守敬勘察汶水、泗水、卫河及相邻的河道。漕运副使马之贞建议在济州城南的汶水与泗水交汇的地方至大清河之间开凿新河，引汶、泗诸水以济漕运。至元十九年（1282年）十二月，济州河工程正式开工，到次年8月竣工，开凿了从济州到须城安民山之间长达100千米的运河河道，并筑坝拦截汶河、泗水的水到运河行运。济州河开通后，主要是要解决水源不足的问题，元政府先后在兖州立闸坝约束泗水西流，在堽城坝（今山东宁阳大汶河上）立闸

~
今天在大汶河上建起了新的堽城坝

堰导引汶水进入洸河，使二水在任城的会源闸会合，以闸堰调节水势，启闭通放舟楫，后来又建了一系列水闸，调节水势，保证了运河的畅通。但这一系列工程并没有真正解决运河的水源问题，漕船到了南旺这一运河河脊处，仍需要靠人力畜力盘驳过坝。直到明代修建南旺枢纽，才彻底解决了会通河的水源问题。

早在宋蒙战争时，蒙古军队就曾利用泗水运道运送粮食物资到淮河流域，供给前线所需。灭宋以后，元帝国也利用沙水、颍水等淮河支流通黄河北上，转运漕粮到御河。元政府对这段运河也进行了多次整修。而从淮安到扬州的邗沟，从元初就因为漕粮运输受到朝廷重视。元世祖至元二十一年（1284年），朝廷发兵疏浚扬州段运河；成宗大德四年（1300年）又疏浚了淮东运河（即淮扬运河）。在疏浚淮东运河的同时，元朝廷也多次对江南运河和浙东运河进行了治理。

02

明清加强管理，新建枢纽工程

经过一系列的开凿和治理，终于形成了从杭州经江苏、山东，到大都的元代大运河，实现了大运河的第二次大沟通。这段运河分为六段，自大都到通州为通惠河，自通州至直沽为北运河，自直沽至临清为南运河，自临清至济州为会通河，济宁至淮安为借天然水道泗水和黄河行运，淮安至扬州为淮扬运河，过长江后自镇江到杭州为江南运河。重新开通的元大运河以大都为中心，直穿山东、江苏全境，径抵江南，沟通了河、海、江、淮、钱塘五大水系，把南北方各大经济区更直接地联系起来，由此奠定了此后大运河的基本走向及其规模，这就是后来的京杭大运河。

自明成祖朱棣再次定都北京直至清朝灭亡的五百年间，北京一直是全国的政治经济中心。为了保障漕运的持续畅通，明清政府投入了巨大的人力和物力，在元代大运河的基础上不断进行整治修葺，陆续新建、改建多处河道和水工设施，并不断完善漕运管理制度和机构。

明代的运河工程主要是南旺枢纽工程，永乐九年（1411年），工部尚书宋礼为了解决会通河缺水的问题，遍访名家，终于在济宁南旺附近找到了民间水利专家白英。白英向他提出改变元代“遏汶入洸”的做法，而用“遏汶济运”的建议。宋礼和白英经过实地勘察，决定修筑堽城、戴村两坝，同时建分水工程，使汶水西行，从南旺进入运河，七分向北流，进入漳河、卫河；三分向南流，进入黄河、淮河。

民间形容南旺枢纽为“七分朝天子，三分下江南”，指的就是南旺枢纽对运河水的三七分流。南旺枢纽因具有与都江堰一样的分水功能，被称为“北方的都江堰”。

清代，为了减少清口以北借黄河行船所带来的危险，清政府于1686—1688年在宿迁与淮安间于黄河故道平行的东侧组织开凿了中河。中河的建成标志着大运河彻底脱离了借自然河道航运的状况，实现了完全的人工控制。此外，随着社会经济的进一步发展，大运河成为联系全国经济的交通大动脉，在运河沿岸形成了一批转口贸易城市和商业城市，促进了运河沿岸城市商业的繁荣。

到了清代后期，特别是太平天国起义后，江南、江淮一带农村遭受严重战乱，民户无力交纳漕粮。1855年6月，黄河在兰考铜瓦厢决口，于阳谷张秋镇穿过运河夺大清河入海，不仅影响航道，还造成了运道补水不足，通航困难。清政府虽采取了许多措施，但仍未能从根本上解决问题。到了清末，由于内忧外患，清政权岌岌可危，无力顾及运河之事，因此逐渐放弃了修复运河的计划，宣布各省漕粮全部改折银两交纳，运河及漕运管理机构也陆续裁撤。**漕粮改折后，承载了两千多年的漕运为主要职能的运河历史任务已经完成，沟通南北的大运河逐渐中断，变为多条局部通航的地区性运河，除江南、淮扬、浙东运河和会通河、中河等河段外，其他河段渐渐淤废。**

~

明代修建的南旺分水枢纽遗址

肆

今天的大运河

大运河是一个不断适应社会和自然变化的动态性工程，是一条不断发展演进的运河。大运河历经两千余年的持续发展与演变，直到今天仍发挥着重要的交通与水利功能。

01 新中国持续修复和维护

中华人民共和国成立后，一直对大运河进行着修复和整治工作。于1953年和1957年兴建江阴船闸和杨柳青、宿迁千吨级船闸，开始了对古老大运河的部分恢复和扩建工作。1959年以后，结合南水北调工程，重点扩建了徐州至长江段400余千米的运河河段，使运河单向年通过能力达到近2000万吨，并扩大了沿岸灌溉面积和排涝面积，确保里下河地区1500万亩农田和800万人民生命财产的安全，取得了多方面的效益。

大运河济宁以北河段，因水源不足，未能发挥航运效益。至今，大运河山东济宁以南段全年通航里程近900千米，发挥着重要的交通、运输、行洪、灌溉、输水等功能。**济宁以南至杭州河段已建成16座通航梯级船闸，其中大型船闸12座。**运河及其沿岸河流、湖泊已节节设闸控制，洪水期调泄，枯水期补给，江水北调工程已初具规模。为适应货运任务的迅速增长，分流煤炭南运，济宁至杭州段的运河扩建续建工程业已开始，进一步浚深扩宽航道，加建复线船闸，沟通运河至钱塘江的航道，扩大港口吞吐能力，使运河单向通过能力不断提高。

“十一五”期间，江苏投资100亿元对大运河江苏段进行改线扩容。2010年底，苏北运河经过6年建设，全线达到二级航道标准；到“十二五”期末，苏南运河全线达到了三级航道标准。二级航道，意味着2000吨级船舶可全天候通航，这是国内仅次于长江的高等级航道；而三级航道，则可以满足千吨级船舶通航条件。经过数十年的现代化治理，大运河北方段部分恢复航运，山东济宁以南的河段一直保持畅通，成为连接山东、江苏、浙江三省，沟通淮河、长江、太湖和钱塘江水系，纵贯中国东部沿海地区的水运主通道，也是世界上最繁忙的运输航道之一，有10万多艘船舶常年在运河上航行。大运河黄河以南段季节性通航里程达1050千米，年货物运输量达5亿吨，相当于3条京沪铁路。

延伸阅读

根据中华人民共和国《内河通航标准》GB50139-2014 的规定，内河航道应按可通航内河船舶的吨级划分为 7 级。其中一级航道可通航 3000 吨，二级航道可通航 2000 吨，三级航道可通航 1000 吨，四级航道可通航 500 吨，五级航道可通航 300 吨，六级航道可通航 100 吨，七级航道可通航 50 吨，等外级航道可通航 50 吨以下。

~
南水北调东线工程取水口

02 保护世界遗产

国家还大力发展“绿色航运”，在航道整治中引入生态理念，以减少对原有生态环境的破坏，不仅使货物运输量稳步提高，也使沿线水环境和生态环境得到不断改善。航运部门还专门在航运沿线各船闸实行“GPS一票通”服务，让船员不出船舱就能完成船舶过闸所有流程，在节约燃油的同时大大减少了碳排放量。此外，大运河还发挥着巨大的排涝、灌溉、排洪、供水、沿河城镇建设及环境生态等综合功能。运河及其沿岸河流、湖泊已节节设闸控制，洪水期调泄，枯水期补给，江水北调东线工程已初具规模，实现了一期输水任务。

2006年和2012年，京杭大运河和隋唐大运河、浙东运河分别被国务院公布为第六批和第七批全国重点文物保护单位。2009年，大运河被列入中国2014年申报世界文化遗产项目。当时的中华人民共和国文化部、国家文物局牵头，组织国家发改委，中华人民共和国财政部、国土资源部、环境保护部、住房和城乡建设部、交通运输部、水利部、国务院法制办公室、国家测绘地理信息局、教科文全委会、国务院南水北调办等有关部委和大运河沿线的北京、天津、河北、江苏、浙江、安徽、山东、河南8个省、直辖市人民政府共同成立了大运河保护和申遗省部际会商小组。同时，由扬州市牵头，成立了大运河保护与申遗城市联盟，以城市联盟为主体申报世界遗产。

2014年，在卡塔尔首都多哈召开的联合国教科文组织第38届世界遗产委员会会议上，中国申报的大运河项目被列入《世界遗产名录》，大运河成为世界遗产。

~

世界遗产大会执行主席卡塔尔玛雅萨公主宣布大运河列入《世界遗产名录》

列入世界遗产的大运河共包括27段河道、58个遗产点，总长度1011千米。沿途经过2个直辖市、6个省的25个市。申报的遗产区包括31个组成部分。面积总计73566公顷，其中申报的遗产区为20819公顷，缓冲区为52747公顷。

大运河的10大河道

大运河是一个复杂变化的时空体系，
由10个始建于不同年代、处于不同地区、
各自相对独立发展演变的河道组成。

这些河段大多历经了复杂的发展过程，
其构成、主要特点在不同历史阶段存在着较大的差异。
依据历史时期大运河的分段和命名习惯，大运河总体上分为：
通济渠段、卫河（永济渠）段、淮扬运河段、
江南运河段、浙东运河段、通惠河段、北运河段、
南运河段、会通河段、中河段（《中国大运河申遗文本》）。
7世纪和13世纪的两次大沟通，
将这些河段改造、连接起来，
组成了贯通中国南北的大运河，
并持续运行了数个世纪，对中国和世界产生了巨大而深远的影响。

大运河分段特征表

名称	气候条件	流域背景	形成时期	繁盛时期	现状功能	鲜明特色
通济渠	温带季风气候	黄河、淮河流域	东汉	隋唐时期	行洪 排水	开凿时间较早、规模较大、体现中国古代早期规划思想和建造工艺的技术高峰的重要河段
卫河（永济渠）	温带季风气候	黄河、海河流域	东汉	隋唐时期	行洪 排水	开凿时间较早、具有关键性的军事战略意义的重要河段，是维系了中国中原与北方地区紧密联系的河段之一
淮扬运河	亚热带季风气候	长江、淮河流域	春秋	隋代 元代 明代 清代	航运 灌溉 排涝	开凿时间较早、修建和维护历史较长、体现了受到运河影响的时空范围内大规模河湖变迁和运河逐渐人工化过程的河段
江南运河	亚热带季风气候	长江、钱塘江流域	春秋	隋代至清代	航运 排涝	开凿时间较早、修建和维护历史较长、网状分布的河道系统

名称	气候条件	流域背景	形成时期	繁盛时期	现状功能	鲜明特色
浙东运河	亚热带季风气候	钱塘江、曹娥江、甬江流域	春秋	宋代 明代 清代	航运 排涝	连通了大运河与海上丝绸之路的段落
通惠河	温带季风气候	海河流域	元代	元代 明代 清代	行洪 排水	大运河北方终点；对北京城市格局的形成具有重要的影响
北运河	温带季风气候	海河流域	东汉	元代 明代 清代	行洪 排水	历史上见证海漕转运的节点
南运河	温带季风气候	海河流域	东汉	元代 明代 清代	行洪 输水	以众多弯道工程降低纵比降保证航运畅通的河道
会通河	温带季风气候	海河、黄河、淮河流域	元代	元代 明代 清代	行洪 排水	具有众多节制闸群、穿越大运河全段水脊的水利枢纽工程的河道
中河	温带季风气候	淮河流域	明代	明代 清代	航运 灌溉 排涝	是完成大运河完全人工化的标志性河段

通济渠

通济渠又称汴河，修建于隋代，是隋唐宋大运河的重要组成部分。通济渠是隋唐时期南北大运河中较早开凿的一条。其东段可上溯至战国时期（前5世纪~前3世纪）开凿的鸿沟水系，西段始于东汉时期（1—3世纪）开凿的阳渠。隋大业元年（605年），隋代政府在地方性运河的基础上，统一勘察设计，统一施工修建了通济渠，并于一年之内完成全线建设施工，反映了中国古代高超的水利工程技术。

整个汴河分为三段：西段起洛阳西苑，引谷水、洛水，向东注入黄河；中段自洛口到板渚，是利用黄河的自然河流；东段起自板渚，引黄河水向东注入淮水。沟通黄河与淮河水系。

史籍记载通济渠宽60~80米，可容纳规模很大的船只通航。南宋（1128年），黄河决堤，导致黄河向南改道，使汴河断航，并逐渐被黄河泛滥所带来的泥沙所湮埋。明代安徽以上汴河基本不存，安徽境内尚存部分河道现为景观、灌溉用途。曾经由于水运而繁华的城市和乡镇，由于水运中断，以及黄河河患不断，消失在黄河的泥沙之下，其中北宋首都开封城曾数次为黄河洪水淹没，现位于地表之下10米。沿线有洛阳、郑州、开封、商丘、淮北、宿州等城市。在大运河世界遗产中，通济渠分为以下五段。

通济渠郑州段的前身为鸿沟（战国时期开辟的沟通黄淮流域的运河水系）的一部分，现存包括索须河运河故道和一段汴河遗址。通济渠郑州段反映了通济渠河道的线路、走向，通济渠与作为水源河道的黄河的关系。

目前索须河全长约16千米，部分河段面宽40余米，两岸设有堤防，河堤基宽20余米，顶宽近7米，河床宽200～300米不等。索须河段目前是郑州市西北部的主要泄洪排涝、景观河道，河道规整，道路便达，水质较清。

虽然历史上黄河多次变道，数次湮没汴河故道，但此段河道在元代末期之前仍作为区域航运水道，历经疏浚，直到明清时代此段运河逐渐废弃不用。

考古调查确定，此段古河道宽150～220米。河道两侧残存有断断续续的河堤，堤上有路，宽6～7米。**故道中发掘出隋、唐、宋、元、明、清时期堆积层及大量文化遗物，从而证明惠济桥一段河道最迟在隋代已经形成。**

~

通济渠郑州段

汴河遗址北起黄河南岸流经惠济桥注入通济渠后东折，目前引黄河水入渠的这段河道已经深埋于地下。

02

通济渠商丘南关段

~

通济渠商丘南关段

商丘南关遗迹和遗物因有厚达4～10米的淤沙覆盖，保存完整，考古清理出土遗物丰富。

通济渠商丘南关段位于商丘古城南约2.5千米，是通济渠沿线重要的河道与水工遗存，展现了唐宋时期通济渠夯土驳岸的形制与工艺，以及通济渠巨大的河道规模，反映了河道历史的线路与走向。

考古发现的商丘南关遗址段河道长约1千米，宽约120米，河深16米，呈东西走向，是目前通济渠沿线发现规模较大的一处河道、驳岸遗址。

遗址核心内容包括一段长约60米的河岸及大面积伸向河道内的突堤遗存面，距地表深4.2～5.2米，遗存面上车辙和行人的足迹清晰可见，已清理出的河岸高度约5米，均为夯土筑建。

从清理出的河岸堆积看，商丘南关段运河沿用历史较长。从两次发掘出土的各类遗物综合情况判断，目前已经清理的河岸的时代大致属于唐宋时期，最晚不会晚于金代，这与文献中关于商丘南运河历史的记载相吻合。**河岸保存的最后使用时陡峭的立面及驳岸面上的各类遗迹也保存完整。**

~

通济渠商丘夏邑段

在南侧大堤外侧发现了顺沿河堤方向修建的古代道路遗存，宽约16米，印证了史书中关于大运河堤外为官道的记载。

03 通济渠商丘夏邑段

通济渠商丘夏邑段展现了隋唐宋时期通济渠河道巨大的规模尺度、形制与工艺，反映了河道历史的线路与走向。

该遗址发现了规模较大的河堤文化遗存和河道遗存，主要包括：堤顶宽25米的早、中、晚三个时期上下叠压的南侧大堤遗存，堤顶宽30米的北侧大堤遗存，两堤之间宽100～120米的河道遗存，晚期大堤外侧多个时期堆筑的大堤外护坡遗存，黄沙土黏土混合筑成的晚期大堤顶面密集分布的木桩、遗迹等。由晚期大堤表面发现的典型宋代清釉瓷碗片推测，大堤的筑建使用年代为唐宋时期。

三个时期上下叠压的大堤遗存反映了此段运河在唐宋时期持续进行修筑与维护的情况。几个时期筑建的规模巨大的护坡大堤和木桩痕迹，证明了大运河在使用过程中经常清淤疏浚的历史事实，反映了大运河大堤在使用期间得到经常性维修保护，加固清理的情况，是大运河通济渠段作为宏大尺度的水利工程的考古证据，也印证了史书记载的大运河大堤筑建时使用树桩加固大堤的史实，反映了隋唐宋时期通济渠河道巨大的规模尺度。

04 柳孜运河遗址

~

柳孜运河遗址

它证实了宋代治汴实施的“木岸狭河、激流冲沙”方法，将隋唐大运河由80米缩为40米的史实。

柳孜运河遗址是我国隋唐大运河建筑遗址的首次发现。

遗址主要包括：运河河道、左右两岸的河堤、两岸的石筑台体（可能为运河桥梁遗址），以及河道中间的石墙体、木桩、木船、灰坑等。

北宋时期的大运河右岸河堤遗址坡度为45度左右，其河坡中成排的木桩遗址，印证了史料中的“木岸狭河”，即采用将木桩密集排列打入河中的方法，使河床束窄，水深加大，水流加快，以改善航运状况，并起到将断面宽度缩窄后，冲刷河床，减轻淤积的作用。

05 通济渠泗县段

通济渠泗县段现存故道共6千米，2012年最新考古发掘较完整地揭露了该段运河的南堤、南坡及北坡的局部范围，揭示了该段古运河河口的走向及其河道结构。发掘证实该段运河故道南北河口间距（宽）为43～46米、深4.75米，南坡坡度约15度、坡长10.5米、南堤宽5～7米，北堤现存宽度约5米，余下部分被破坏，从钻探的情况分析其宽度应在10米左右。

~

通济渠泗县段

泗县运河故道历史上未经过大的改造，是一段基本保持通济渠河道原貌的运河故道。泗县运河故道现虽不能通航，仍发挥灌溉、分洪、景观等作用。

贰

卫河

永济渠

卫河是由古代清水、屯氏河、白沟、永济渠演变而来的，并且与黄河的变迁有密切关系（《畿辅安澜志》）。曹魏时期，卫河（时称白沟）是华北平原上的区间运河；隋唐时期，作为永济渠贯通华北平原；宋元时期改称为御河，到明代改称为卫河，直到20世纪70年代之前一直作为区域性水运要道。

卫河（永济渠）滑县浚县段

卫河（永济渠）从曹魏时期的区间运河，演变为隋代时期贯通华北平原南北的永济渠历经约400年，从隋代时期的永济渠到宋元御河又经历了500年，作为元明清时期大运河的南运河和卫河运用至今约700年，其连续运用的时间长达1600年。沿线有焦作、新乡、鹤壁、安阳、邯郸等城市。

在大运河世界遗产中，卫河（永济渠）只有一段，即卫河（永济渠）滑县浚县段。**卫河（永济渠）滑县浚县段北起浚县新镇双鹅头村，至安阳市滑县道口镇西部，呈西南-东北走向，宽30～50米，是卫河（永济渠）目前保留的最为典型的一段运河故道，反映了卫河（永济渠）河道的线路走向。**

现存大运河滑县浚县段河道保存完整，是农田灌溉和排涝的主要河道。水质条件良好，景观风貌优美。河道两岸环境有乡村、城镇环境，其中乡村环境河道主要为土质堤岸，城镇环境多为砖石和局部混凝土加固堤岸。

卫河（永济渠）滑县浚县段——古河道、古码头

历史上该段运河一直是华北平原上沟通南北的重要水道，对该地区的社会经济发展发挥了重要作用，并对沿线的道口镇、浚县县城等城镇的发展产生了巨大的影响。

淮扬运河

淮扬运河（又称里运河）是连接长江和淮河两大自然水系的人工河道，北起淮安清口枢纽，南至瓜洲入长江。淮扬运河的前身是前5世纪开凿的邗沟，由古邗沟发展演变而成，是大运河全线最早开凿的一段。明清时期称淮扬运河，近代始称里运河。淮扬运河南有长江，北有淮河，其间河湖相连，水源条件较好。

淮扬运河在明末至近代以来曾起过分泄淮河洪水入海、入江的作用，现在是一条综合利用的河道，既可航运、分泄淮河洪水，又是南水北调东线的输水干线，其东堤则是保障里下河地区安全的屏障。沿线城市为淮安和扬州。

~

淮扬运河上的运输船只

目前航道达二级标准，可通2000吨级船舶。

01 淮扬运河淮安段

淮扬运河淮安段遗产区内主要是“清口枢纽”和洪泽湖大堤。清口枢纽是为了解决运河会淮穿黄的难题而建设的大型综合性水利枢纽，是大运河上最具科技价值的节点之一，持续维护运行了4个多世纪。

15世纪初（明代初期），为了避免漕船在黄河河道中行船面临的险滩等危险，减少借黄河河道行船的距离，疏浚宋代开凿的沙河为“清江浦”运河，此为清口枢纽区域的里运河部分。现里运河淮安段为五级航道。

清代，为了解决黄河淤积清口的问题，不断筑坝建闸（包括惠济闸、通济闸、福兴闸），使清口附近的运道形成一个显著的U形河段，起到调控水位利于通航的作用。20世纪新建的二河和淮阴船闸切断了清口枢纽的U形河段，使原里运河U形河道失去了运输功能，主要承担灌溉排涝功能，称为“里运河故道”，其中，惠济闸和通济闸原有的空间布局基本保留。

清江大闸位于清口枢纽东侧的里运河上，是明代开凿的“清江浦”上4座协同工作的节制闸之一。明清两代，作为大运河南北交通要道的清江浦上的清江大闸，位置十分重要，有漕运咽喉之称，闸体前后水位落差较大，水流湍急，每年过闸北运漕粮达400万石左右。现存清江大闸保存完好，正闸高11.5米，闸门宽7.3米。

洪泽湖大堤古称高家堰，始建于汉献帝建安五年（200年），史载广陵太守陈登“大筑高家堰，于渚湖荡之东北隅，约30里”，唐代增修“唐堰”与“汉堰”之南，到明代永乐年间，作为治理黄、淮运结合部的关键工程——高家堰，又增做土堤并将土堤筑到蒋翟坝（现蒋坝镇），以后又分段砌筑砖石护面和笆工（即排桩防浪工）。

明万历七年（1579年）河臣潘季驯“大筑高家堰”，切断淮河向下游旁溢的汊涧，使洪泽湖形成人工水库，并于万历八年（1580年），开始增筑直立式条石墙护面，由于工程浩大，加之水、旱、蝗、震等自然灾害和战乱，洪泽湖大堤增砌的条石墙工程竟经历了明清两代的171年，至乾隆十六年（1751年），才算基本告成。

由于洪泽湖的洪水出路没有解决，几百年来每逢黄淮“异涨”，上游来水与下游宣泄能力悬殊较大，常使堤防溃决，造成下游毁灭性灾害。为了谋求洪水出路，从明代万历二十三年（1595年）起，建造了周家桥、高良涧和武家墩三个分水石闸，清代则从康熙十二年（1673年）起先后增筑过23座减水坝，这些减水石坝，一般由北向南逐步增建，减水坝迎水面矮墙及两侧翼墙均如直立式条石挡浪墙结构，底部条石护堤下面均有三合土和木桩（桩间有碎石固基，坝后有块石防冲护脚）。

然而，在长期挡水运行过程中，由于屡建屡溃，决而复堵，毁而复建，历经兴衰，史不绝书。尤在康、乾各有六次南巡中，对于修建堤坝和泄洪启放标准有着大量记载，这些闸坝直到清咸丰五年（1855年）黄河北移而废止。

~
淮扬运河淮安段的清口枢纽

02

淮扬运河扬州段

淮扬运河扬州段北起里排河与大运河连接处，南至长江边的瓜洲镇，全长151.3千米，地处江淮平原，东以里下河水网地区为界，西与白马湖、宝应湖、高邮湖、邵伯湖等四个湖泊毗邻；北接淮安市淮安区，南至扬州市邗江区瓜洲镇入江口，连接了白马湖、宝应湖、高邮湖、邵伯湖和宝射河、大潼河、北澄子河、通扬运河、新通扬运河、仪扬运河等主要河流。

在大运河扬州段遗产区，自北至南，由一系列天然湖泊连缀在一起。早期大运河，正是充分利用了天然湖泊水域，通过人工挖掘，将这些天然湖泊连缀成一条畅通的水路。

作为国家漕粮运输的重要水上通道，大运河扬州段不断完善河道的渠化。今天，大运河扬州段形成了河湖并行的独特景观。

7～8世纪，随着长江北岸的不断南移，在淮扬运河南端逐渐开凿了瓜洲运河等段运河，将淮扬运河南端逐渐南延至瓜洲渡口。

9～11世纪，随着扬州城区的发展，淮扬运河不断扩建，通航能力不断提高，运河主线逐渐绕开扬州城市最早发展的区域，逐渐形成了今天的淮扬运河“扬州古运河”段。

15～16世纪，为避免借湖行运的扬州北部运河受到湖面风浪的影响，逐步在淮扬运河中部的几个湖中筑堤，分段修建月河，并把各段月河连接起来，初步实现了河湖分开，并最终奠定了明清时期淮扬运河的主线。

大运河扬州段是漕运及漕粮转输重地。长江流域及南方漕粮都经过扬州北上。明清时利用大运河堤作为驿道，大运河边水陆驿站并举，保障了国家政令体系的有效运作。大运河扬州段同时是盐的流通要道与集散中心。隋唐与明清时期大运河扬州段也在国家专卖商品盐的流通中起了重要作用。

20世纪50年代，沿淮扬运河扬州段开凿了水深较深、宽度较宽的新运河，相邻的原运河河道遂被废弃，但现河道仍清晰可辨，与新建运河平行。新建运河仍被称作“里运河”，作为淮扬运河扬州段的一段承担着主要航运功能，现为二级航道。

大运河扬州段对沿线城镇的兴起繁荣起了很大的作用，并创造出独特的运河文化与生活。如宝应因河而盛、界首因驿成镇、邵伯因埭成镇、瓜洲因渡口成镇，扬州城更是一直在经济与文化方面都是中国历史城市的典范。大运河对沿线城镇聚落的文化与生活方式的影响至今仍清晰可见。

03 古邗沟故道

古邗沟故道是扬州地区最早建成的人工水道之一。现存一段遗址位于扬州城北，从螺蛳湾桥向东直达黄金坝，长1.45千米，目前作为景观河道使用。这段邗沟遗址的始建年代最早可以追溯到春秋时期，是大运河系统最早期的遗迹之一。从汉代至唐代这段河道都是大运河的主航道，是历代漕运的主要通道。河道虽然历经整治，但都是在原始河道的基础上拓宽和修缮，因此保留了河道走向的真实性。

~
古邗沟遗址

04

里运河扬州段（高邮明清大运河故道）

高邮明清运河故道

里运河扬州段北起扬州宝应里排河与京杭运河连接处，南至扬州市广陵区茱萸湾，连接了高邮湖、邵伯湖等湖泊，是大运河扬州段重要的组成部分之一。里运河现在仍然是主要的运输性河道。经过历年的拓宽和整治，已经达到二级航道的水平，可通行2000吨级别的船只。

高邮明清大运河故道北起高邮界首镇，南至高邮镇，全长30千米，现已无水。高邮明清大运河故道是大运河的重要组成部分，此段河道集中反映了大运河由湖道向河道演变的动态过程，是反映大运河河湖关系的“活化石”。

该段最初直接利用湖泊作为航道，为了航行安全，自宋至明清逐渐修筑分隔河湖的堤防开挖月河，使航道逐渐渠化并因此逐步东移。20世纪50年代末期在古运河的东侧开凿了现在的里运河。原运河故道局部填充，用作现运河西侧的堤防，上面栽植树木和农作物，但河道走向及河床河堤关系仍清晰可辨，形成两河三堤，古代运河故道与在用的里运河并行的独特景观。

05

邵伯明清大运河故道

邵伯明清大运河故道位于邵伯镇西，北至邵伯节制闸，南至南塘，长约2000米，宽约30米。该河道目前航运功能已废弃，但河道整体走向、河岸护堤及码头仍然得以保留。

邵伯明清大运河的前身是邗沟的一部分。1600年，为避免湖面的风浪影响漕运，在邵伯湖东侧修建堤坝，使大运河的主航道与邵伯湖彻底分开，成为独立的航道。邵伯镇西的这段大运河是清道光三十年（1850年）三沟闸至梁家港的堤坝修建之后逐渐形成的。现在邵伯故道为防洪排涝和城市景观河道。

~

邵伯斗野亭中的铁犀

在邵伯节制闸上游的斗野亭公园内的镇水铁犀，长1.98米，高1.10米，重约1500千克，是昔日大运河泛滥、百姓祈求安康的见证。

06

扬州古运河

大运河自扬州湾头流向西南，经黄金坝后向南进入扬州城区段，直至三汊河口，全长约20千米。因1958年自邵伯向南开挖大运河新河道，直通长江，因此，原自邵伯经茱萸湾曲折绕城而过，通过瓜洲运河至长江的这段河道，现在被扬州人称为“古运河”。

这段大运河与扬州城市同生共长，被誉为扬州城的“母亲河”。大运河自扬州城东南穿城而过，沿线历史遗迹星列、人文景观众多。尤其是在大运河西侧，密布着众多遗产点，如瘦西湖、天宁寺、个园以及诸多盐商历史遗迹等，犹如一颗颗璀璨的明珠，与两岸丰富的民俗文化、多样的市民生活融为一体。

扬州城区段大运河不仅遗产众多，而且水景秀美，扬州三湾（即宝塔湾、新河湾和三湾子），便是其中最具特色的一段。它自文峰塔向南，呈横着的“几”字形，河道曲折，迂回六七里，水面宽阔，流速平缓。从技术角度而言，大运河的开挖者为了消除地面高度差，使大运河的水流保持平缓，便采取了延长河道以降低坡度的办法，把这段河道挖得弯弯曲曲。这个方法是中国古代河工的杰出创造。

淮扬运河扬州段-城区段

扬州古运河现为六级航道。

07

瓜洲运河

大运河穿过扬州市区至高旻寺，形成了一个三汊形的河口。自此，大运河一路往南，至瓜洲长江口汇入长江，这段长12千米的运河就是瓜洲运河。它处于大运河扬州段的南端，始于唐代开元二十六年（738年）开凿的伊娄河，已经有1280多年的历史。瓜洲原为江中沙洲，后与长江北岸相连，长江北岸线遂南移至瓜洲。这也导致漕船需绕行仪征，在江上常有漂损之灾。瓜洲运河的开凿，使漕船线路大大便捷。明清时期，仪征、瓜洲运口交替使用。此时，瓜洲作为大运河南下入江的交通要冲，其重要的战略地位一直未发生改变。清代，江流北徙，长江北岸仪征、瓜洲一带遭受强烈冲击。1884年，瓜洲城和南端的瓜洲运河完全被长江吞没，大运河南端的运道至今天的瓜洲镇（原四里铺）出江。

肆

江南运河

江南运河北起江苏镇江，绕太湖东岸经常州、无锡、苏州、嘉兴、湖州，南至浙江杭州，贯穿长江、太湖和钱塘江三大河湖水系。

江南运河于前3世纪已经出现雏形，隋炀帝大业六年（610年）在沟通大运河过程中对这段运河进行整治拓宽，形成了南抵余杭的运河，是大运河形成时间较早、连续运用时间较长、自然条件最好的河段之一。

从隋代至清代，作为大运河的主要通航河段的江南运河，一直是中国历代政府通过大运河从江南地区收集和汇聚漕粮的主要通道，期间历经多次疏浚、整治，但主要运河线路一直保持相对稳定，反映了古代高超的工程勘察、设计、施工以及后期管理技术和能力。在大运河世界遗产中，江南运河分为5段。

01

江南运河常州城区段

江南运河常州城区段是江南运河西段在常州市区内的主要河段，长约23千米，是南方城区段运河的典型段落。

春秋时代是此段运河的始建时代。隋唐至明代之前，常州运河水系伴随着城市建设发展与航运、水利建设而逐渐完善；至明清时期，常州运河水系已趋完善，为当时常州城市依运河而盛的发展奠定了基础。由于运河水穿城而过、绕城而行，常州受到大运河的重要影响，形成了常州城依水而筑，水抱城的城水相依、人水相亲的格局。

19世纪以前，此段运河一直是大运河沟通太湖与长江水系的主要航道的重要组成部分。19世纪漕运结束后，此段运河作为江南运河的一部分承担着区域航运功能。

2004年起，在常州城区段运河以南新建了一段南移改线航段，将江南运河常州城区段河道绕开，使其失去了原有的航运主航道地位。

~

江南运河常州城区段

位于常州市核心区以内的“古运河”段已改为城市景观河道，失去了航运功能。其余部分江南运河河段仍保留了一定的航运功能，现为四级航道。

02

江南运河无锡城区段

江南运河无锡城区段是江南运河在无锡市区内的主要河段，长约14千米，是南方城区段运河的典型段落。

此段运河最早的河道（即“古运河”）据传说始建于春秋时代（前5世纪）。隋代初期（610年）重新疏浚和拓宽此段河道，并开凿了城区段另一段运河（即“老运河”），使江南运河无锡城区段成为沟通南北的大运河江南运河的一部分。隋唐宋时代，沿着无锡江南运河河道，城镇市集持续发展并进一步增多。

自13～19世纪，此段运河作为江南运河的主要航道，承担了航运的主要功能，并对无锡城市发展产生了巨大的促进作用。明清时代，运河漕运促进了无锡米市的形成和发展。这些粮行堆栈都在古运河两岸沿线，形成了兴旺的城镇发展景象，反映了运河与地域社会经济发展密切相关，在很大程度上促进和带动了城镇的发展和区域经济社会的繁荣。

在1965年和1983年的两次改道工程中，一段新开挖的运河完全绕开此段运河，使其失去了原有的航运功能，而改为城市景观河道与泄洪排水河道。

~

江南运河无锡城区段

大运河漕运功能结束后，大运河无锡城区段依然承担了太湖周边与杭嘉湖地区的区域性内河航运功能。

江南运河苏州段是江南运河在苏州市境内的主要河段，由不同历史时期开凿的多段运河组成，总长度约73千米。

江南运河苏州段最古老的河段（包括今“环城河”“胥江”）据传说开凿于春秋时期。隋代初期（610年）重新疏浚和拓宽江南运河苏州段的既有河道。9世纪初，在苏州城西北部，上塘河以北新开凿了山塘河，作为大运河北入苏州古城的又一条重要水道。此段河道后经过多次维护改建，一直是大运河江南运河的主航道，在漕运结束后仍作为区域运河发挥着重要的航运作用。

20世纪50年代和80年代，分别在苏州城西侧新开凿两段运河（上塘河与胥江之间、胥江与古运河之间的两段江南运河），绕开了原作为江南运河主航道使用的上塘河、西侧环城河与胥江、南侧环城河。上塘河、山塘河、胥江和护城河等河道自此不再作为大运河主航道使用，失去了航运的功能，改为城市景观河道与排水河道。

03 江南运河苏州段

江南运河苏州城区段

迄今为止，大运河苏州段仍是运河最繁忙的河段之一，据统计大运河苏州段每天通过的船只约有6000艘以上，断面货流密度在8000万吨左右。远超同期的大运河港口镇江、长江港口南京和荷兰北海运河港口阿姆斯特丹。

04 江南运河嘉兴—杭州段

江南运河嘉兴—杭州段北起苏州与嘉兴交界处，南至杭州钱塘江边，是江南运河联系太湖水系与钱塘江水系的河道，从北至南包括始建于不同历史时期的苏州塘、杭州塘、崇长港、上塘河、杭州中河、龙山河等多段河道。

江南运河嘉兴—杭州段始建于春秋时期。7世纪初期（隋代）在前代开凿的运河基础上疏浚加深而成，作为江南运河南段实现了大运河全线贯通。宋代时期又在大运河与钱塘江交汇处开龙山河等河段，完善钱塘江运口。

其中，苏州塘、杭州塘北段始凿于汉代，全线贯通于隋代，现为运河主河道，大部分经升级拓宽改造以适应现代航运的要求。杭州塘南段开凿于元末，为运河主河道，基本保持原有线位，现为四级航道。南浔頔塘镇段基本保存原有尺度，保存状况较好。苏州塘、杭州塘为现今江南运河浙江段东线，长132千米，现为四级航道。

上塘河、崇长港为江南运河浙江段故道，隋唐至元末作为运河主航道，源自杭州施家桥，向东北至海宁崇福接东线主航道。其中上塘河为“三塘五坝”之一，前身为秦始皇开辟的陵水道之一段，崇长港前身为春秋时期的百尺渎、越水道。上塘河、崇长港长46.5千米，河道平均宽30～70米，现为六级航道，主要功能转为水利行洪。

杭州中河南北纵贯杭州城区中部，南接龙山河，水流方向由南向北汇入上塘河，现为城市景观河道。龙山河原是中河通钱塘江的水道，始凿于吴越钱镠时。宋代，龙山河由西向东北，由南水城门入城。清代末期，龙山河起自兴家桥，至大通桥外的闸口，水流由北向南，经龙山闸注入钱塘江。龙山河现南起闸口，北至凤山门，连接中河，全长4400米，与钱塘江已不相通，现为城市景观河道。

时至今日，江南运河嘉兴—杭州段仍作为长江三角洲地区重要的航运通道不断维护，在漕运结束后仍保持了航运功能，至今还是江南地区重要的内河航道。

江南运河嘉兴段至今还是江南地区重要的运河通道

江南运河嘉兴—杭州段在宋代已采用复式船闸以解决不同水位河道间的航运功能，代表了当时世界水利水运工程的先进水平，并保存了大量拱形古桥梁，科技价值、艺术价值突出。沿线的历史文化街区都具有久远的历史，保存有较完整的运河城镇格局、历史街区、传统街巷和传统风俗，保留了典型江南水乡风貌。

05

江南运河南浔段

江南运河南浔段的頔塘故道是完好保存的江南运河支线河道，是大运河在水网密布的长江三角洲地区延伸和扩展的河段。

頔塘运河始建于西晋太康年间（280～289年），作为湖州地区的区域运河。隋代初期，贯通南北的大运河建成，頔塘成为湖州联系大运河的重要航道。南宋时期，頔塘成为大运河支线——江南运河西线的一部分。后多次疏浚维修，一直保持着航运的功能。

1952年于南浔镇北另开一段航道，绕开原頔塘河道，长约1.6千米的頔塘故道因而得以完好保留，现已无航运功能，主要作为城市排水与景观河道，河堤均为砖石护坡，有多处河埠，保存状况良好。

浙东运河

浙东运河位于大运河最南端，是大运河内河航运通道与外海连接的纽带，是古代海上丝绸之路的重要端点之一。

浙东运河西起杭州市钱塘江南岸，跨曹娥江，经过绍兴市，向东汇入宁波市甬江入海，与海上丝绸之路相连。浙东运河包括西兴运河、绍兴城内运河、绍兴护城河、山阴故水道、虞余运河、慈江、刹子港等河段。浙东运河的兴建始于春秋越国的山阴水道，约建成于前5世纪。唐代的浙东运河在绍兴以西有局部改建。

宋代是浙东运河的形成时期，其标志是运河上的工程设施和管理制度的完备，国家对运河实行准军事化的管理，而且在文献中也开始正式有了“运河”之名。

宋代浙东运河上的工程设施也更加完善，至此浙东运河自钱塘江经绍兴、宁波通海的完整水运体系已经形成。南宋时临安（今杭州）为都城，明州（今宁波）、绍兴、台州是经济最富庶的地区，浙东运河成为水路干道，也是沟通海外的水道。沿线城市为绍兴和宁波。

~

浙东运河

目前浙东运河仍发挥着区域性的航运、水利作用。

01 浙东运河杭州萧山—绍兴段

浙东运河杭州萧山—绍兴段包括如今的西兴运河、绍兴城内运河、绍兴护城河、山阴故水道等河段，西起杭州西兴的钱塘江边，东至上虞县东关镇曹娥江边，全长约90千米。

山阴故水道始建于春秋时代，是此段最早修建的一条人工水道。南北朝时期逐渐形成了以渠化天然河道为主的运河体系，唐宋时期在工程与制度上进行了较大的完善，形成了完整的水运体系（包括西兴运河、绍兴城内运河等河段）。而绍兴护城河由北宋皇祐年间（1049—1054年）开凿的护城壕发展而来。

后来此段运河作为连接海上丝绸之路与大运河的交通要道不断受到疏浚和维护。现除了部分河道保留了原有的航运功能外，其余河道已无航运功能，改作为城市景观河道或泄洪排水河道。

浙东运河杭州萧山段

02 浙东运河上虞—余姚段

浙东运河上虞—余姚段（虞余运河）东起上虞百官街道赵家村曹娥江边，至余姚斗门入姚江干流，总长25千米，是沟通曹娥江和姚江的运河河段，历史上对于促进沿线城镇的繁荣发挥着重要作用，至今仍保留着运河两岸村镇相依的自然风貌。浙东运河上虞—余姚段始建于宋代，是利用当地的湖泊沼泽，经人工整理后形成的运河。现为六级航道，平均宽22米，水深1.5米。

03

浙东运河宁波段

浙东运河宁波段是宋代浙东运河黄金时期开凿的航道，取代了丈亭以东姚江自然段，避免海潮对航运的影响，这种自然江河与人工塘河并行结合、复线运行、因势取舍的设计、构筑理念与航运方式，正是宁波地区古代航运系统的一个重要特征，体现了线路规划的科学性。通过基本人工化的慈江、刹子港进行航运。此段河道西起丈亭经慈城、向南抵小西坝，总长约23千米。现此段运河航运功能已减弱，为等外级航道（50吨以下的航道）。浙东运河从西往东到达明州府城的最后一段运河航程，因此也称为古浙东运河的末段。

~

浙东运河宁波三江口

通惠河

通惠河由北京向东流经通州，在通州与北运河交汇于通州北关闸，总长度20多千米，全段纵比降约0.88‰。通惠河是元代初期第二次南北大沟通时开凿建设的运河河段，与元大都城（今北京城）同期勘察、规划、兴建、完工，是具有全面的前期勘察规划设计而兴建的水利航运工程。

通惠河解决了漕船向北抵达当时中国的政治中心——大都的问题，使运输南方漕粮的漕船可以通过通惠河直达元代的首都，到达元代中国大运河的北方终点——积水潭（包括现今的什刹海、后海一带）。

19世纪末20世纪初，在漕运结束后，通惠河逐渐失去了航运的功能，成为北京城市主要排水河道和景观河道。通惠河全部在北京境内。通惠河河段中有“通惠河北京旧城段”和“通惠河通州段”两段。

~

通惠河北京旧城段

01 通惠河北京旧城段

通惠河北京旧城段包含了大运河的北方终点段落——什刹海以及通往什刹海的玉河故道。沿线运河遗产还包括澄清上闸、澄清中闸等。

玉河故道是从什刹海开始向东延伸至澄清中闸的运河故道，是始建于13世纪末的通惠河最北端通往什刹海的一段河道，长约0.5千米。

15世纪，通惠河部分河道被围入皇城城墙内，自什刹海开始的一段通惠河失去航运功能，时称“玉河”。

玉河现存元、明、清河堤遗存，是北京中心城区内唯一的古河道遗址。这些遗址经历代维修沿用，包含了不同时期修建、维修的多组堤岸、河道遗址。这些河堤遗址大部分距地表3～4米，河道宽度30～40米，遗址现状保存良好，向公众开放。

02 通惠河通州段

通州段是大运河北方的河段通惠河的端点段落，是通惠河与北运河交接的重要河段。通惠河通州段始建于13世纪末，河段西起永通桥，向东至通州北关闸汇入北运河，长约5千米，在元代至明初约2个世纪的时期内，是漕船经由通州向北京漕运的主要通道。

15～19世纪末，受到北京皇城用水增多的影响，此段运河水量不足，大部分南来的漕船将漕粮运输至通州，再由通州陆路转运至北京城内，仅有少量漕船通过此段运河，将漕粮水运至北京城东侧的东便门。19世纪末漕运废弃后，此段河道主要用作北京城市排水行洪的水道。

2021年通惠河通州段水环境综合治理二期工程完成河道清淤、拓宽等工作，二期工程2022年全部完工。完工后，亲水驳岸、生态公园错落分布，河段成为一条展示大运河古韵风貌的水绿相融生态带，一个市民休闲的好去处。

北运河

北运河位于海河流域北部，其上游为温榆河，北运河从通州北关闸蜿蜒向南，于天津三岔口汇入海河，曾称沽水、潞水、白河，至明代多称运粮河，清雍正四年（1726年）改称北运河。北运河最早是金代开凿的运河河段。13世纪末开挖通惠河，将漕运的航道向北延伸至大都（今北京），使漕运航船能直抵大都，促使北运河的航运业在元代兴盛一时。13世纪末至14世纪大运河内河漕运与海上漕运均经过北运河。15～19世纪北运河主要承担内河漕运的功能。北运河主要流经北京、廊坊和天津市。

~

北运河张家湾古镇段

天津三岔口段

北运河的世界遗产河段为北、南运河天津三岔口段。

北、南运河天津三岔口段是南运河与北运河的连接段，包括北运河最南端的部分与南运河最北端的部分，总长度71千米。其中北运河部分北起筐儿港减河与北运河连接处，南至天津三岔口狮子林桥，长48千米；南运河部分北起天津三岔口狮子林桥，南至天津杨柳青镇镇区，长23千米。

筐儿港减河始建于康熙四十三年（1704年），是为解决北运河在汛期难以迅速下泄洪水，导致决口冲毁运道的问题而修建的将洪水直排入海的减水河。此后筐儿港减河曾多次维修、疏浚，在分泄北运河洪水，保证漕运畅通方面起过很大作用。

三岔口是北运河、南运河与海河的交汇点。11—12世纪时，由于漕运与制盐业的不断发展，三岔口成为来自南运河内河漕船北上和来自海河的海运漕船换船的交通枢纽和漕运中转站，并在三岔口附近逐渐形成了具有战略意义的重要市镇——天津（时称“直沽寨”）。

元明清三朝定都北京，北运的南粮大增，无论通过海运或河运，进行漕粮航运均须经过三岔口进行转运，因此极大地促进了天津的城市发展与商业繁荣，并在周边的运河沿岸形成了杨柳青等一系列古镇，促进了区域经济与社会的发展。因此，可以说三岔口孕育了天津城与周边城镇，是天津城市发展的“摇篮”。

北、南运河天津三岔口段现保存较好，原有堤岸和河道均有保留，河槽为单式U型断面，上口宽25～110米，堤距45～1663米，两岸生态环境良好。此段河道现已失去航运功能，改作城市排洪河道与景观河道。

捌

南运河

南运河是“三湾抵一闸”的弯道代闸技术的代表性河段，是大运河的重要组成部分，作为海河南系干流沟通了海河南系上游的诸多支流。南起山东临清，向北在天津三岔口汇入海河。南运河是在东汉末年曹操所开平虏渠和利漕渠等区间运河基础上形成的，约始建于3世纪初。

南运河沧州—衡水—德州段

7世纪初（隋代初期）作为隋代大运河中永济渠的北部段落，之后一直沿用，宋元时期为御河的北部段落，到明代为卫河的北部段落。17～19世纪山东临清至天津三岔口段称为南运河。自13世纪末元代大运河通过山东北上，不再绕道中原，南运河也成为漕运在华北地区重要的交通干线。南运河流经天津、沧州、衡水、邢台、德州市。

在大运河世界遗产中“南运河沧州—衡水—德州段”是南运河弯道技术的典型例证，包括了现存完好的运河夯土水工设施遗存。

南运河沧州—衡水—德州段北起连镇谢家坝，南至四女寺枢纽三角洲北缘，长95千米，是南运河弯道技术的典型代表。从地表形态来看，蜿蜒曲折，甚为壮观。

~

南运河沧州—衡水—德州段

南运河沧州—衡水—德州段现已失去航运功能，改为行洪排水河道。河道河堤保存完好。河槽为单式U型断面，河床上口宽48～84米，槽深5～6米，堤距为57～1030米。

玖

会通河

会通河是元代政府在之前以洛阳为中心的大运河的基础上为了避免绕道迂回，而新修建的一段人工运河。并在明朝永乐九年（1411年）因严重淤塞，进行了重新整修。会通河开凿前，曾经有周密的区域河流水系考察和工程规划。元至元十二年（1275年）郭守敬勘察黄河、御河，以及山东境内汶泗沂三河，确认了御河、汶水、泗水、黄河四河相互沟通的可行性，对大运河南北贯通的关键河段——会通河进行了初步规划。

会通河南旺枢纽水源工程和节制闸群工程是会通河上创造性的伟大工程，成功解决了会通河面临的两大问题，使会通河在5个多世纪的时间里持续畅通和运行。会通河流经聊城、泰安、济宁市。

~

会通河临清段——元代河道

01 会通河临清段

会通河临清段是大运河会通河最北端的河段，是卫河与会通河连接的两部分水道，其中北道称为元运河，南道称为小运河。元运河西起与卫河交汇处，东至鳌头矶；小运河西起与卫河交汇处，经过鳌头矶，东至邱屯枢纽；两部分运河总长8千米。此段运河后历经疏浚维护，直到漕运结束后，会通河临清段失去原有航运功能，改为排洪灌溉河道。现河道保存较好，基本保持原状，河道线路未发生明显变化，鳌头矶、北道、南道都仍留存。

02 会通河阳谷段

北起阿城下闸以北1千米处，南至金堤闸，长19千米。此段运河又名“小运河”，于元代至元二十六年（1289年）开凿。14世纪初陆续修建阿城上下闸、荆门上下闸，后明清时期历经多次维修。

漕运结束后，会通河阳谷段失去航运功能，改为排洪灌溉河道。现河道保存较好，河床宽30～50米，堤岸主要为土壤植被护坡，良好保持了自元代以来历史沿用状态。

会通河特有的地形和水源条件，决定了此段河道上必须依靠工程措施提供水源和维持航道水深。会通河阳谷段连续闸的运用，体现出水运工程管理在元明清时期最高成就。

03 南旺枢纽

南旺枢纽是为了解决大运河跨越水脊难题而建设的大型综合性水利水运枢纽，是大运河上最具科技价值的节点之一。它通过疏汶集流、蓄水济运、泄涨保运、增闸节流等措施，科学地达到了引汶、分流、蓄水的目的，达到了对水资源进行年际、年内调节的效果，从而保障了大运河在之后约4个世纪中的顺利通航。

南旺枢纽位于济宁汶上县南旺镇，是大运河全线位置最高的段落，平均海拔43米，由地势最高点南旺分水口分别向南北倾斜，与会通河南北两端高差达30余米（明代测得），地势高而水源不足是此段面临的巨大挑战。

南旺枢纽主要由戴村坝、引水河（小汶河）、南旺水柜、分水口组成。南旺枢纽修建于15世纪。在此之前，13世纪末为了解决大运河跨越水脊难题而修建了济宁分水工程，引汶河水由南旺以南的济宁附近汇入运河。但济宁地势较南旺低8米，造成济宁至南旺一段运河供水不足，难以行船。

明初重新开通会通河时，在南旺东北的汶河上修建了戴村坝，将汶河水抬高，经小汶河将抬高的河水引入运河，由运河沿线地势最高的南旺分水口汇入运河，向南北两个方向给运河供水。在戴村坝建立之后约70年，为了精确调配供水与分水的水量，又在南旺分水口南北两侧的水道内陆续修建了柳林闸、十里闸、寺前铺闸等节制闸，起到调配向两侧供水水量的作用，多闸的联动和控制实现了会通河南北段的分水比例定量控制，达到了有效控制水道航深的目的。

又考虑到由于汶河属山溪型河流，汛期洪水水量占全年70%，水量分布十分不均衡，因此在引河水入运河处设置了南旺湖、蜀山湖、马踏湖等多处水柜，蓄引多余水量和汛期洪水，以增加调剂运河供水的能力，并在水柜与运河之间设置了邢通斗门、徐建口斗门等水门以调控进出水柜的水量。水柜还起到为运河防沙防淤的作用。

在汶河洪水期间开蜀山湖、马踏湖闸蓄水，泥沙随之入湖，经过沉淀后，再引入南旺湖蓄积，南旺湖的清水再入会通河，“如此，则二湖之役，不惟可为水柜，亦可为沙柜矣。”（张伯行《居济一得》卷2）有了沙柜容蓄，由河道清淤转而为沙柜集中清淤，疏浚可间隔数年进行一次。南旺疏浚工程巨大，但是集中在湖中疏浚，施工战线大大缩短，难度降低。

在地形上运河高而湖低，平常湖水不能畅流入河，此外，在分水口附近还修建了分水龙王庙建筑群等辅助设施，逐步完善了南旺枢纽的配套设施，在4个多世纪的时间里实现了大运河全线最高的河段——会通河的持续畅通。

南旺枢纽还围绕济运保水建立了一整套严格的航运、水利管理制度。明清两代均设立严格的规定，禁止侵占水柜湖泊，严格管理会通河水源，有力地阻止了地方生产生活行为对运河水工设施的影响，维持了水柜的调蓄作用，使会通河漕运量大大增加，并得以畅通数百年。

~

南旺枢纽遗址

位于大运河全段最高河段的南旺枢纽，以筑坝提升自然河流水位的方式，为运河行船提供持续有效的引水，是在严酷的自然条件下，科学设计和系统管理的规模宏大、高效节约的运河水源工程，保障了大运河持续畅通的运行了4个多世纪，比为法国米迪运河提供供水的黑山水源工程早2个多世纪，是世界范围内较早建设、成功有效解决运河供水问题的大规模水利工程设施。

古汶水是山东中部的一条大型天然河道，它由泰蒙山涧诸水汇集而成，经大汶口等地至须昌（今东平）的安民亭南入济水。因其流域面积大，集水快，加之堤防残缺，而且长年失修，所以历史上曾在其下游不断出现洪水漫溢决口，形成多股分流的状况。这些分流的水道，史料中称为溜道（即汶水故道）。

明永乐九年（1411年）为解决会通河水源不足的问题，堵塞了元代修筑的堽城斗门，在汶水下游戴村坝处（今大汶河）筑坝阻挡汶水，使其流经南旺入运。为将汶水引入南旺，在筑戴村坝的同时，重新开挖疏通启用了这条汶河溜道，长40多千米，引汶水至南旺南北分流，南接黄淮，北通漳卫。明清两代曾多次疏浚治理，维修加固，新建大坝，调节水量。

清末，小汶河逐渐失去了济运作用，由于无人管理导致汛洪无法控制，时常泛滥成灾。

1959年由山东省水利厅主持修筑小汶河拦河坝（在泗汶庄西），结束了大汶河分水南流的历史。

1963年，对小汶河河道做了局部调整，将北泉河曹营以上的192.5平方千米的面积改道入小汶河，并将小汶河下游通过二道沟，泄入总泉河，废除了小汶河拦河坝至曹营西北段河道2.2千米。

1979年，小汶河改道工程由汶上县完成。废除了中王庄至南旺分水龙王庙河道11千米。改道后小汶河从上游宁阳县东皋村东北至梁济运河全长86.9千米。

~
济宁微山县湖中运道
根据相关考古与测绘工作成果，会通河微山段与史书、碑刻记载的情况基本相符，现存原始河堤基本为土堤，运河宽度在15～18米，未淤塞河道深度最深5.5米，最浅3.5米，平均深度为4.8米，河道、堤岸保存状况较好。

05 会通河微山段

会通河微山段是大运河会通河段南部的一段河道，北起微山县南阳镇，南至利建闸，长约9千米，是大运河全线独特的位于湖内的一段运道，是明代开凿的南阳新河的一部分，又称“湖中运道”。

1128年黄河改道南行后，至明代已经200多年，黄河下游河道已经抬高，黄河中游频繁决口北泛，对会通河干扰极大，甚至淤塞会通河河道达百余千米。1528—1567年，新开凿一段河道，将会通河由南四湖西改到湖东，试图以南四湖为滞洪区，缓冲黄河北泛对运河的影响。新开凿的河道名为“南阳新河”。

南阳新河对后世运河影响深远，此后，会通河南四湖以下，不断向东开新运河，陆续形成后来的中河段。随着微山湖水域的扩大，万历末年，南阳新河全部淹没于南四湖中。19世纪末至20世纪初，漕运逐渐中断而此段会通河遭到废弃。此段运河现主要功能为景观、防洪、排涝、蓄水、灌溉等。

中河

中河段北起山东微山县夏镇，经江苏北部徐州市、宿迁市和淮安市，南抵江苏淮安清口枢纽。中河北接会通河，南接淮扬运河，是清代为了进一步畅通漕运而开凿的河段。

自1593年便开始规划改移运河路线，先后在南四湖东侧接之前开成的南阳新河而开凿泇河（1593—1604年）、皂河（1680年）和中运河（1686—1699年），并改造黄河北岸运口（1703年），最终实现了运河与黄河的分离，不再通过黄河河道航运行船，标志着大运河全段实现了完全的人工控制。此后漕船沿中河北上，避黄河二百里之险，运河过淮后抵北京通州时间，较此前提前一个月。中河主要流经枣庄、徐州、宿迁、淮安等市。

01 中河台儿庄段

中河台儿庄段北起台儿庄月河与韩庄运河西侧连接处，南至台儿庄月河与韩庄运河东侧连接处，长约3千米。

中河台儿庄段始建于明万历年间，后历经多次疏浚。在19世纪末至20世纪初漕运终止后，此段运河仍作为区域性航运线路保持了运输河道的功能，直到1959年在台儿庄城外新建一段运河，将运道主线改在城外，此段运河失去了原有的航运功能，作为城市景观河道保留至今。

~

中河台儿庄段

此段运河现状河水水质良好，河道的河床宽27～100米，堤岸主要为土壤植被护坡，是具有良好通航条件的景观河道。

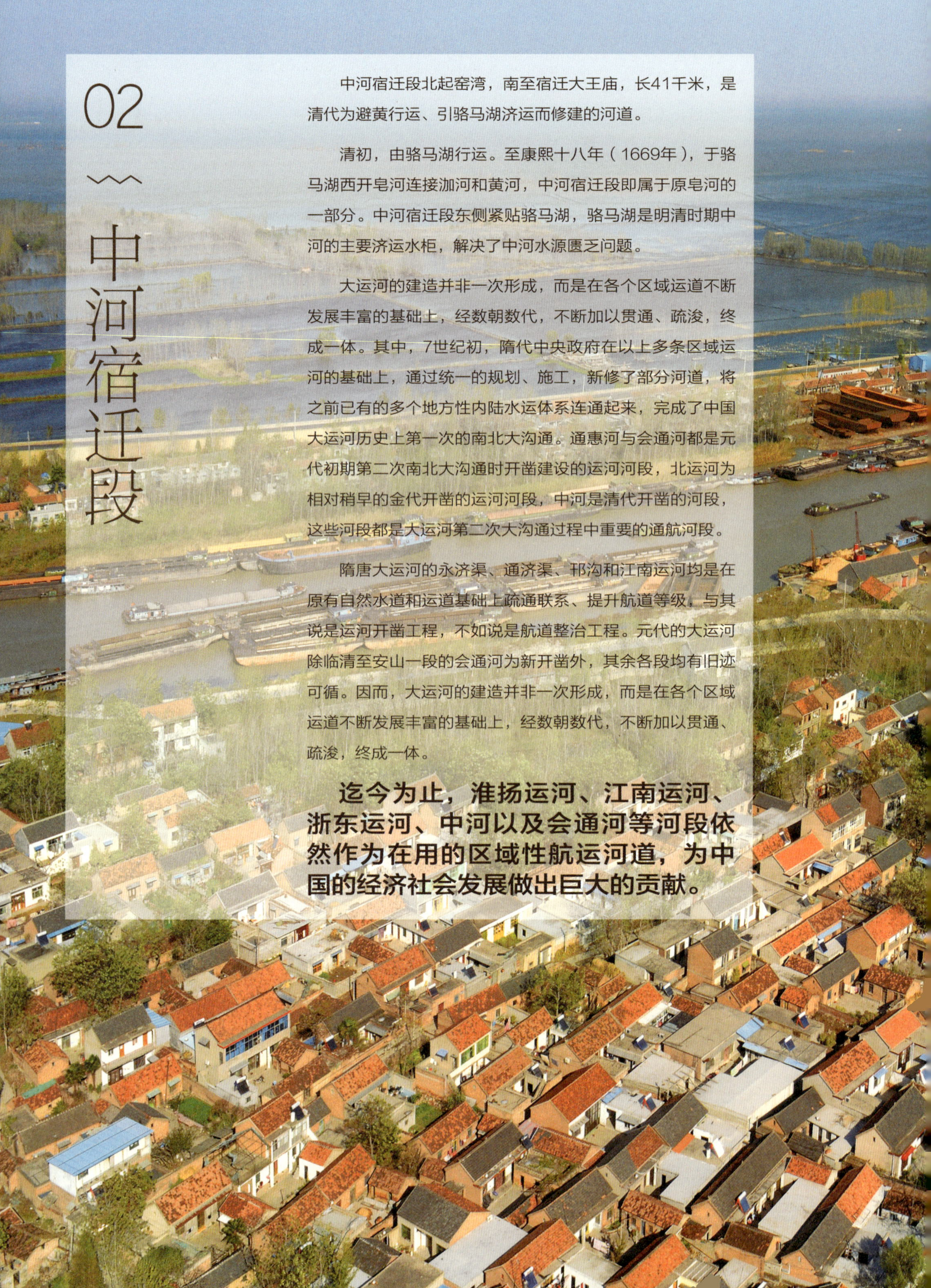

02 中河宿迁段

中河宿迁段北起窑湾，南至宿迁大王庙，长41千米，是清代为避黄行运、引骆马湖济运而修建的河道。

清初，由骆马湖行运。至康熙十八年（1669年），于骆马湖西开皂河连接泇河和黄河，中河宿迁段即属于原皂河的一部分。中河宿迁段东侧紧贴骆马湖，骆马湖是明清时期中河的主要济运水柜，解决了中河水源匮乏问题。

大运河的建造并非一次形成，而是在各个区域运道不断发展丰富的基础上，经数朝数代，不断加以贯通、疏浚，终成一体。其中，7世纪初，隋代中央政府在以上多条区域运河的基础上，通过统一的规划、施工，新修了部分河道，将之前已有的多个地方性内陆水运体系连通起来，完成了中国大运河历史上第一次的南北大沟通。通惠河与会通河都是元代初期第二次南北大沟通时开凿建设的运河河段，北运河为相对稍早的金代开凿的运河河段，中河是清代开凿的河段，这些河段都是大运河第二次大沟通过程中重要的通航河段。

隋唐大运河的永济渠、通济渠、邗沟和江南运河均是在原有自然水道和运道基础上疏通联系、提升航道等级，与其说是运河开凿工程，不如说是航道整治工程。元代的大运河除临清至安山一段的会通河为新开凿外，其余各段均有旧迹可循。因而，大运河的建造并非一次形成，而是在各个区域运道不断发展丰富的基础上，经数朝数代，不断加以贯通、疏浚，终成一体。

迄今为止，淮扬运河、江南运河、浙东运河、中河以及会通河等河段依然作为在用的区域性航运河道，为中国的经济社会发展做出巨大的贡献。

~
中河宿迁段
在19世纪末20世纪初漕运终止后，此段运河仍作为区域性航运线路保持了运输河道的功能，后经多次拓宽整治，至今仍承担着航运的功能，是苏北航运的重要水道和南水北调的主要通道，为二级航道。

大运河27段遗产河段与十大河道的关系

河道名称	包含的河段	河段特点
通济渠	通济渠郑州段、商丘南关段、商丘夏邑段、柳孜运河遗址、通济渠泗县段	开凿时间较早、规模较大、体现中国古代早期规划思想和建造工艺的技术高峰的重要河段
永济渠	卫河（永济渠）滑县浚县段	开凿时间较早、具有关键性的军事战略意义的重要河段，是维系了中国中原与北方地区紧密联系的河段之一
淮扬运河	清口枢纽、淮扬运河扬州段	运河修建和维护历史较长、体现了受到运河影响的时空范围内大规模河湖变迁和运河逐渐人工化过程的河段
江南运河	江南运河常州城区段、无锡城区段、苏州段、嘉兴—杭州段、南浔段	体现了特定自然环境条件下线路规划的合理性，表现了中国古代高超的水工设计、施工、管理技术成就
浙东运河	浙东运河杭州萧山—绍兴段、上虞—余姚段、宁波三江口	连通了大运河与海上丝绸之路的段落
通惠河	通惠河北京旧城段、通州段	体现了特定自然环境条件下线路规划的合理性，表现了中国古代高超的水工设计、施工、管理技术成就
北运河	北、南运河天津三岔口段	历史上见证海漕转运的节点

河道名称	包含的河段	河段特点
南运河	南运河的沧州—衡水—德州段	以众多弯道工程降低纵比降保证航运畅通的河道
会通河	会通河临清段、阳谷段、南旺枢纽、微山段	具有众多节制闸群、穿越大运河全段水脊的水利枢纽工程的河道
中河	中河台儿庄段、宿迁段	完成大运河完全人工化的标志性河段

世上没有两条交叉的河流，但大运河除外

大运河是解决水与人、水与水、
水与地理环境关联问题的系统性工程。

大运河由水道工程系统、
运河水资源调配与控制系统和运输管理系统组成，
必须统筹按照水源、引水、排水、蓄水、航运、仓储、
防灾减灾等功能建造单元工程，
以实现大运河的漕粮转输、商业运输、灌溉、防洪、城市供水等功能目标，
因此，大运河是一项复杂的系统工程。
而大运河作为系统工程的首要特征是与五大自然水系相交汇，
这也是国外研究者最关心的问题。

在大运河申遗过程中，
大运河联合申遗办每次接待国外专家，
他们问的最多的一个问题就是：
大运河如何过黄河、过长江，如何与五大水系相交？

本章主要介绍大运河水工技术的特点与成就。

大运河的空间分布

大运河位于中国中东部，是世界上开凿时间较早、沿用时间最久、规模最大的一条人工运河。它沿途经过北京、天津、河北、山东、安徽、河南、江苏、浙江等八个省级行政区，沟通了海河、黄河、淮河、长江、钱塘江五大水系。南北向运河北至北京、南至浙江杭州，纬度30°12′～40°00′；东西向运河西至河南洛阳、东至浙江宁波，经度112°25′～121°45′。

01 大运河为何要南北走向

历史上，中国的政治中心一般都位于北方，而魏晋南北朝后，随着气候的变化，北方不太适合农业生产，相反南方随着人工开发的加大，成为中国的经济中心，这样就需要建设一条纵贯南北的运输通道，将经济中心的物资调运到政治中心，以供养大一统帝国的庞大的官僚阶层和部队。在古代的生产力条件下，水上运输无疑是最经济、最实用的一种形式。因此，从秦汉以来的中国历代统治者都致力于开凿和维护一条南北方向的水上运输线。

中国地形总体为西北高东南低，呈三级阶梯，自西而东，逐级下降。山系以东西走向和东北西南走向为主。这种山系分布情况决定了中国河流以东西走向为主，天然形成的江河水系大体都是从西往东汇入大海的。在中国东部自北向南分布着海河、黄河、淮河、长江、钱塘江等水系流域，这种水系分隔的地理环境是大致南北向的大运河产生的自然背景。

大运河沿线自北向南横跨两大自然气候带—温带季风气候、亚热带季风气候，气候条件千差万别，水资源分布在地域和空间上存在极大差异。北方的华北平原多年平均降雨为500毫米～700毫米；淮河以南至钱塘江流域，则从1000毫米至1500毫米不等。中国东部地区全年降雨量的60%～80%集中在6月至9月，其中主汛期一个月的降雨占全年的50%以上。水资源特点主要是地域分布不均，年内、年际分布不均。特有气候水利条件决定了水源问题、防洪防汛问题是中国大运河面临的严峻挑战。

大运河沿线经过的主要地理分区被五大自然水系分割为华北平原、山东丘陵、长江三角洲和宁绍平原。华北平原地势低平，多在海拔50米以下，是典型的冲积平原，由黄河、海河、淮河、滦河等所带的大量泥沙沉积所致，是旱涝、盐碱、风沙等自然灾害频发的地区。

大运河还受到黄河的巨大影响，黄河是世界上泥沙含量最大的河流。

在黄河的影响下，大运河沿线多条河流不断改道，相关湖泊陆续形成、消失，对大运河的维护造成了较大的困难。为此，从隋代开始，中国历代政府不得不投入大量人力物力疏浚河道，建立和维护了大量水工设施和综合枢纽，解决黄河带来的诸多问题，保持大运河的持续通航。

以上多样的自然条件使中国历代政府难以直接利用自然河湖水系建成沟通南北的人工运河，也为维护内陆运输水道带来较大困难，同时，这种多样性的自然地理背景也造成了大运河各个段落具有各自鲜明的特征。

02

南北向大运河的工程难点

由于中国天然形成的江河水系大体都是从西往东汇入大海，直接利用自然河湖水系达到沟通南北的目的并不可能。加之地势西高东低，自西而东、逐级下降，自北向南地形、气候和水资源条件千差万别、极不均衡。这样的自然条件对于建设线路超长、联系南方北方的人工水道工程是极其不利的。而聪明的古代中国人在隋代、元代，开创性地形成了纵贯国土的超长运河工程，实现大运河历史上的两次大沟通时，穿越中国东部的五大自然河流是一项项艰难的工程。

7世纪，隋朝政府建立了统一的中华民族，完成了以洛阳为中心，向北到涿郡（今北京），向南到余杭（今杭州）的水道交通线，并建立了统一进行运河维护和运输管理的漕运体系，在中国历史上第一次建成了从南方重要农业产区直达帝国政治中心和华北地区军事重镇的重要内陆水运交通动脉。

运河发展历程中的第一次大贯通，是天才的设想。由此奠定的跨越广大国土的运河“Y”字型格局在唐宋时期一直发挥作用，沿用了600多年。这成为贯通南北的大运河真正的开端。这次大沟通将早期区域级运河，演变为沟通海河、淮河、黄河、长江、钱塘江五大流域的大运河，跨越了不同的地理与气候区域，形成了长达约2500千米的连续水道，并且在短短六年时间里（605～611年）完工，反映出古代中国高超的地形测量、水文勘察、规划设计、水工技术、工程组织、航运管理方面的科技水平，实现了世界上最早的大规模水资源时空调度，支撑了世界上时间最早、距离最长的内陆连续水运，体现了古代水利规划与水利工程的开创性成就。

元朝完成对中国的统一并在大都建立首都后，从南方经济中心供给北方政治中心的需求再一次成为统一帝国至关重要的政治经济举措。为此元朝政府组织修建了一批工程规模、工程难度史无前例的，在世界水利工程史上具有开创性与典范意义的工程实例，如越岭运河——会通河工程，以及黄淮运交汇的运口工程——清口枢纽等。这次大运河历史上第二次大沟通奠定了直至今天仍在发挥重要作用的现代大运河的线路格局。

总之，中国东部多样的地形气候特点给大运河的建造和维护带来了艰巨的困难，特别是给大运河穿越中国五大自然水系带来了难度，当然，我们勤劳智慧的祖先也克服重重困难，采用各种方法，实现大运河与自然水系的相交，也造就了大运河沿线各具特色的河道分布和技术特点。

大运河与五大水系的相交

大运河穿越五大自然水系，为了运河与自然河流顺利交汇，大运河在与自然河流交汇处一般都建有运口工程等。在线路规划上则初始借助自然水系以求便利，后来逐步摆脱，实现完全的人工控制，以保障船只的安全。

01 大运河与长江

长江与大运河的关系十分密切，大运河最早的一段就是沟通了长江与淮河的古邗沟，后来又称为淮扬运河，至今仍在运用。为北上与齐、晋争霸，吴王夫差于前486年在广陵城东南“筑邗城，城下掘深沟”（郦道元，《水经淮水注》），即邗沟，主要利用天然河道和湖泊，以人工渠道相沟通。当时长江的水位高于淮河，邗沟最初的路线是自今扬州南引江水，北过高邮，折向东北入射阳湖，出射阳湖后又改向西北，至今淮安北末口入淮水。江水曾经作为运河的水源，至今仪征仍有拦潮闸，当长江潮水上来时，打开闸门，让江水为运河补水，待潮退时再关上闸门，不让运河的水流入江中。

（1）东晋年间，随着江岸的变化，邗沟逐渐渠化，主要是在邗沟南端修建多处堰埭，调节水位。如东晋永和年间（345—356年），由于江都与长江间断水，在广陵城西南30千米处（今仪征市）建欧阳埭，改由西边引江水入埭济运，行30千米至广陵城，同时防邗沟水下泄入江。太元七年（385年）在新城北（今江都县）建邵伯埭。东晋末年在邵伯埭南约10千米建秦梁埭，北约7.5千米建三枚埭，再北约7.5千米建镜梁埭。四埭形成人工控制、分段节流的梯级航道。不让邗沟的水流入长江，以免影响航运。这四座埭就是今天的邵伯船闸、扬州闸、瓜洲闸等的前身。大业元年（605

瓜洲节制闸下就是长江

~
运河三湾南部就是古扬子津

年），隋炀帝发动淮南民工十余万人，对山阳渎进行大规模的整修和拓宽，自山阳县南至扬子江三百余里，渠宽四十步（约60米），能通行战舰，并于两岸筑御道、植柳树。至此，山阳渎改由扬子入江，不再向西南经欧阳埭通江。随着长江岸线的不断南移，今天的扬子津已不在长江边，运河三湾南部就是古扬子津。

（2）开伊娄河、七里河。唐代，山阳渎又称扬楚运河。扬子以南的长江中原有沙洲，名瓜洲。因长江泥沙的淤积，唐代时，扬楚运河南端入江口扬子已与瓜洲并连，从而使长江北岸南移二十余里，运道难以直通扬子。开元二十五年（737年），润州刺史齐浣改变线路，船只由京口埭（今镇江城西北江边）入江，直渡长江二十里至瓜洲，再于瓜洲上开伊娄河二十五里至扬子接淮扬运河。同时建伊娄埭节水，立二斗门船闸通船。潮水顶托时，开斗门引船入埭；潮退时，关闭斗门以防水走泄；一般水位时，斗门打开通船。至此，淮扬运河入长江的运口有两个：瓜洲和仪征。自长江上游的来船可由今仪征附近的运口入运；自江南运河的来船则由瓜洲入运。淮扬运河有些河段河床高于以北的淮河和以南的长江，水源匮乏，需利用沿线附近的湖泊或陂塘济运。其中，南端扬州段主要靠陈公塘、上下雷塘、勾城塘和小新塘等扬州五塘储蓄水源。但这些陂塘面积都不大，水源仍然是最大的问题。开成二年（837年），扬州运河曾干涸。因而，唐代在此经营颇勤。宝历二年（826年），扬州城官河复又淤浅，盐铁转运使王播自城南阊门西七里港开河一道，长十九里，向东屈曲取道禅智寺桥东，通旧官河，航运条件得以改善。

（3）建复式船闸。到了宋朝，为了节制运河的水不流入长江，淮扬运河上出现了复式船闸。宋雍熙初，淮南转运使乔惟岳，为方便行船和节省水源，在真扬运河第三堰创建了类似于现代船闸的二斗门，史称西河闸。据记载，闸的规模："二斗门（上下闸首）相距五十步（约77米），覆以厦屋（闸室），设悬门（垂直启闭的闸门）积水，候潮（临江引水）平，乃泄之。建横桥（今称交通桥），岸上筑土累石，以牢其址。"（白寿彝：《中国通史》）关于真州复闸，沈括在《梦溪笔谈》中有详细记载。北宋乔惟岳设计的复合式运河船闸，是世界上最早的复式船闸的雏形，在当时是水利科技的巨大进步。比欧洲1373年荷兰运河出现的复闸，要早380余年。

（4）明代开运河三湾。明万历二十五年（1597年），靠近长江的扬州城南南门二里桥一带运河河道过于顺直，水势直泄长江，难以蓄积，扬州知府郭光开宝带新河，自二里桥河口起，西折而东，从姚家沟入旧河，迂回六七里，形成

~
今天的瓜洲船闸

"运河三湾"。长江以南的江南运河与长江相交则是另一种情景。江南自古多水，原来就是沼泽地，有众多的江河、湖泊、溪流、沼泽、湿地。早在春秋战国时代，因长江到钱塘江之间地势低平，河湖密集，已出现沟通河湖的运河，后经历代开凿、疏浚，江南运河初具规模。隋炀帝大业六年（610年）重新疏凿和拓宽长江以南运河古道，形成今天的江南运河。因没有太大的水位落差，江南运河与长江的交汇相对比较方便，也使大运河在江南形成了长江边的多个运口。宋代修筑的京口澳闸，由京口闸等5座水闸组成，与积水澳和归水澳配合形成集通航、蓄水、引水、引潮、避风等为一体的系统工程，是江南运河与长江交汇的重要水运工程。因此，江南运河与长江交汇也是采用的复式船闸技术。

扬州运河三湾

通过延长河道增加河流比降，从而使得河水下泄缓慢，上游水位得以抬高，解决了运河浅阻问题。

江南运河入江口

镇江京口闸遗址

古有"五口通江"的说法，大京口曾是江南运河的主要入江口，也是历代漕运交通咽喉。京口闸是古代江南运河第一闸，是重要的标志性水工设施。

02 大运河过淮河

原来淮河的下游不是入江，而是直接入海的。

早期运河与淮河的关系，是运河由南往北流，从长江边流向淮安的末口入淮河。

宋代，淮扬运河仍须经淮河在泗州入汴河。由于运河入淮口附近的山阳湾水流迅疾，行船不便，而且泗州至淮安段淮河航道风大浪急，每年在此损失的漕船达170多艘。为此，宋代先后在淮水南侧开沙河、洪泽河和龟山运河，这一避淮工程得以避开淮河航运的艰险。

到了北宋末，由于黄河南泛淮河的河道发生了巨大的变化。1194年，黄河决口，开始了侵淮的历史。

元代，黄河频繁地在开封、中牟、荣阳、原武等地决口、夺颍入淮，造成淮河上游连年灾害。洪泽湖因来水无法承受，于1851年冲破蒋坝，由三江穿高宝湖入长江，成为长江的一大支流，并固定下来，成为淮河的正流。淮河在黄河的影响下，还形成了淮河流域两大湖群，即鲁西南湖群和苏北湖群。

随着元代会通河的开凿，黄、淮、运正式交汇在一起。这样，大运河过淮河和过黄河成了一个共同的问题。由于黄河力强且多泥沙，便从清口倒灌洪泽湖，使洪泽湖日益淤淀，清口日益淤高，运口亦日益淤高，危害黄河与运河。洪泽湖（淮河水）既要接济运河水源，又要蓄到相当高程，以抵御黄河倒灌，因而需加高洪泽湖东堤——高家堰的高度，不使决口。

永乐十三年（1415年），平江伯陈瑄循北宋乔维岳所开沙河故道，开清江浦运河，出口与小清口相对，叫新庄运口。自淮安城西管家湖至淮河（黄河）鸭陈口，置板闸、清江闸、福兴闸、新庄闸四闸扼运河入黄河口门，为避免黄河灌注运河、淤积运口，四座闸统一管理，依次开闭。

永乐十九年（1421年），明成祖朱棣迁都北京，运河成为内陆输送东南漕粮入京的交通命脉。黄河、淮河、运河于清口区域交叉重叠，成为治理黄淮运重点。嘉靖以前，黄河多走大河口，嘉靖初年，改走小清口，使得新庄运口淤积越来越严重。为此，嘉靖三十一年（1552年）开通三里沟河。但由于走三里沟河需上水逆行，嘉靖三十二年（1553年）在三里沟河建通济闸，并对新庄闸进行整修，实现了运口南迁。

万历六年（1578年），潘季驯第三次出任河道总督，提出“束水攻沙”“蓄清涮黄”方略。为实现“束水攻沙”，潘季驯设计了一套由遥堤、缕堤、月堤和格堤组成，在遥堤上修建减水坝的堤防体系，并于1579年在黄河两岸完成徐州至淮安长达300千米的遥堤；为实现“蓄清刷黄”的方略，潘季驯加高加固高家堰30多千米，堵住淮河向东的出路；创筑王

~
清口枢纽的洪泽湖大堤
至清代形成长约50多千米，高约15米的堤坝，最终形成具有蓄水、冲沙和泄洪等综合功能的洪泽湖。

简、张福堤，切断淮水北泄的通路。自此，淮水专出清口，“蓄清刷黄”。与此同时，潘季驯创筑归仁堤20多千米，堵住黄河、濉河入洪泽湖的通路，以保护明祖陵和泗州城，又对淮扬运河入淮口门进行了整治。移旧运口惠济闸于日罗城东南，河口斜向西南，避开与黄河相对，设立惠济、福兴、清江各闸启闭规则。至此，清口水利枢纽格局基本形成。

明末清初，黄河多次大水决堤，侵及淮河，洪泽湖水位上升，造成高家堰屡次决口，侵及运河。康熙初年，黄河决口入涡入淮，决归仁堤入洪泽湖相继发生。多次倒灌清口，造成洪泽湖水涨和沙淤，又造成高家堰多次大量泄洪和决口。明清采用蓄清刷黄、引清刷黄的办法，即在淮安码头镇东南筑高家堰（今洪泽湖大堤），利用地形和大堤蓄积淮河清水，通过抬高淮河水位实现对黄河泥沙的冲刷。

~
大运河上的闸
洪泽湖上的二河闸，它是洪泽湖五条出口中泄洪能力最强的淮海入海水道的起始控制。

～

淮河入海水道的水上立交工程

这是古代的运河治水理念在新世纪的延续与发展。

今天的大运河与淮河实现了立体交叉。在淮安段大运河与淮河入海水道交汇处，建设了现代化的水上立交工程。这个淮河入海水道穿越大运河立交地涵，采用了钢筋混凝土上槽下洞立体结构，下面的涵洞用来泄洪，上面的水槽用来行船，既维持了运河的航运，又保证了淮河的泄洪，被称为“亚洲第一水上立交”。

03 大运河与黄河

我国历史上有两条历代王朝特别关注的河流，一条是黄河，一条是运河。

黄河河道自中游潼关以下是自西向东流入大海，而运河往往是南北流的，必定会与黄河相交汇。于是历史上黄、运之间就产生了长期割舍不开的关系。

（1）运河部分河段的水源取之于黄河

开凿运河除了开挖河道外，更重要的是要有水源。在黄河流域只有黄河是流量最丰沛的河流，因此这一流域的运河的水源，往往取之于黄河。如战国秦汉时的鸿沟运河、隋唐宋时的汴河即通济渠，均以黄河为水源。利用黄河为水源的缺点很多：第一，黄河水量随季节而变，春冬水枯，夏秋水涨，而每年漕粮起运正值枯水季节，为了使运河有足够水量以通运，需在运河两岸限制农业用水，修筑水库，以备调节；第二，黄河含沙量高，引以为源的运河同样引来许多泥沙，使运河需要年年疏浚，并且河床也不断抬高，需筑堤以防决溢，日久运河也成了地上河；第三，黄河河道由于含沙量高，河槽年年摆动不定，运河引水口需年年改建，工程浩大，所费不赀。然而舍开黄河还有什么河流能提供如此丰沛的水源呢？北宋中期元丰年间，汴河曾一度想避开黄河，改引洛河为源，结果以失败告终。因此，从战国到北宋，一千多年来河淮之间的运河，都是黄河为水源的。

~
今天的黄河河南段

历史上黄河与运河的关系

（2）运河利用黄河部分河道为运道，黄运合一

金代以来，黄河下游河道改由东南夺淮入海。元代开凿贯通东部平原的大运河时，从淮安至徐州一段即利用黄河河道为运道。一则因为这段黄河河道正与漕运路线相合，黄河深广，正可利用为运道，不必另开新河；二则黄运合一，治黄即治运，可减少工程费用。但是利用这一段黄河河道作为运道弊端也很多：第一，黄河含沙量高，河床内沙洲密布，且一场洪水一个变化，航道极不稳定，给漕运带了很大困难；第二，黄河流量丰枯变化大，春上起运途经这段河道时，往往因水枯而搁浅；第三，徐州以下河道中巨石林立，漕船经此，往往有覆舟之患，虽经多次焚凿，效果甚微。

~

徐州段黄河曾经是运河的一部分

（3）黄河决溢，侵犯运河

历史上黄河以善决、善徙而著称。下游河道无论北决或南决，都会侵犯运河河道。西汉末年黄河决口，洪水泛滥于河、济之间六十余年，原先运河水系的汴、济诸河河道、水门均遭摧毁。至东汉明帝时王景治理之后，才恢复旧观。宋代河患严重，其北岸的永济渠，南岸的汴河，都屡遭湮没。宋室南渡后，汴河因得不到及时疏浚和修治，很快淤为平陆。元代大运河山东会通河段也不时受到黄河决溢的冲溃。明时徐州以上黄河发生北决时，必定冲毁会通河，夺河东流，致使运河中断；黄河南决，则会威胁到凤阳皇陵和泗州明祖陵的安全。所以明清两代治河的基本方针是将黄河下游河道固定在徐淮一线上。晚清咸丰五年，黄河在河南铜瓦厢决口，东北冲向会通河，夺大清河入海，运河阻断。时值太平军战争时期，清廷无暇顾及治河，另外，自道光以来部分漕粮已改海运。不久后漕粮改折，漕运停罢，运河即告淤废。

黄河中下游在我国历史上长期是政治、经济和文化中心，历代王朝治河是为了避灾，稳定社会；漕运是历代王朝赖以生存的命脉，治运是为了巩固王朝的统治。因此，这两条河流的治理成为历代王朝最关心的水利工程，也是我国古代长期以来，唯一由中央王朝直接主持的水利工程。明清时期，治理河运的思想也有一个变化的过程。前中期主要方针是在黄河北岸筑堤，以防北决，固定下游黄运合一的河道。但是所筑之堤均为沙土，仍易为洪水冲溃，成效不大。中后期采取避黄之策，即改筑运河河道，以避开黄河，如嘉靖年间开南阳运河，

~
由于黄河决溢，历史上的通济渠已被埋在黄土之下

万历年间开泇河，康熙年间开中河，前后一百余年，都是为了避开徐州至淮安间黄河段，使运河有自己的河道，不再利用黄河作运道。但是问题仍未能根本解决，一则离开了黄河，运河的水量往往不足；二则虽然开了新道，但与黄河仍近在咫尺，如中河与黄河仅一堤之隔，仍不免受黄河之患。综观历史上黄运关系，可以说既是亲家，又是冤家。运河离不开黄河，但最终也为黄河所毁。这是无法解决的矛盾。

大运河与黄河的平面交叉工程以清口枢纽工程为典型，清口枢纽位于黄河、淮河与淮扬运河北段、中河交会的位置，是明清两代为解决运河会淮穿黄的难题而建设的大型综合性水利水运枢纽。针对黄河夺淮改变了淮河水系的状况，为解决大运河与黄河的交叉问题，清口枢纽集成了与水动力学、水静力学、土力学、水文学、机械等相关的经验性成果，建筑了水流制导、调节、分水、平水、水文观测、防洪排涝等大型工程，成为枢纽工程组群，完整体现了明代著名水利工程专家潘季驯“筑堤束水、以水攻沙、蓄清刷黄、济运保漕”的工程意图，是人类伟大创造精神的成果。因为黄高运低，为缩小黄运之间的水头差，而采取梯级船闸的技术，利用“淮安三闸”，让船在河道中像爬盘山公路一样爬坡，最后达到与黄河一样的高度，漕船才能出闸过黄。再沿着黄河航行一段，到了徐州后出黄河，进入会通河。

会通河的济宁至徐州段利用泗水上游水道，12世纪起黄河南行时主流经原泗水河道，至淮安由淮河河道向东入海，对此段会通河产生了较大影响。此外，受到黄河北泛的影响，运河水道不断改道，随着南四湖（南阳、独山、昭阳、微山）的形成和发育，运河河道逐渐自湖西而东迁移。

康熙二十五年至二十七年（1686—1688年），为了减少清口以北至皂河借黄行运的危险，靳辅开凿中河上接皂河，引骆马湖水济运，经宿迁、桃源（今江苏省宿迁市泗阳县），至清河县西的仲家庄口，并在仲家庄建石闸一座（即仲庄运口），以便出入黄河。由于新的河道位于黄河北岸历史上为防黄泛而建的两道长堤之间，因此与泇河、皂河统一被称为中河。此后，清代官员又对中河河道进行改善，并于康熙四十二年（1703年）在黄河对岸运口清口下游方向新建杨庄运口，漕船出清口进入黄河后，顺流而下入杨庄运口，回空由仲庄

~
皂河老船闸遗址

运口而出，标志着运河自此基本脱离黄河。实现了运河与黄河的分离，不再通过黄河河道航运行船，并最终形成今天的大运河中河的路线。

伽河、皂河、中运河三段运河的相继建成使中河段最终摆脱借黄河自然河道航行状况，标志着大运河全段实现了完全的人工控制。大运河除与黄河在清口平交外，与黄河完全脱离，此后漕船重运，一出清口，即过黄河，顺中河北上，避黄河二百里之险。运河过淮后抵北京通州时间，较此前提前一个月。

中河开通之前，大运河第二次贯通南北，仍需借道黄河为航道。中河主要为避黄而开凿，其面临的问题主要集中在与黄河的复杂关系方面。为解决这些问题而在规划设计和工程技术方面所取得的成就代表了农业文明时代的人类较为先进科技与工程水平。中河的开通，不仅使运河彻底与黄河分离，且代表着大运河空间格局的基本奠定。此后大运河路线较少变迁，直至今天依然如此。

~
中河宿迁段
中河的建成标志着大运河彻底脱离了借自然河道航运的状况，实现了完全的人工控制。此后，为了进一步避开黄河的影响，减少借黄行运的河道长度，会通河南四湖以下，不断向东开新河，逐渐形成了中河的北段。

04 大运河与钱塘江

钱塘江源头在浙江衢州与江西上饶交界处，东流进入东海。大运河与钱塘江相交汇，存在着水位的落差，钱塘江的常水位在4.45米（不计涨潮退潮），而浙东运河常水位在1.52米，落差达到2.93米之多。浙东运河西起杭州西兴，跨曹娥江，经绍兴，东至宁波甬江入海口，全长239千米。南宋建都临安，浙东运河成为当时重要的航运河道。由于浙东地区地势南高北低，河流多为南北向，因此，东西走向的浙东运河需要穿越多条自然河流。为维持不同区域的水位并使船只能够通过水位不同的河段，运河中修建了许多碶闸和堰坝设施。

浙东运河与钱塘江相交处为西兴运河，西兴运河沟通了钱塘江和甬江水系，在明清时代浙东运河与钱塘江之间无法直接行船通航。元代，西兴成为漕粮北运的重要转运点。万历年间，由于在西兴中转的船运货物大多需过塘翻坝，在浙东运河与钱塘江交汇处形成了一种特殊的行业："过塘行"。过塘行即牙行、转运栈，因浙东运河与钱塘江之间无法直接行船通航，过塘行专门负责浙东运河与钱塘江之间的货物、人员转运工作，主要是起到票据交换、货物中转的作用。一般都设于水陆码头、交通要道，门面不大，一两层房屋，两三开间门面。

如果想使船只翻越钱塘江，过去是借助人力畜力进行翻坝，在斜坡上铺上泥水，减少摩擦，直接用人力推转绞车或用畜力拖拉过坝。后来，为解决运输物资的船过钱塘江进入江南运河的问题，仍旧是利用了复式船闸。船只如果是从钱塘江进内河，船进了闸之后，关闭上下游的闸门，开始放水，把闸里的水放至和运河一样的水位，船只就可以顺畅地进入运河；如果从浙东运河到钱塘江则相反，船只进闸后对闸内灌水，直到和钱塘江一样的水位，船只顺利进入钱塘江，再通过同样的复闸技术进入江南运河。

西兴过塘行的水闸

清代鼎盛时西兴镇曾有过塘行72家之多，每家有专门的转运货物类型。现存过塘行建筑有12处。

大运河水闸边用于提起闸门的绞关

05

大运河与海河

大运河在北方要穿越的最后一条自然河流是海河。三岔口是北运河、南运河与海河的交汇点。北运河位于海河流域北部，其上游为温榆河，北运河从通州北关闸蜿蜒向南，于天津三岔口汇入海河，河段纵比降约0.17‰。北运河流域年际、年内降水分布极不均匀，各个季节河水水量差异较大，“夏秋水涨苦潦，冬春水微苦涩”（周魁一等《二十五史河渠志注释》），在丰水期容易决口，且各水源河流上游流经山地，水流湍急，携带泥沙较多，导致北运河河流容易淤塞。由于北运河面临着诸多水利灾害，元代以来中国政府经常对其进行维护，形成每年一次的“岁修制度”，通过裁弯取直、疏浚河道、开挖减水河等方法保持此段运河的持续畅通，进一步减少了运河水患的工程风险，体现了节制运河水量的工程能力。

南运河作为海河南系干流沟通了海河南系上游的诸多支流。河段纵比降（河流或河段水面沿河流方向的高程差与相应的河流长度相比）约0.076‰，南起山东临清，向北在天津三岔口汇入海河。南运河位于华北平原中部，其最大地形特点是古河道高地与低地相间分布，使地面具有岗、坡、洼起伏的性质。南运河流域降水量地区分布很不均匀，全年降

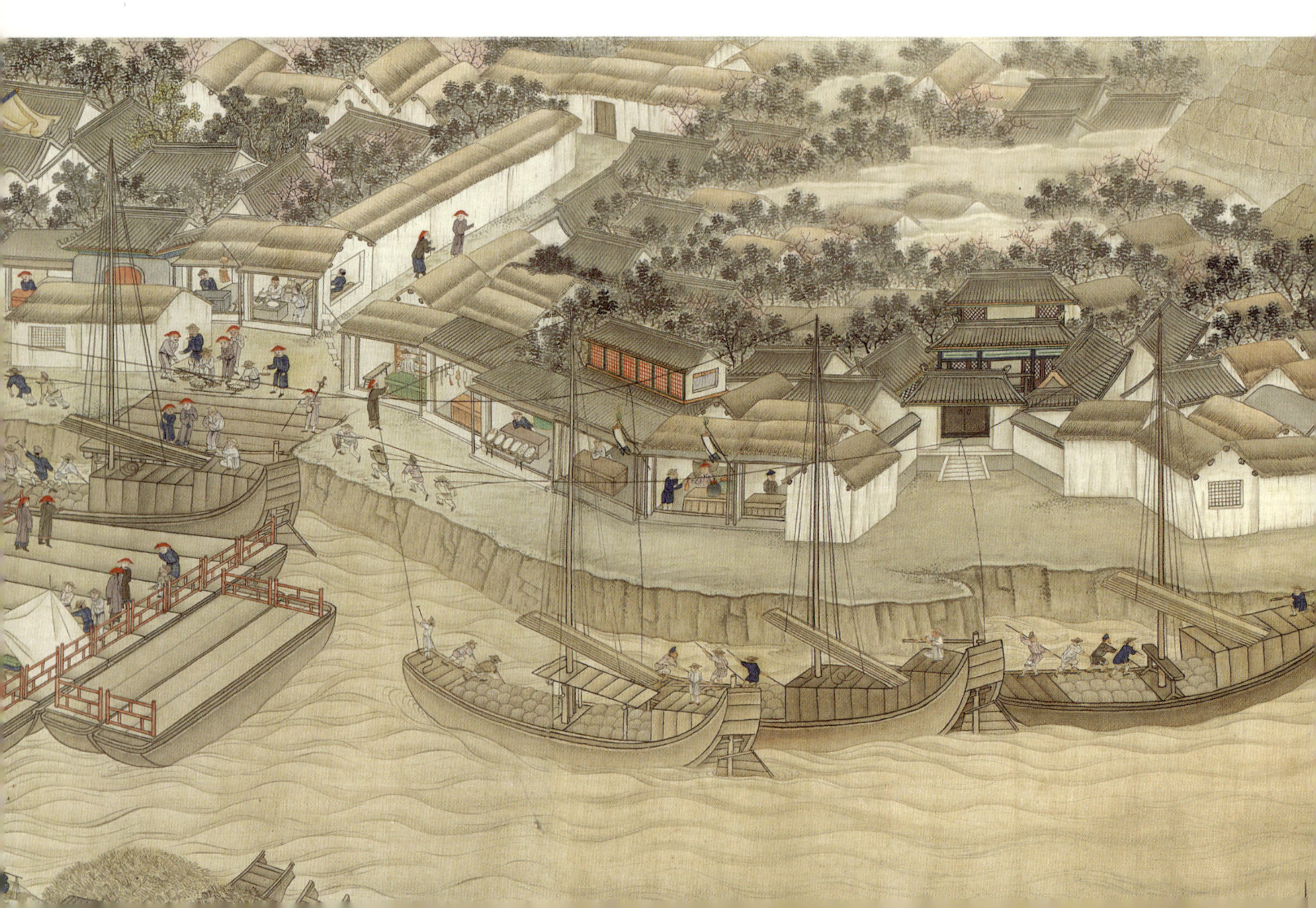

水量主要集中于夏季，七八两月的降水量占全年的60%，河道丰枯水量变幅较大。

元代，三岔口地区（时称直沽）成为来自南方内河漕船北上和来自海河的海运漕船换船的交通枢纽和漕运中转站，非常繁忙。但由于每年汛期时上游的大量泥沙淤积在潞河下游河段，当河水进入三岔口河道，水流速度减缓，且一日两潮的海河受潮汐顶托，大量的泥沙沉积于此，妨碍漕船的通行，因此朝廷十分重视对三岔河口的疏浚。如元英宗至治元年（1321年）中书省“令大都募民夫三千，日给佣钞一两、糙粳米一升，委正官提调，验日支给，令都水监暨漕司官同督其事”，对三岔河口进行疏浚，为期一个月（《元史》卷64《河渠志一》）。

北、南运河天津三岔口段中筐儿港减水河始建于康熙四十三年（1704年），是为解决北运河在汛期难以迅速下泄洪水，导致决口冲毁运道的问题而修建的将洪水直排入海的减水河。

由于季节性水量分布不均匀、河流含沙量较大，容易淤塞造成决堤影响航运，北运河与南运河在历史上历经多次维护、改造。20世纪初，天津遭受洪灾后整治海河干流时，进行了三岔口裁弯取直工程，新建了一段河段，直接沟通狮子林桥与金刚桥，绕过北运河与南运河由狮子林桥向北的部分河段弯道，形成了今天的三岔口的形态。

《潞河督运图卷》部分

图卷由清代乾隆时期画家江萱绘，画卷是一部有关清代漕运的图像史书。

中国大运河与世界遗产运河

中国大运河所解决的工程问题之复杂，投入的人力和物质之巨大，是世界任何地区运河难以比拟的。

它解决了在严峻自然条件下修建长距离运河面临的地形高差、水源供给、水深控制、会淮穿黄、防洪减灾、系统管理6大难题，保证了大运河的长期持续通航。围绕它的运用而开展的治水活动波澜壮阔，是人类文明史上的重要成就。中国大运河是农业文明技术体系下运河工程所能达到的巅峰杰作。

中国大运河水利工程的成就在大运河枢纽工程和关键工程区段体现得尤为显著，如数量众多的梯级船闸工程解决的是北运河、会通河比降（坡度）过大问题，南旺济运分水工程解决的是运河山东段水源问题，中运河开凿工程解决的是运河航道规避黄河之险问题，高家堰洪泽湖大堤和清口的“蓄清刷黄”枢纽工程解决的是黄河在运口淤垫倒灌问题，洪泽湖大堤上的减水坝工程和淮扬运河上的归江水道工程解决的是里下河地区一带的防灾问题。虽然枢纽工程所解决的问题不同，却都保证了大运河系统功能的实现，其作用并非简单的加和，而是通过大运河工程系统予以放大的。

我们可以将中国大运河与法国米迪运河、比利时中央运河、加拿大里多运河世界遗产运河进行分析对比。中国大运河是农业文明时代运河工程的杰出代表，其因地制宜、因势利导的规划思想与适应性、动态性的技术特征具有鲜明的中国文明的典型特征，在系统构成上具有综合性，在单体结构上具有典型性；大运河历史上两次大沟通所形成的时空跨度，使其成为人类历史上开创世界较早、沿用时间最久，空间跨度最大的运河，并由此见证了运河工程对在文明进程中深刻的影响力。

大运河独特的价值特征使大运河不仅与担负工业生产运输任务的欧美运河区别开来，也与人类早期文明时期主要承担输水、灌溉功能的人工运河区别开来，如中东、南亚的运河。

01 工业文明时代的运河工程技术特点

（1）由于蒸汽动力船的普及以及运输船吨位的增加，要求运河水道更深、更宽，同时蒸汽船的速度提升也要求河道形态更直。

（2）工业时代又被称为钢铁时代，钢铁逐渐取代了传统自然材料成为运河修建中的重要建材，因此工业时代的运河中出现了以钢铁水道桥、船闸等水工设施，相对于古代水工设施来说，它们构造更为复杂、体量也更大。

（3）近现代西方科学技术知识的发展也为工业运河的水利工程技术奠定了基础，这使得人们有能力使用现代技术来进一步克服自然环境的限制，完成更具难度的水利工程。

（4）体现出较为清晰的技术传播过程。

俄罗斯莫斯科运河

02

大运河代表了不同文明时期的技术成就

现有世界遗产名录中的运河均为工业革命时期的水利规划与工程技术典范。这些运河都修建于17—19世纪。由于能源动力和建筑材料的革命性突破，使得建造大型船闸、大坝成为可能。船闸和水库的运用，使运河水路路线更加缩短。这些运河无疑是工业革命时期留下的伟大工程。

米迪运河、布里基沃特运河、伊利运河、里多运河，以及早先对这些运河都具有一定启发意义的荷兰的运河工程技术，是欧洲、美洲同一技术体系之下运河建造的不同特点的范例，代表了一个完整的技术转移的过程和不同时期、不同技术发展阶段，因不同功能需求而传承并各自创造的特点。它们在世界水利工程史上，代表了欧美工业革命技术时期的典范成就。

大运河与这些工业革命时期遗产运河的不同之处，在于它们代表了不同文明阶段的工程技术成就。发端并形成于农业技术体系之下的中国大运河使用有限的土、木、砖石乃至芦苇等材料，在没有石化动力只能依靠人力、畜力的时代，在没有现代测绘与泥沙动力学等科学技术的支撑下，依靠空前的想象力与长时期的实践积累，完成了在广大空间范围内的水利资源勘察与线路规划，实现了多项技术发明与大型枢纽工程。这些遗产充分见证了大运河作为人类农业文明时代杰出的运河工程，在建造与管理维护方面所取得的成就。

美国伊利运河

03

复闸与越岭运河是开创性的技术成就

复闸起源于10世纪时的中国大运河。江南运河上的长安闸是建于1068年的复闸实例，是世界上现存最早的复闸实例。欧洲类似复闸的例子则是在约300年后出现，复闸的发明是大运河在世界运河工程史上的一大成就，代表着当时在水运工程与管理方面的最高水平。

会通河是13世纪前跨越地形高差最大的越岭运河。跨越大运河整体最高点，其两端与中部高差约30米。通过水源工程、梯级船闸工程，成功解决了越岭运河的水源调配与水道水深控制的问题。会通河的建成比欧洲最早的越岭运河早了100多年。其梯级船闸工程几乎先于欧洲最早的类似工程300多年。在世界上最早的以满足航运需求为目的的水源工程中，南旺枢纽水源工程与米迪运河水源工程（1667～1771年）相比也早了200多年。

会通河南旺枢纽是大运河全段最有工程规划特点的一段，以至于17世纪访问中国的英国使团在路过南旺时表述出如此的感想：“当时运河的设计者一定是从这个高度统筹全局的。他站在这块地势很高的地方，运用匠心设计出来这条贯穿南北交通的巨大工程。他计算出从这里到南北两个方向的地势斜度，沿路河流所供给的水源，设计了许多道水闸，同时还估计到由于开闸放船所损失的水量可以由地势比这里更高的汶河的水补充过来，汇流之后分为两个不同方向的支流”。

04

航运功能的鲜明特征与技术成就

与农业文明时期重要人工水道工程（灌溉工程）相比，大运河体现出基于航运功能需求的鲜明特征与技术成就。

分布于中东、南亚等地区的古代人工水道工程历史悠久，有些一直延续到现在还在使用。这些人工水道与大运河都共同体现了农业文明时代水利工程的技术特点、演进过程、悠久历史以及对区域文明的影响力。但是，大运河由于主体功能（航运）的差异而呈现出鲜明的个性特征与技术成就。

基于保障航运功能为目的，大运河具有一系列独特的工程实践，如单闸、复闸、梯级船闸、升船斜面、弯道工程等，以维系船只在不同高程水平面的通过。为了保持水源、保持航道水深，有吞吐水量的水柜、引河、堤坝、水库、泄水闸等工程。为了保障运道安全，有夯土险工、埽工护岸、土石堤防等工程。为了运河与自然河流顺利交汇，有运口工程等。在线路规划上则初始借助自然水系以求便利，后来逐步摆脱，实现完全的人工控制，以保障船只的安全。以上工程技术特征与成就都是基于航运需求而设置，与中东、南亚等历史悠久的古代输水、灌溉水利系统有较大的差异。

与中国的灵渠相比，大运河是同一工程技术思想体系之下更具典型性的代表作。大运河由于各历史时期与各空间段落所面临的问题迥然不同，工程技术体系构成与技术特征有显著差异。灵渠的开凿始于前219年，距今已2200多年，仍然发挥着功用。灵渠全长36.4千米，是世界上第一条已知的等高线运河。大运河则是世界上第一条实现穿山越岭的运河，两者相同之处主要包括：都是早期沟通不同流域的运河实例，在规划线路上都体现了高超的勘查、测量、规划水平，都依据了弯道代闸原理采用了弯道设计，都具有以堰、坝壅水而引水的水源工程，都采用了一系列水闸工程对水量水深进行控制，也都具有洪水宣泄设施，同时两者均沿用至今。两者为同一工程技术体系的成果，各方面技术成就在时间上互有先后，可能在理念、经验上互有启发。

两者的不同之处主要在于：由于两者的自然条件、主体功能等方面不同，在工程技术体系构成、技术特征等方面有显著不同。同时，大运河是国家漕运的干线，是国家的经济命脉，在国家事务中具有重要地位，其持续的开发对沿线的经济、社会发展具有极为深远的影响，更加显著而深刻地体现了运河的经济、社会功能。

05 中国大运河是创造性杰作

中国大运河是工业革命之前古代农业文明时期水利工程技术的巅峰之作，代表了人类农业文明时代运河工程技术发展的最高水平，至今仍保存着在世界运河工程史上具有重要创造性和典范意义的技术实例。与工业文明时代的运河相比，大运河体现了早期农业文明时代的典型技术特征，与农业文明时代的古代人工水道工程相比，大运河则由于航运主体功能的要求具有不同的技术特征与成就。中国大运河是人类运河工程史不可缺失的重要篇章。大运河是世界上创建时间较早的运河工程之一，也是延续使用时间最久、空间跨度最大的运河，并迄今仍在发挥重要的水利与航运功能，是世界运河工程史上的创造性杰作。

巴拿马运河

~

希腊科林斯运河

漕运，不仅仅是流动的财富

漕运贯穿于整个封建社会，始于秦汉而终于晚清，
是以中央集权政治为母体、以封建自然经济为土壤的产物。
中央集权封建国家的建立，
使幅员辽阔的中国拥有了庞大的官僚机构和军事组织，
这些机构与组织作为消费集团不劳而食。
然而，中国封建社会经济是自给自足的自然经济，
生产者的劳动产品主要用于自己的消费，
而不是用以交换和售卖。
因此，全国性的商品交换尤其是粮食商品市场难以形成，
封建王朝大量的粮食消费无法通过市场以交换和购买的方式得到满足，
只有采取行政手段来解决这一棘手的问题。

漕运是中国历史发展的独特产物

01 漕运产生的历史条件

《说文解字》诠释："漕，水转谷也。"漕运就是通过水路运转谷物的一种形式。但是，封建社会中的漕运有其特定的历史含义。很早以前，我国民间便已利用沟渠和自然水道转运百物，但都不能称之为漕运。漕运是一个历史的概念，专指历代封建王朝将征自田赋的部分粮食通过水路运往京师或其他指定地点，供宫廷消费、百官俸禄、军饷支付和民食调配，是我国历史上一项重要的经济制度。（吴琦，《漕运的历史演进与阶段特征》）

由于历史原因或防御草原民族的需要，古代中国的国家政治中心和军事中心大多坐落在北方；而由于气候的变化，中国的经济中心自南北朝后（5世纪~6世纪末）逐渐由北方地区转向南方地区，经济从关中、河北、江南三分天下，到河北、江南两分天下，再到江南一枝独秀。因此在从5世纪到20世纪初的一千多年中，中国都处于经济中心与政治军事中心分离的局面。为了紧密联系南方地区的经济中心与北方地区的政治军事中心，保证南方的赋税和物资能够源源不断地运往北方，满足政治军事中心的需求，对于中国历代政府来说，开辟并维持一条纵贯南北的运输干线，就成为极具战略重要性的政治举措和统治需要。为了实现这一目的，古代中央政权大多选择内陆水运的方式，以大运河作为较为安全、快捷的运输通道，不惜投入巨大的人力物力，不断修建维护运河河道、水工设施、运输储存设施，制定与之配套的相应管理体系，逐渐建立起一套完善的政治与经济管理制度，专门负责调运国家战略物资，保证了通过大运河进行持续、畅通的运输。这种由国家政府组织和管理，利用水路（主要是大运河水运，偶尔也采用海运）调运专门物资（主要是粮食）到首都（或其他由国家政府指定的重要军事政治目的地）的专门运输体系被称作"漕运"。

另一方面，中国的黄河、长江、淮河等河流多为东西走向，而没有一条南北走向的大河，这种地理上的缺陷，造成了我国经济文化发展的不平衡。在水路运输占主导地位的时代，十分需要一条沟通南北的水运干线，使封建国家可以借助中央集权，在全国范围内征收粮赋，并加以转运。大运河的开凿便在这样的背景下产生，它经历了一个由短到长，由局部到整体，不断完善、不断扩大的过程，时间持续上千年之久。

02 漕运历程：从关东、江淮到江南

（1）关东之漕。漕运的发展有一个自北往南的过程。秦汉两朝均定都西北长安，当时，全国的经济中心在北方，漕粮多半取给于这两个地区，漕运则经由横贯中原的黄河和渭水，因而漕运方向大致为东西向，漕粮多为军事费用，漕运随需而作，因此体现出无常制、无常时、无常额的特征。这一时期，由于南方尚未开发，因此南方的漕运活动并不突出，但汉代漕运的地域范围已经包括江南。

（2）江淮之漕。三国两晋南北朝时期，封建经济中心已出现南移的端倪。但就漕运制度而言，这个时期发展甚微。但是，随着南方经济地位的提高，江南已引起了统治者的关注，并进而认识到这一地区的经济作用。一些统治者开始注意沟通南北水路交通并漕运南方粮食。曹魏正始二年，开广漕渠，“又通漕运，每东南有事，大军泛舟而下，达于江淮”（《三国志·魏志》）。广漕渠的开发，沟通了北方与江淮地区的水路联系，江淮地区日受重视。北方政权对两湖一带漕粮的运输途径有二，一是通过江淮达汴（河）、黄（河），一是经由“沔、汉达江陵”（《晋书·杜预传》），溯汉水，运抵北方。西晋时，南方政权则就地取材，对本地的漕运工作极为重视。南齐时，萧衍令郑绍叔督江湘粮运，以“汉口路通荆雍，控引秦梁，粮运资储听此气息”（《梁书·武帝本纪》），这说明江南地区的经济地位日益提高。

（3）江南之漕。唐宋时期是漕运的大发展时期，由于运河的开通以及经济重心的南移，漕运方向由东西向转为东南西北向。漕运渐趋稳定，有相应的成法、固定的职官和额定的年漕量，漕运成为一个较完整的经济体系。隋唐宋“Y”字形大运河的格局，适应了当时以洛阳为中心，从南方重要农业产区直达中原地区政治中心和华北地区军事中心的政治经济需求。元明清大运河改为南北直达的“I”字形更是基于连接帝国政治中心——北京与经济中心——江南地区的最根本的漕运需求。元代，由于种种原因，主要采用海运的形式运输漕粮，所以这是一个漕运发展中的特殊时期。

~
南朝的首都建康繁华的秦淮河商业区

~
淮安漕运总督府

明清时期是漕运制度的完善期，基于历代的积累和统治者的重视，此期漕运的组织、机构、政策都达到十分严密和健全的程度；明清漕运涉及的范围很广，由于社会经济的变化，漕运不断发挥诸多的社会功能；此时，漕运重心已完全落在南方，漕运方向转变为南北向。

03 运河漕运的终结

清代漕粮仍主要仰赖长江中下游地区。清前期沿袭明代成规，漕粮运输专资河运，河运漕粮由军队承担，同时兼雇一定数量的民船，以补漕船不足。自顺治初年至嘉庆末年，虽因运河时常淤浅阻塞，漕粮北运数额略有波动，但运输方式及路线未有多大变化。到鸦片战争以后，伴随着西方资本主义势力的不断涌入，清帝国日趋衰落，1851年爆发的太平天国农民起义，更加速了其瓦解的速度。太平天国起义迅速席卷了东南大部分地区，控制了清王朝最重要的财赋之源，并拦腰切断了北上的漕运线，在经济上卡住了清政府的脖子，沉重地打击了清王朝的统治。在漕运中断的形势下，清政府被迫将南方漕粮的大部分改为银钱征收，用做镇压起义的军饷。其余部分，则委托商船从海道北运，如1853—1855年，分别北运漕粮146万石、82万石和129万石，数额都远远低于以前。1855年黄河改道后，运河山东段逐渐淤废，从此漕运主要改经海路。太平天国失败后，漕粮折征款项仍为湘、淮军阀及地方所有，并不上交朝廷，清中央对日益强大的地方势力已无可奈何，只得默认现实，因而漕运只能维持在现有的水平上。

1872年，洋务派在上海成立了轮船招商局，逐渐将剩余漕运的业务揽走。这表明传统的漕运已走向末路。1901年，由于财政状况日益恶化，清政府无力承担漕运费用，下令停止运河漕运，将漕粮改为现钱征收。但仍留下了十余万石的宫廷用米，直到辛亥革命后才最终结束。1904年，撤废漕运总督。伴随着中国封建王朝的统治退出了历史舞台，与其并存已久的漕运，也随之寿终正寝了。

~
轮船招商局门楼

轮船招商局成立后，漕运已发生了巨大的变化，其一，漕运规模大为缩小，这是宋代以来所未曾有过的现象；其二，原来纯粹由政府组织和经营的方式，转为政府出资、商人承运的新形式，与一般商运已无太大差别。

漕运是中国一项重要的经济制度

漕运是中国历史特有的一种现象。它是古代中国这个中央集权国家最根本的需求之一，也是最主要的赋税方式和治理国家最主要的统治手段。漕运是一种有效的政治与经济制度，它在广大的国土范围内进行资源的调度、控制和再分配，满足国家战略储备、应急救灾需求，调整社会结构，推动经济发展，维系了稳定的中央集权，是人类在农业文明时代重要的制度文明成果之一。

01 秦汉的漕运制度

漕运的发展轨迹与整个封建社会政治经济的动向密切相联。秦代转运的粮食主要用于攻胡掠地。秦南攻越地，在南方开凿运粮渠道，深入越地。为了储存和转运粮食，秦国在济水和鸿沟从黄河分流处的敖山建立了一座巨大的粮仓，即敖仓。敖山在荥阳县北部、下临济水、西距黄河不足20里，地理位置相当优越。**敖仓是秦朝首个用于漕运的粮仓，也是中国历史上第一个用于漕运的粮仓。**

汉代，漕运用于战争也颇为频繁。《史记·平准书》载：汉初，“漕转山东粟以给中都官，岁不过数十万石”。至元狩四年，河漕已达四百万石，元封元年，致粟山东一度高至六百万石。这一方面说明汉代的漕运规模和发展程度；另一方面也表明当时漕运的不稳定性。

秦汉时期，漕运也只是雏形，尚无定制，缺乏统一的组织和计划，还没有从其他部门分离出来形成独立的经济系统。

02 隋代的漕运制度

隋统一中国后，建都关中，通往首都的漕运最受重视，隋朝政府开凿运河将五大水系连接成为庞大的运河水运网。隋代大运河的贯通，使得大量物资可由扬州装船启航，经由通济渠、永济渠，在今天津西南独流口折向西北，通过永定河故道运抵涿郡，这条内河漕运航线，也促使了淮南地区得到快速发展，运河沿岸的魏州、汴州、楚州、扬州、苏州等城市也日趋繁荣。

隋代继承了前代分段转运的漕运方法，在漕运沿线各重要河津设置仓廪，然后把漕运分成若干段，以漕运京师。据《隋书·食货志》，开皇三年，因京师“仓廪尚虚”，隋政府为调集（即关中以东广大地区）粮物，在关中和山东水运沿线的蒲、陕、洛等十三州，修建了仓廪，在卫州置黎阳仓，洛州置河阳仓，陕州置常平仓，华州置广通仓，运储河北、山西、山东等地粮食招募民夫向国都转运东方之粮。

隋代虽没有留下漕运量的明确记录。但从唐人杜佑的《通典》中可以了解到隋代诸仓积储，“多者千万石，少者不见数百万石。”根据文献记载，唐贞观十一年，监察御史马周对唐太宗李世民汇报：“隋家贮洛口仓，而李密因之；东都积布帛，而世充据之；西京府库，亦为国家之用，至今未尽。”（《旧唐书·马周传》）隋朝已灭亡了20年，隋文帝已经死去33年，可那时的粮食布帛还未用完。

以黎阳仓为例，据考古发掘资料推测，以仓窖容量最小的口径8米、底径6.5米、深2.5米计算，仓窖容积104立方米，可储粟10万斤；以最大的口径14米、底径12.5米、深6米计算，仓窖容积856立方米，可储粟80万斤。以目前已勘探确认的84个仓窖平均计算，黎阳仓可同时储粟3360万斤，以每人每天食粟1.5斤计算，这些粮食可供6万多成年人吃一年。这是目前已探明的仓窖，实际的仓窖还不止这84个，由于现实工作条件和居民房屋的叠压，尚未勘探的区域还有不少。

隋代的回洛仓遗址

03 唐代漕运制度

唐代是漕运发展的重要时期，这时漕运已基本形成了一套制度，并作为封建国家经济部门中的一支，逐渐形成体系。

唐朝是真正发挥大运河作用的王朝。唐代建都长安，唐政府把漕运重点放在南方，漕运线路也由秦汉的东西向变为东南、西北向。此时，江南地区的经济作用十分明显，漕运地位真正确立。岁供漕者以浙西、浙东、宣歙、淮南、江西、鄂岳、福建、湖南等八道为主。由扬州经淮河、汴河、黄河、洛水等河系而转往长安。唐代初年，水陆运抵关中之粮仅一二十万石左右，之后得到蓬勃发展。唐高宗以后，洛阳以东改为“直运”，规定江南船于每年二月到扬州集中，四月经由淮河进入汴河，六七月到达河口（黄河通汴河的进口），这时正逢黄河涨水季节，需等到八九月黄河水落后，船只才能转入洛水运达洛阳的含嘉仓。洛阳以西，因有三门峡的险要地形，船只上驶困难，则改为陆运。

唐开元二十一年（733年），唐玄宗拜裴耀卿为宰相、兼江淮河南转运都使，负责解决漕粮问题。由宰相亲自督查漕政，可以看出唐玄宗对漕运的重视程度。裴耀卿继承隋代的仓储制度，在汴河与黄河的交叉点上置河阴县（今河南河阳县东）及河阴仓，在河西河清县（今河南孟县西南五十里）置柏崖仓，在黄河北岸三门之东置集津仓，三门之西置盐仓（即三门仓）。又改陕州之常平仓为太原仓，华州之广通仓为永丰仓；又扩建了洛阳的含嘉仓和长安的太仓，以备这些仓储与转搬法相互结合。从开元年间直到天宝中叶，漕粮的年运量都能保持在两百万石（《新唐书·食货志》），最高时可达每年四百万石，达到了唐代年漕运量的顶点。

唐初，置水陆转运使，专督漕运事务。从严格意义上说，漕运到了唐代才开始有专职管理人员。转运使下先后设置了各级负责漕运具体事务的职官，贞观六年，置舟楫令一人，掌舟楫运漕，以正八品官为之，下设漕正、府、吏、监漕、漕史、典事、掌故等职；肃宗上元二年，又置丞二人，以九品官为之，下掌运漕隐夫（《新唐书·百官志》）。之后，唐政府又分置江淮水运使、汴州水运使、淮颍水运使等。

唐代宗宝应年间，刘晏在扬子（今江苏仪征东南）设立了十个造船厂，制造大小不同、能适应各种水势和具有特殊

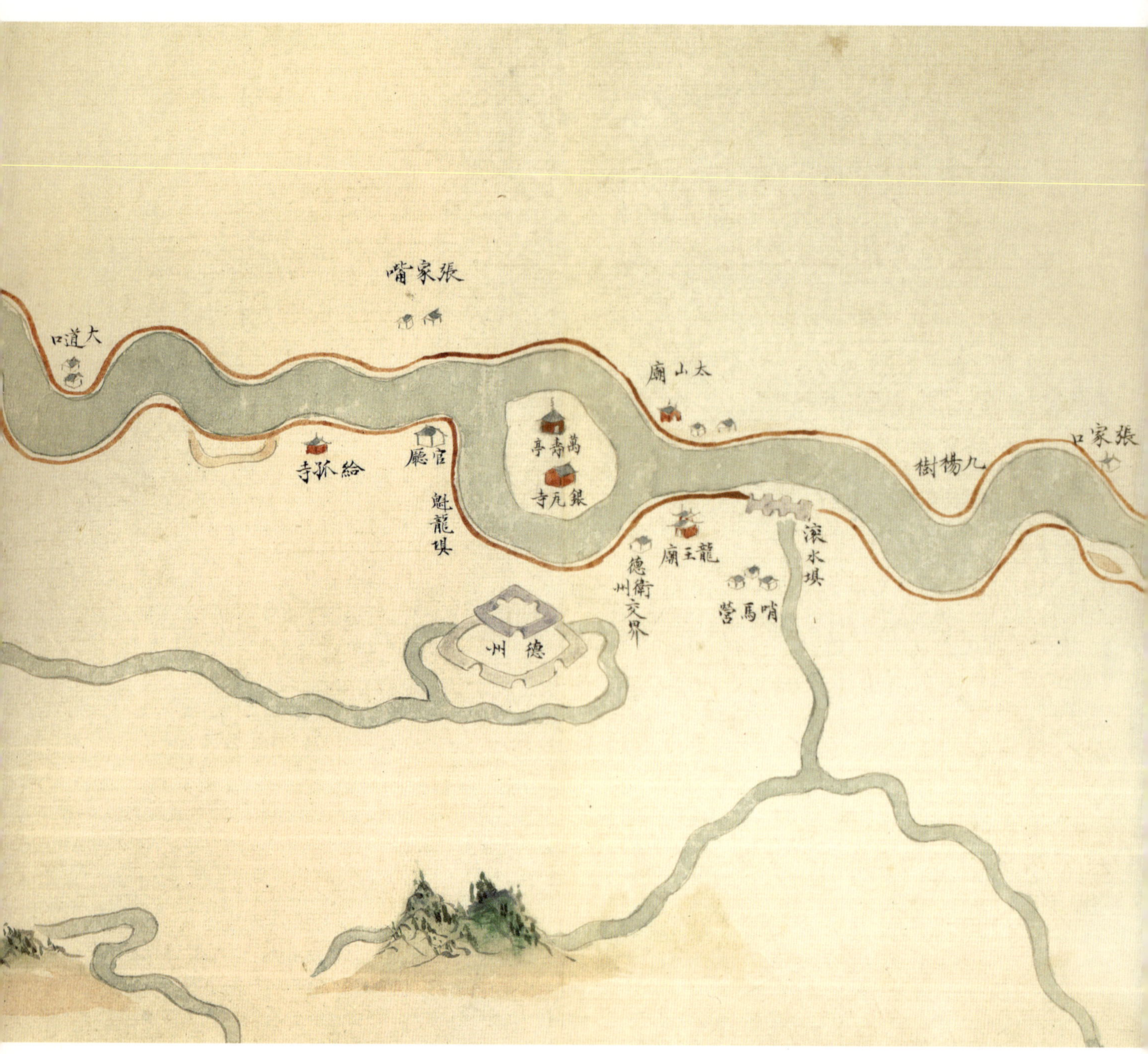

全漕运道图（局部）

漕运是古代中国中央集权政治和小农经济结合的产物。全国性统治中心的确立、中央到地方官僚体系的形成、庞大军事体系以及全国性社会秩序的建立，促使王朝必须建立一个有序的、有保障的、以粮食为主体的物资供应体系。然而，以农立国的经济特性，使得统一的集权王朝在建立物资供应体系时，不得不面对广泛而分散的小农经济。这是漕运形成和发展的历史动因。

皇城
慶豐閘
平津上閘
平津下閘
大通橋

張家灣下關
張家灣上關
新城
通州舊城
石壩
白河
八里橋

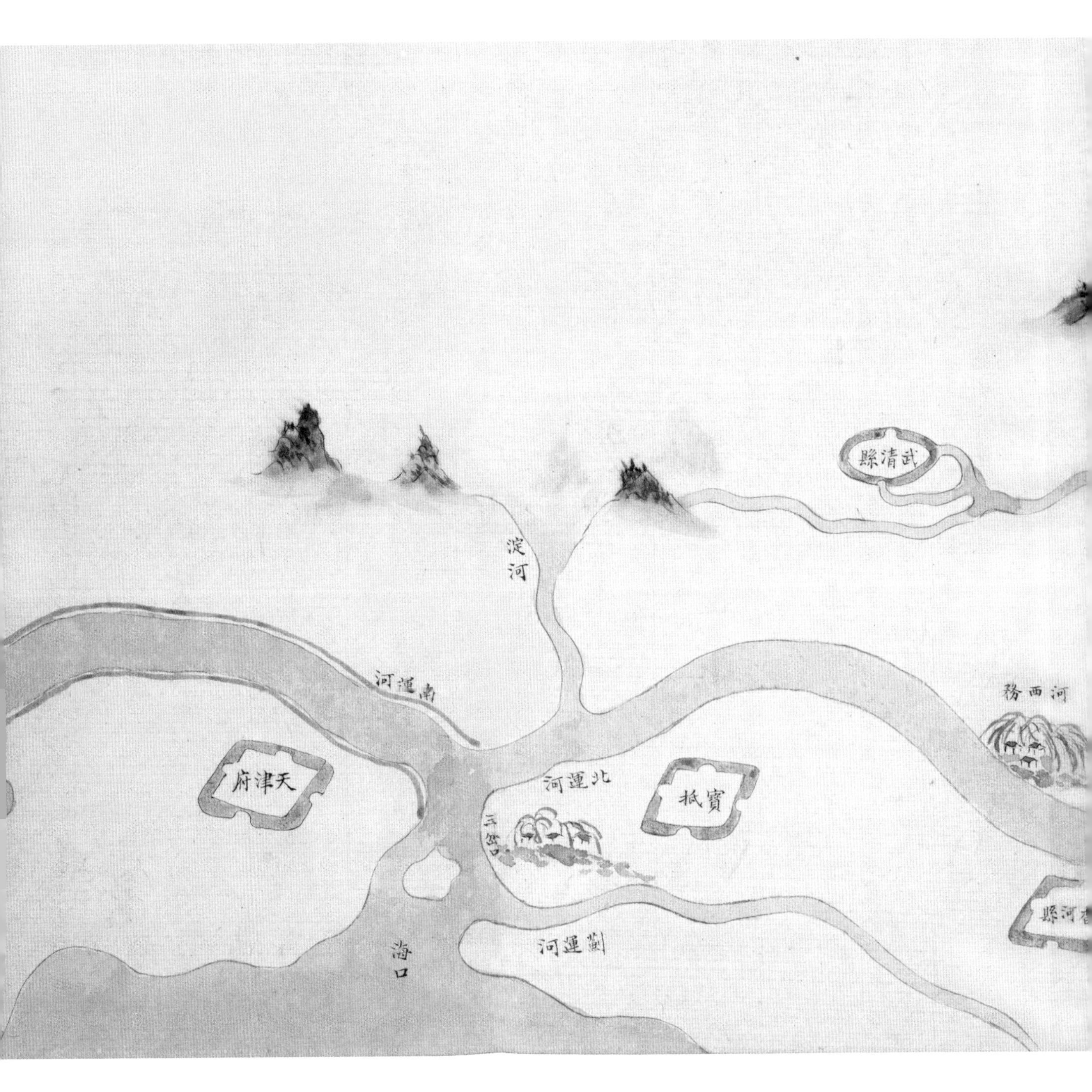
武清縣
淀河
南運河
河西務
天津府
北運河
寶坻
三岔口
河縣
海口
薊運河

滹沱河
青縣
泊頭鎮
寧津縣
碑河
滄州
興濟
南皮縣

景州
高家圈
馬蹄灣
盐閘
老君
直隸運河
直隸吳橋縣
山東德州衛
界
桑林驛
吳橋縣
東光縣
柘園鎮

结构的各类运船，适应于汴河航行的称为“歇艎支江船”，一共有2000艘，每艘载重千斛；适应于上三门险滩（即砥柱）的又是另一种船，称为“上门填阙船”（《新唐书·食货志》）。

唐代漕运输送包括粮食在内的所有物资。天宝二年（743年），水陆转运使韦坚，把全国各地商品用船运往长安广运潭中展览。据《旧唐书·韦坚传》记载：“若广陵郡船，即于伏背上堆积广陵所出锦、镜、铜器、海味；丹阳郡船，即京口绫衫缎；晋陵郡船，即折造官端绫绣；会稽郡船，即铜器、罗、吴纱、绛纱；南海郡船，即玳瑁、珍珠、象牙、沉香；豫章郡船，即名瓷、酒器、茶釜、茶铛、茶碗；宣城郡船，即空青石、纸笔、黄连；始安郡船，即蕉葛、蚺蛇胆、翡翠。船中皆有米，吴郡即三破糯米、方文绫。凡数十郡。驾船人皆大笠子、宽袖衫、芒屦，如吴、楚之制。”

~

含嘉仓160号仓窖遗址保护工程

04 宋代漕运制度

宋代漕运制度已经逐渐完善。北宋初年，曾设京畿东路发运使、随军转运使及江淮水陆发运机构，但都属临时性机构。虽然至道年间成立了江淮浙荆湖六路都大发运司，也称江淮发运司或东南发运司，但这一机构直到宝元元年才确定下来。东南发运司的最高官职为发运使，此外，又有副使、都监两职，但不常设。在发运使下有判官、干办公事及勾当公事等僚属，还有众多的役吏和押运军吏。

在北方地区设三门白波发运司负责管理陕西、河东地区供应京师的漕运事务。其最高官职为发运使，之下又分设三门、白波发运判官各一人。但由于运量较小，所以管理组织的规模也很小。

在东南漕务管理上，宋政府对东南发运司与三司和东南六路转运司的工作进行分工。三司负责下达漕运量、种类以及蠲免等指令，从事行政上的最高领导，但不参与漕运的具体管理和组织；发运司依据三司下达的各项漕运要求，责令东南六路转运司办理征收任务，并将征集到的粮食和各种物资运送到淮南各转运仓；然后由发运司统一组织运往京师。

北宋在分段转运的运输方法上，又进一步丰富了“转搬法”的各项内容。在统一南方后，提出和籴补阙的措施，即在丰稔地区籴米，增加运量，以补充歉收地区的不足，并在此基础上逐渐形成“代发”制度。北宋前期仍采用分段转运的漕运方式。分段转运路线是将东南漕运物资分别由各路运送到淮南，汇集于真州（今江苏仪征）、扬州（今江苏扬州）、楚州（今江苏淮安）和泗州（今江苏盱眙）的转运仓，然后由漕运机关统一组织运往开封。然而随着船闸的广泛应用，北宋漕运逐渐结束了分段转运法，改为直行长运法，即江南漕船直接通过诸闸将货物运往开封，而不再在淮南地区分段中转。

北宋京师接受漕粮的仓，称为“转搬仓”，其中接受江淮地区仓粮的仓共有10所；接受京西漕粮的仓有2所；接受京南漕粮的仓有1所；接受京东漕粮的仓有2所。在淮南的真、扬、楚和泗州，共设有7处。各仓廪都设有监仓官主管，监仓官之下还有众多的属吏和兵夫。

宋代的造船业比较发达，在北方的东京相州（河南安阳）等地都设有官办的造船厂——船务、船坊；在南方的杭州、明州（浙江宁波）、温州、广州等地，也都设有这类官营船厂。民营的造船厂也十分发达。南宋的造船业，比北宋更为发达，当时的造船中心是在临安（杭州）、建康（南京）和平江（苏州）三地。其他扬州、明州、温州、潭州（长沙）、衡州（湖南衡阳）、赣州等地也都设有造船厂，所造的车船有的长达二三十丈。

~
杭州的香积古埠就是宋代的码头

北宋以首都汴京（今开封）为中心的漕运，主要包括汴河、黄河、惠民河和广济河（五大河），合称漕运四河。根据《宋史·食货志》的记载，“汴河岁运江淮米三百万石，菽一百万石”，共计四百万石；至道初年（995年），“汴河运米五百八十万石”，大中祥符二年（1009年）更是达到“七百万石”。

宋代漕运网联系着广大的地区，漕运物资的种类也格外丰富。除漕粮以外，从南方运来的，有广南的金银、香药、犀象、百货，有江南、荆湖、两浙等地的茶叶和皮革杂用之物（《宋会要辑稿·食货》四二之一三）。西南方向漕物的种类也很丰富，宋仁宋天圣年间“两川四路物帛绫罗锦绮绢布绸绵，每日纲运甚多，递铺常有积压，其余药物更有水路纲运，不可胜纪”（《宋会要辑稿·食货》四二之一五）。而且川益诸州漕运上京的布匹，数量很大，真宗咸平年间，年岁运66万匹，分为十纲输送京师，而在这之前，布匹漕额曾高达百万匹之多。从西路而来的物资，与东南、西南方向的物资有所不同。东南、西南方向除漕粮外，还以金银、布帛等细软贵重物品为主，而西路方向除漕粮外则是以薪、炭、马，这些物品价值虽不如金银丝帛等，但却是京师不可缺少之物。

05 元代漕运制度

元朝定都大都，京城用粮仍依赖江南（元以前皆指长江沿线及其以南地区）。由于大都在正北，其原来的东南西北向运道已不能适应元政府漕运的要求，于是，开会通河，北接御河，下达清泗，至徐州会黄河，南通江淮；又开贾鲁河以通颍、蔡、许、汝之漕；又开通会河，连接京（京城）、通（通州）。南北大运河格局正式形成。但是，由于会通河等新开河道水量不足，岸狭水浅，载重漕船难以运行，元代漕运只好另择蹊径。大都离海较近，元政府依附的江浙地区濒临大海，江湖地区可顺江而下直达海口，因此，元政府采用海运，且终元之世，皆以海运为主。

元代漕运机构经历军储所、漕运所、漕运司的过程后，直至至元十九年（1282年），将漕运司扩充为京畿都漕运使司和江淮都漕运使司。江淮都漕运使司主管江南物资北运中滦（今河南封丘南）的任务；中滦以北至大都的运务则由京畿都漕运使司负责。海运兴起后，裁撤了江淮都漕运使司。海运的最高管理机构是中书省，其“左司”下辖“粮房六科”中的“海运科”为具体办事机构，主要由分处南北的两大组织系统承办。南方的“承运”系统最终定名为海道都漕运万户府（治平江，今江苏苏州）；北方的“接运”系统为“都漕运使司”（驻直沽河西务）与“京畿都漕运使司”（驻大都），前者主要负责接纳海道粮，兼及其他各路南来物资，后者将南来粮物运入大都各仓。南北两大系统各自拥有布局合理的粮仓。

~
通州漕运码头

~
镇江宋元粮仓遗址

06 明代漕运

明代的漕运管理组织，不仅规模较前扩大，而且机构上也更趋于严密和完备。明太祖时，设京畿都漕运司，设漕运使正四品。后废漕运使，置漕运府总兵官。景泰二年（1451年）始设漕运总督，与总兵共同管理全国漕务。漕运总兵和总督两个衙门都设于淮安城（今江苏淮安）。明政府还设置了专门的官职以加强对漕运的组织和监督。首先，中央派出五名户部主事充任监兑官，监督兑运；其次，设置趱运官和押运官，负责漕运进京的催督、押运工作；最后，为了监察各漕务官吏的工作，及时处理漕运途中出现的刑事案件，明政府又设置了巡漕御史、理刑主事等官职。为了加强对漕粮的接收、储备及支出管理，在京师成立了总督仓场公署，以专官挂户部尚书，或侍郎衔充总督，全盘管辖北京、通州两地各仓场。总督之下专门负责接收粮食的部门为“坐粮厅”，以户部员外郎主管。

设在淮安的漕运总督部院，一直作为统管全国漕运事务的漕运总督的官署沿用至清代。漕运总兵和总督在漕务管理上进行了分工。每年漕运开始之际，漕运总督率领随员巡驻扬州，负责瓜洲至淮河的漕运事务；漕运总兵也率属员巡驻徐州、邳州，负责监督船物通过徐州等处的淮河险滩、进入山东运河、淮河北至天津的漕运事务。

明代自成化年初确定岁运漕粮400万石之后，东南六省区的漕运任务主要由漕运官军（简称运军）来承担，明政府对运军极为重视，制定了严密的制度和措施。明宣德五年（1430年）推行官军“兑运法”时，采纳漕运总兵陈瑄的建议，以驻守东南各地卫军承担漕运的任务。中央漕司（府址在淮安）直辖运军十二总，另有遮洋总，共十三把总。按规定，每把总督率官军万余人，运粮30余万石。明代运军人数，初无定额。大抵永乐年间（1430—1424年）内河运军142卫，127800人。宣德六年（1431年），为13万人，次年以漕运“多漂流损失，而军士亦有疾病、逃亡者”，遂增至16万人，这是明代现役运军的最高额数。自宣德以后，明代运军人数大体上就维持在12万人上下的额数。（鲍彦邦，《明代运军的编制、任务及其签补制度》）

自1415年起，明朝规定漕运全部经由内河，停止海运。在明朝，漕运先后采取过支运、兑运和长运三种形式。支运是纳税人自行将税粮运到指定的仓库：支运规定苏、松、常、镇、杭、嘉、湖诸地粮，拨运淮安仓；扬州、凤阳、淮安拨运济宁仓；以三千艘支淮安粮运到济宁，以二千艘支济宁粮运赴通州；自淮至徐以浙、直军，自徐至德以京卫军，自德至通以山东、河南军，以次递运；岁四次，可运300万余石。长运，又称改兑，是由军队承担运粮任务：令里河官军运赴江南水次交兑，而官军长运，遂为永制。兑运则是一种过渡形式：民间但运至淮安、瓜州，兑与卫所官军，运载至京，给与运费及耗米。

明成祖定都北京后，漕运的地位迅速提高，400万石成为漕运的定额标准，最高年运量增达500多万石。明代漕运发展到一个新阶段。这时征运漕粮的有南直隶、浙江、江西、湖广、河南和山东六省。漕粮又按供应地区的不同区分为南粮和北粮。其数额，宣德时最高达674万石。成化八年（1472年）始规定岁运400万石的常额。大抵自正德、嘉靖以后，连漕粮改折（100～200万石）在内才勉强达到此数。主要征自南直隶和浙江，约占全国漕粮的六成。除漕粮外，还有白粮，由苏州、松江、常州、嘉兴和湖州五府供纳，岁额21.4万石。均系当地出产的白熟粳糯米。在用途上，漕粮为京、边（北边）军饷，白粮供宫廷、宗人府及京官禄粮。明代，规定全国农民缴纳的漕粮赋税总额是2950万石，其中1200万石由地方政府支配，800万石供应西北边防部队，120万石供应南京，820万石供应北京。明代运河成为全国最主要的水路商品流通干线，除漕船外，商船也不少，至明代后期，在运河上的商品流通量已超过全部的漕运总量。江南所需棉花及其所产布匹之间的交流全靠大运河完成，江南的丝织品也是经由大运河运抵北方各地，还有茶叶、纸张、瓷器、铁锅等大宗商品也是通过运河沟通交流的。

~

皇家粮仓南新仓就是启用于明代

明代的漕运船

明代的漕船大体上可分为河运和海运两类。河运的漕船一般称为“浅船”，即“转漕于河”的运船，通常多为“四百料”的浅船，额定每只该运正粮330石，也有“五百料”或“二百料”的浅船。海运的漕船称为“遮洋船”，即“转漕于海”的运船，通常多为“一千料”，载运量千石以上。

古代造船厂场景

明初曾设“龙江提举司修造”运船。永乐十二年（1414年）则在淮安和临清分别“设清江、卫河两提举司”负责“督造运船”，始罢龙江提举司修造。清江厂主要承造南京、江西、湖广和浙江各总运船，每年“额造”运船650余只；卫河厂则承造遮洋海船并山东、北直隶三总运船，每年“额造”运船150余只。自明中叶以后，由于每年派遣漕船任务越来越重，仅靠清江、卫河二厂承造已不敷供应，所以明政府责成各地运军自行设厂承造。清江厂实际上成为明代最大的船厂。

07 清代漕运制度

清王朝十分重视漕运。据《清会典·事例》记载，清初漕运量曾年达408.1638万石，其中直接运抵北京的漕粮（称"正兑"）330万石，运至通州的漕粮（称"改兑"）70万石；江浙白粮8.1638万石。

清代漕运组织深受明制影响，但清王朝为了统一漕运事务，将明代漕运总兵和总督的职权合一，形成了在一个漕运总督领导之下的各省理漕官具体负责的体制。各级官吏按职权可分为以下六类：

第一类是监督巡查官：漕运总督1人，是总管漕运之官，驻扎淮安，负责选用运官、督造漕船、下达运单、催督起兑开运、渡淮、查验回空、调查损失以及督催漕船等，对漕运的各个环节进行全面的领导。

第二类是征收监兑官：由本省纳漕地区的府同知、通判充任，其中河南、浙江、江西和湖南省各3人，山东和湖北各6人，江南15人。监兑官的职责是在每年开兑之时，监兑官率属吏赴各水次，逐船监督兑粮，查验漕米成色。

第三类是押运官，职责是约束运军，防止漕粮被盗、掺假，保证漕船如期渡淮北上，到达通州后，向仓场部门办理交接手续等。山东、河南及两湖地区各1人，江南7人，浙江3人，江西2人。

第四类是领运官，挽运漕粮由各地卫所军承担，领运即由各卫所守备、千总负责。运官中最高级别的是卫守备，统管本卫各帮人船；卫守备之下设千总，分别各管一帮人船；千总之下设有把总、外委等下级军官。这些运官分别隶属于各省的粮道。

第五类是催攒使，督催漕船如期开行，以防拖延迟误。

第六类是漕仓监收官：仓场设总督2员，满汉各1人，以户部侍郎充任；坐粮厅官2人，满汉各1人，以科道部郎等官简任；大通桥监督2员，满汉各1人；仓监督，京通15仓，每仓设监督2员，满汉各1人，负责监管仓库，巡查防弊。

清中叶以前，漕运方法一直沿用明制，实行"改兑"长运法。至道光年间，由于运河受到黄河泛滥的影响，导致漕船通行困难，一度改道海运，但在河道情况好转之后又恢复了以往的运输方式，直至太平天国起义后，最终放弃了河运改为海运，直至清朝灭亡。

贮存漕粮的仓廒，通州有中、西2仓，共250廒，专贮存王公百官俸廪米石；京师有禄米、南新、旧太、海运、北新、富新、兴平、太平、储济、本裕、丰益11仓，加上通州中仓、西仓、总计13仓，共956廒，专贮供给驻扎在京师的三营八旗兵的粮食、文武四品以下官俸禄米、官军马豆。各仓贮粮都有定数。嘉庆以后，由于漕运额日减，各仓廒进存米额也日少。

~

京杭道里图（局部）

清代漕船北上时，运输者大多携带南方的手工业品及南货特产。从史料记载来看，如在德州、临清、北京等北方城市市场里，包括棉、丝织品在内的诸种手工业品及各色南货食品，有不少就是通过漕船从南方运销而来的。在漕船南返时，运输者则主要携带北方的梨、枣、核桃、柿饼之类果品和小麦、黄豆等粮食，以及棉花等北方特产。乾隆时，清廷还规定各地漕船南返时可带数额不等的免税煤炭。清代运输者为了获得高额利润，还经常冒禁贩运私盐等货物。如清人说：在天津收买一石私盐不过三四钱银，而运到江南可卖三四两银，“以十倍之利”，故在漕船中屡禁不止。这种独特运销活动的存在，无疑极大地丰富了南北各地的市场。

~

清代粮仓富义仓

对于漕船的分配、修造和处理，清政府也有明文规定。漕船只数因时期不同而不同。清初为1万多只，后经裁并，雍正四年（1726年）为6406只，乾隆十八年（1753年）为6969只，嘉庆十四年（1809年）为6242只，道光十九年（1839年）为6326只。每届修造十分之一，称为岁造。清代漕船以载500石漕米为准，一般限使用十年，各船多由淮安清江厂修造。如若年限未到而致船坏者，视漕船出厂年份，按例追罚。限满漕船可在京师变卖，重新打造。此外还有大量商船穿梭来往期间，船数无法统计。南方的木材、云南的铜铅，沿各地区的工农业产品及土特产品，多依靠这条水上运输线转运。其中相当大的一部分即靠漕船携带运输。(《清高宗实录》卷1232，乾隆五十六年六月)

清代通过规模庞大的文册《户部漕运全书》，全面记载漕运制度。雍正十三年，经御史夏之芳奏准，清政府纂辑钦定《户部漕运全书》，并厘定每十年纂办一次。漕运全书的内容涉及漕粮额征、征收事例、兑运事例、通漕运艘、督运职掌、选补官丁、官丁廪粮、计屯起运、漕运河道、随漕款项、京通粮储、截拨事例、采买搭运、奏销考成等，每一大项制度还包括多方面的子项。全书的分类内容完全涵盖了漕运事务的各个方面，充分反映了清代漕运制度的全面和严密。乾隆中期，清廷还曾有督漕杨锡绂负责编纂的《漕运则例纂》，也是对清代漕运制度的全面记载。此外，清廷还通过“例”的形式，不断地弥补制度在针对具体问题时的不足与缺陷。

到鸦片战争以后，伴随着西方资本主义势力的不断涌入，清帝国日趋衰落，1851年爆发的太平天国农民起义，更加速了其瓦解的速度。清咸丰五年（1855年），黄河在铜瓦厢决口，夺大清河从利津入海，黄淮分离，安山至临清间运道涸竭，而淮河下游河道淤塞，淮南运道受到较大影响。同治十三年（1874年）漕船由海轮代替。太平天国农民起义迅速席卷了东南大部分地区，控制了清王朝最重要的财赋之源，并拦腰切断了北上的漕运线，在经济上卡住了清政府的脖子，沉重地打击了清王朝的统治。在镇压太平天国的过程中，东南地区的税收改用白银征收，直接用于湘军、淮军的军费。1904年，撤废漕运总督，税收改用新式税务机关征收。后来，漕运也与中国封建王朝的统治一起退出了历史舞台。

~
清代漕运场景

~
杭州洋关遗址

运河带来的无尽财富

01

大运河漕运的历史作用

漕运是古代中国这一巨大的农业帝国保持顺利运行的基本保障之一。在漫长的历史时期里，依托大运河持续运行的漕运这一独特的制度和体系，跨越多个朝代，运行了两千多年，是维系封建帝国的经济命脉，体现了以农业立国的集权国家独有的漕运文化传统，显示了水路运输对于国家和区域发展的强大影响力，见证了古代中国在政治、经济、社会等诸多方面的发展历程，在历史时空上刻下了深深的文明印记。

沿大运河持续运行的漕运系统，促进和加强了中国东部经济区域的发展和繁荣，稳定了中国的政治经济格局，保证了国家统一和安全，对古代中国大一统观念的产生和传播起到了重要的作用，更加强了地区间、民族间的文化交流。随着制度的完善和规模的扩大，漕运逐渐突破其早期以政治功能为主体的窠臼，发挥着越来越广泛的社会功能，成为维护王朝稳定和制衡社会的重要手段，消弭诸如重赋、灾祸以及物价波动等造成的社会不安定因素。同时漕运在促进南北文化交流和区域社会开发等方面也有着不可忽视的作用。从隋朝政府建立纵贯中国南北的漕运体系以来，一直到19世纪漕运终止的一千多年的时间中，沟通中国政治中心与经济中心的大运河一直是漕运首要的运输通道，以致在很长的时间里，大运河被称作“漕河”。中国历代政府通过修建维护运河河道、水工设施、运输储存设施，并制定与之配套的相应管理体系，保证了通过大运河进行持续、畅通的粮食、物资运输，实现全国资源的调配，保证了北方政治、军事中心的供给。在这个过程中，漕运逐渐形成了超越时代的延续了一千多年的国家传统。

依托大运河持续运行的漕运这一独特的制度和体系，跨越多个朝代，运行了一千多年，是维系封建帝国的经济命脉，体现了以农业立国的集权国家独有的漕运文化传统，显示了水路运输对于国家和区域发展的强大影响力，见证了古代中国在政治、经济、社会等诸多方面的发展历程，在历史时空上刻下了深深的文明印记。

由于漕运的需求，深刻影响了都城与沿线工商业城市的形成与发展，围绕漕运而产生的商业贸易，促进了大运河沿线地区的兴起、发展与繁荣。隋唐时期的洛阳城、元大都的建设，是在国家意志下与运河的修建同期规划，同期实施的宏大工程，城市规划者将漕运的便利、皇室的需求与城市的景观统筹考虑，从而诞生了在世界城市规划史上具有典范意义的城市，并通过漕运带来的经济繁荣，使之成为人口超过百万的大都会。

大运河沿线的众多城镇，由于漕运的影响而逐渐发展成为工商业发达的地区性中心聚落。位于大运河与长江交叉口的扬州，自隋至清，一直是大运河的要地。扬州城与大运河

~
通州漕运博物馆

的邗沟段同期修建，至今可见运河对城市格局的影响。唐代扬州就是全国最发达的商业都会。元代，则成为重要的国际性都会。明清更由于盐业的发达而更加繁荣。苏州、杭州的历史也与6世纪江南运河的开通息息相关。宋代的苏州城更由于以水系为脉络，河道为骨架，塑造了杰出的双棋盘式格局，将大运河之水引入家家户户门前，形成了独特的“水陆相邻、河街平行”的住居模式。农业、丝织业的发达加之漕运带来的便利和商贸机会，使苏杭两地在宋代即被誉为“天上天堂，地下苏杭”（宋 · 范成大《吴郡志》）。以形容其富庶与美丽。明清时期，苏杭两地更成为工商业极为发达地区。北方的天津、南方的宁波（明州）均是大运河与海运的交汇点，也由此而成为历史上全国南北货物的集散地与重要的对外港口城市。

大运河因漕运带来的商业促进了沿线城市的发展，使大运河沿线成为中国最发达的经济带。因为元明清大运河的贯通，元明清时代，江南区域成为国家经济文化中心。可以说从隋代以后，中国经济的发展就离不开大运河，运河通则经济兴。

02 漕运粮仓

历史上，为适应漕运的需要，大运河沿线建有众多的粮仓。运河上的仓储设施展现了不同历史时期，在大运河关键节点设置的仓储设施体系规模和形制，见证了大运河作为国家漕运通道的主体功能，也展现出在隋唐时期和明清时期的粮仓建造与粮食保存技术。

现存粮仓遗址主要有两类，一类是隋唐运河沿线的含嘉仓、回洛仓、黎阳仓等，这类修建于隋代和唐代，粮仓都是向地下挖掘后，建在地面以下的；第二类是元明清大运河沿线的富义仓、南新仓，这类粮仓建设于明清时期，是建于地面上的砖木结构建筑。其实大运河上还有一类粮仓就是宋元粮仓，在大运河申遗过程中曾经在镇江发现了宋元粮仓遗址，可惜因保护不力，没有完整地保存下来，未能作为运河遗产的支撑实证。

大运河沿线的隋代回洛仓、隋沿用至宋代的黎阳仓、唐代皇城中的含嘉仓，都是国家性漕运粮仓。回洛仓仓城保存完整，规模宏大，仓窖已探明数量200余个，仓城面积为22公顷；含嘉仓仓窖个体储量惊人（发现时尚遗存25万千克）；黎阳仓沿用时间由隋至宋达5个世纪，见证了由地下仓至地上库的粮食仓储方式变化过程。仓城内的水道与码头遗迹，体现了运河水道可直达仓城内部进行漕粮装卸的历史场景。仓储设施展现了不同历史时期，在大运河关键节点设置的仓储设施体系规模和形制，实证了大运河作为国家漕运通道的主体功能，也展现出在隋唐时期的粮仓建造与粮食保存技术，也是大运河漕运文化的一个重要印证。

淮安漕运博物馆

（1）含嘉仓

含嘉仓是隋炀帝建东都洛阳城时在城东所建，供东都百官、皇室之需。含嘉仓的规模有粮窖400座以上，每座粮窖储约50万斤粮食。据此推断，含嘉仓可储粮12.5万吨，并沿用至唐末。

含嘉仓建于隋大业元年（605年），与通济渠开凿于同一时间，唐以后正式作为东都洛阳的大型粮仓沿用。文献记载，唐天宝年间，全国储粮约1200万石，而仅整个含嘉仓的粮食储量就达到580万石。

1970年洛阳博物馆对含嘉仓遗址进行了钻探和重点发掘，找到了仓城的东西长612米，南北宽710米，总面积43万平方米，探出粮仓287座，发掘粮窖40余座。含嘉仓大窖可储粮1万石以上，小窖也可储粮数千石。储存粮食最重要的是防潮湿。含嘉仓储粮的窖都在地下，最深为12米，一般为7～9米。粮窖口大底小，窖口最大直径为18米，一般为10～16米。窖底夯实后，用火烘干，周壁和窖底铺设草、木板、糠、席等物，然后储粮，粮入窖后，上面铺席，堆糠和垫草。窖顶为圆锥形，最外层是厚厚的黄泥。整个仓窖防潮、密封，温度又低，能很好地保存粮食。据《中国古代最大的粮仓——含嘉仓》一文介绍：“在已发掘的仓窖中，出有刻字砖，记载仓窖位置、粗粮来源、入窖年月以及授领粟官的职务、姓名等。砖文所记大都是唐高宗、武则天和唐玄宗时期，有调露、天授、长寿、圣历和开元等年号。粮仓储存的粮食品种有糙米、粟、小豆等。其来源有苏州、徐州、楚州、润州（今江苏镇江）、滁州、隋州（今河北邢台）、冀州（今河北冀县）、德州、濮州（今山东濮县）和魏州（今河北大名）等地。其中一个窖里，存有北宋时放进的50万斤谷子，至1969年考古发现时大都颗粒完整。”（《中国古代最大的粮仓——含嘉仓》）

~

含嘉仓遗址出土的刻铭砖

含嘉仓遗址中出土的大量炭化的谷物和记有粮食来源的铭文砖，说明这处唐代的皇家粮仓中，储存了大量来自中国南方长江下游几个省区的粮食，进一步佐证了运河与漕运的密切关系。

（2）回洛仓

回洛仓是隋代大运河沿线的大型国家性漕仓之一，全面反映了隋代漕运粮食储藏的情况，是隋代大运河漕运情况的实物见证。

回洛仓始建于隋大业二年（606年），《资治通鉴》卷一八〇记载："炀帝大业二年十二月，置回洛仓于洛阳北七里，仓城周回十里，穿三百窖。"

回洛仓后毁于隋末农民战争，沿用时间较短，之后逐渐荒废埋于地下。回洛仓遗址位于隋唐洛阳城宫城以北3.5千米、今洛阳市北郊瀍河区邙山南麓，现为村民的耕地。2004年6月，在第一拖拉机厂东方红轮胎有限公司整体搬迁改造工程中，考古钻探人员发现仓窖71座、古代道路3条、古代墓葬数百座。截至2013年1月，考古人员已布大小探方11个，发掘总面积4000平方米。

据史书记载，回洛仓的粮食到了唐贞观年间依然可以食用，因此回洛仓保存粮食水平之高让后人叹为观止，仓窖的制作工艺一直令外界着迷。

~

回洛仓仓窖遗址

大运河申遗成功，回洛仓成为世界遗产后，洛阳文物部门正在建设一座仓窖博物馆。

（3）黎阳仓

黎阳仓是隋代永济渠沿线规模最大的官仓，与洛口仓齐名，是隋代运河漕运的历史见证。地处大伾山北麓，东临黄河故道，东北距黎阳城遗址约1千米，西距卫河约1.5千米。遗址因地处大伾山山麓，总体呈南高北低地形。遗址多处断崖有砖瓦残块叠压，地表发现有绳纹瓦、方格纹瓦、绳纹陶片、带菱形花纹的薄砖、带有“官”字印记的布纹板瓦、带有装饰图的筒瓦碎块等。

2011年12月，河南省文物考古研究所对黎阳仓遗址进行发掘。据《探访浚县古文明之黎阳仓遗址》一文介绍：“通过勘探发掘，已摸清黎阳仓仓城平面布局近正方形，东西约260米，南北约280米，总面积约78800平方米；已探明粮仓中心区仓窖84座，占仓城面积的五分之四，仓窖直径多在8～14米，按平均容积计算，黎阳仓总储粮量超3000万斤，可供8万成年人吃一年。出土陶、瓷标本残片万余件，编号在册出土文物400多件，其中建筑材料板瓦、筒瓦占90%以上，带‘官’字款板瓦200余件。”（《探访浚县古文明之黎阳仓遗址》）

通过出土的陶瓷标本和地层叠压关系看，自隋朝建立起，黎阳仓横跨隋唐宋三代，沿用了600年。开皇三年（583年）置，利用黄河向京师长安转运关东粮食。唐宋两代沿用黎阳仓，利用大运河漕运河北粮储以供应京师。政和年间（1111—1118年）黄河改道，黎阳仓渐废。

~

黎阳仓发掘现场

大运河申遗成功后，鹤壁市文物部门对黎阳仓进行了整体保护与展示，建了考古展示大棚，向世人展示黎阳仓的独特工艺。

（4）南新仓

南新仓位于北京东四十条22号，是明清两代皇家仓库之一。据《皇家粮仓》一文介绍：“明永乐九年（1411年），征调30万民工疏通元代的河道，开展漕运，使江南粮食得以源源不断运至北方，为此，后来在通州及北京逐步修建了包括南新仓在内的许多粮仓。清代仍实行南粮北运，官家仓廒仍盛。每院仓房主要建筑有：廒座、龙门、官厅、监督值班所、官役值班所、科房、大堂、更房、警钟楼、激桶库、太仓殿、水井、辕门、仓神庙和土地祠等。清初时南新仓为30廒，后屡有增建，到乾隆时，已增至76廒。清乾隆中期以后，贮粮日益减少。到道光年间，该仓贮粮比清初大幅度减少。民国时，南新仓改为军火库，中华人民共和国成立后成为北京市百货公司仓库。由于近十数年新建频仍，又拆了几座仓，现剩9廒。”

如今，北京南新仓被辟为南新仓文化休闲街，街区占地面积2.6万平方米，建筑面积3.2万平方米，步行街总长千余米。由南新仓古仓群、仿古建筑群和南新仓商务大厦底商组成。

~

南新仓旧址

南新仓文化休闲街主打文化创意牌，在“皇家粮仓”上演的厅堂版昆曲《牡丹亭》，吸引昆曲爱好者纷纷前往观看。

（5）富义仓

富义仓是江南运河杭州塘运河沿岸保存较完整的古代城市公共仓储建筑群，位于杭州市拱墅区运河主航道与支流胜利河的交叉口附近，便于粮食的收储与转运。

富义仓始建于清代光绪年间，占地约2.36公顷，是清代国家战略粮食储备仓库。原有四排仓储式长房，现尚存三排，基本格局尚存，卸货的码头仍在。

富义仓是杭州城北部地区重要的仓储建筑群，见证了历史上米市、仓储和码头装卸业等经济业态曾经的发展、繁荣。

杭州市对富义仓的利用主要是作为历史文化的展示，南面是反映接驾文化的御码头，往北是佛教文化气息浓厚的香积寺和大兜路历史文化街区，东为特色临水古街——胜利河美食街，西则与运河特色画舫“乾隆舫”隔河相望。

大运河粮仓仓窖

目前，富义仓被利用为创意文化产业园，从单纯的古建展示供游人参观到打造以体现“运河文化”“仓文化”“旅游文化”的富义仓创意空间。富义仓创意空间以富义仓百年的建筑为基础，保留原有风貌，以保护和合理利用原有建筑和实物为原则，努力将富义仓创意空间建设得更生活、更时尚，让百年古仓恢复朝气与活力。

03

漕运文化

20世纪初以来，漕运的传统已经淡出历史，但大运河现存的大量遗产，例如河道、水工遗存、码头、仓窖遗址、官署等，都是运行了一千多年的漕运制度的直接载体，见证了一个以农业立国的封建帝国的制度文明成果。大运河河道遗产见证了漕运线路的走向，各类水工设施的工艺、技术、规模、变迁体现出历朝历代政府对漕运的精心维护。**淮安总督漕运公署是漕运管理行政系统中最重要、具有代表性的遗产。**龙王庙行宫、天宁寺行宫等遗址为清朝多位皇帝沿运河巡视和考察漕运设施的行宫和遗迹，见证了清代中央政府对大运河的维护和漕运运行与管理方面的重视，佐证了大运河与漕运的紧密关系。

~

过去的漕运码头成为今天的游客码头

~

大运河上千帆竞发

此外，还有大量的历史文献和出土文物，从另一方面证明了大运河在一千多年的时间内是漕运的主要通道，与漕运、漕运制度和漕运文化都存在着密切的联系。其中，含嘉仓遗址中出土的大量炭化的谷物和记有粮食来源的铭文砖，说明这处唐代的皇家粮仓中，储存了大量来自中国南方长江下游几个省区的粮食，进一步佐证了运河与漕运的密切关系。在中国历代的历史文献中，都有关于漕运运行和管理的详细记录，其中记载的历代漕运粮食的总量，反映了大运河漕运随着政治、经济背景不断变化而产生的波动。这些关于大运河运输情况的记录只是中国历代文献中关于大运河水工、运输方面记录的一小部分，这些详细的记录体现了中国历代政府对漕运的重视和依赖，反映了大运河与漕运之间紧密的联系。

运河锦练上的明珠

自大运河于隋代全线贯通之后，
作为中国古代具有战略意义的交通大动脉，
对于此后中国各朝代的都城及沿线其他城市的发展都产生了巨大影响。

河流是人类古代文明的摇篮。唐宋时期的运河，一般都穿城而过，
百姓夹河居住，显示着城市依靠河流兴起的迹象。
随着城市的不断发展，运河担负的运输任务愈来愈重，
穿城而过的运河，对于船只特别是大船的航行颇为不便，
河道的疏浚、拓宽也很受限制，因而逐渐改道为绕城而过。
如果我们把唐宋运河比喻成一条碧绿而柔软的彩练，
那么，运河沿岸的城市就是串在这条彩练上的一颗颗明珠。
「从西京长安和东都洛阳向东南，沿着通济渠、邗沟、江南河、
浙东运河分布的重要城市有汴州、宋州、宿州、泗州、楚州、
扬州、润州、常州、苏州、杭州、越州和明州等。」
（阎守诚《隋唐小说中的运河》）

诗云，「十里人家两岸分，层楼高栋入青云。
官船贾舶纷纷过，击鼓鸣锣处处闻。」人群聚集和财富的积累，
直接导致了一批运河城市的兴起，如都城北京、洛阳，
造船工业基地镇江，工商业城市天津，
近代民族工业的发祥地无锡等重要城市。

运河与城市的互动

01 大运河与都城

运河与城市互动的第一种类型的就是都城。都城是一个国家的心脏，要供养一个包括皇室官僚机构及部队需要大批的物资，而中国都城所在的北方往往都不是经济中心，需要从南方农业发达地区调动物资，这就需要一处稳定的粮食运输系统，借运河行漕的漕运成为最佳的手段，这就形成了运河与都城的特殊关系。隋唐时期的洛阳城、元代大都的建设，是在国家意志下与运河的修建同期规划，同期实施的宏大工程，城市规划者将漕运的便利、皇室的需求与城市的景观统筹考虑，从而诞生了在世界城市规划史上具有典范意义的城市，并通过漕运带来的经济繁荣，使之成为人口超过百万的大都会。

隋唐以前，统一的中国中央政权最为依赖关东与关中平原两大经济中心区，因此都城始终以中原为中心，形成了长安与洛阳的两京格局。隋唐政府延续了这一传统。但这一时期，由于经济重心的逐渐南移，促使统治者沟通了以东都洛阳为中心的大运河体系，使中国大运河对于中国政治经济文化的作用上升到一个新的高度，并自此拉开了中国都城发展的“运河时代”。在运河时代里，大运河与运河流域的经济文化对于都城发展具有决定性意义，构成了都城发展的动力支撑系统和技术、信息与文化交流系统，共同推动都城的发展。中国大运河沿线的都城有洛阳、开封、杭州、北京。

北京故宫

大运河的出现是中国古代王朝政治的产物，主要是为都城服务，以满足都城的物资需求为目标。

02 运河与商业城市

运河与城市互动的第二种类型就是商业城市。运河是以满足都城的物资需求为主要目的，客观地将政治中心与经济中心联系在一起，东部地区农业发达的地区成为中国经济最发达的地方，并催生了一批商业城市。大运河沿线的众多城镇，由于漕运的影响而逐渐发展成为工商业发达的地区性中心聚落。位于大运河与长江交叉口的扬州，自隋至清，一直是中国大运河的要地。扬州城与大运河的邗沟段同期修建，至今可见运河对城市格局的影响。**唐代扬州就是全国最发达的商业都会。元代，则成为重要的国际性都会。**明清由于盐业的发达而更加繁荣。苏州、杭州的历史也与6世纪江南运河的开通息息相关。宋代的苏州城更由于以水系为脉络，河道为骨架，塑造了杰出的双棋盘式格局，将大运河之水引入家家户户门前，形成了独特的“水陆相邻、河街平行”的住居模式。农业、丝织业的发达加之漕运带来的便利和商贸机会，使苏杭两地在宋代即被誉为“天上天堂，地下苏杭”，以形容其富庶与美丽。明清时期，苏杭两地更成为工商业极为发达地区。北方的天津、南方的宁波（时称明州）均是中国大运河与海运的交汇点，也由此而成为历史上全国南北货物的集散地与重要的对外港口城市。

大运河不但给城市带来了商品、技术和文化，而且给运河城市的构建方式和运行机制，以及城市居民的意识形成带来了变化。由于中国南北方经济条件差异较大，经济互补性也比较强，客观上有加强经济交流的愿望。虽然大运河开凿主要目的是为了漕运，但漕运中的私货运销活动却刺激了沿岸地区的商业发展，也给中国大运河沿线带来了大量的人流，而且各王朝为了维持漕运的运转，也必须适时开凿和疏浚河道，从而提供了城市兴起所需要的交通条件，为城市兴起聚集了相当数量的物质产品和居民人口，于是在运河沿岸的一些水陆交汇点或交通枢纽地区，就兴起了一座座商贸城市。这些城市因运而生，依运而存。不同时期的运河都会带动一批商贸城市的兴起，而其在运河体系中的重要程度，也往往决定了这些城市的规模大小和繁盛程度。

大运河自春秋时期初创开始，即推动着沿线商贸城市的兴起与发展，而隋代大运河的开通更是掀起了运河沿岸工商业城市发展的第一波浪潮。隋唐大运河不仅带动了东南地区的开发建设，提高了东南地区经济文化水平，而且促进了一批沿岸城市的兴起与繁荣。汴州、宋州、楚州、扬州、润州、常州、苏州、杭州等是当时最著名的运河城市。宋代以开封、杭州为中心的运河体系的建立，以及农业、手工业的进步，将运河沿岸城市的发展推向一个新的阶段。开封、杭州、苏州、扬州、真州、楚州等是这一时期运河城市繁荣发展的见证。

以江南运河为纽带，自北向南将常州、无锡、苏州、嘉兴、杭州等著名城市贯穿其中。最初城市乡镇因运河而起，其后城市沿运河扩张，与运河沟通，交换水量。运河为城市提供水路交通，形成了运河穿过城区并与城河水系相沟通的格局，城河也成为运河体系的重要组成。城河往往具有城市输水、排涝的功能，南北沟通的大运河与城河相通，作为城市水系的调蓄，使城河的功能得到更好的发挥。

元代大运河的重新开通和南北取直，为运河沿线城市发展开辟了一个新的时代。尤其是自明中叶以后，随着封建社会商品经济的进一步发展，社会生产力水平有了较大提高，社会分工进一步扩大，手工业诸如冶炼、制瓷、纺织、造船、染色、制盐、造纸等行业有较大发展，国内外市场不断开拓，由此将运河城市发展推向一个繁荣发展阶段。在当时全国著名的工商业较发达的30多个大中城市中，就有顺天（今北京）、镇江、苏州、松江、淮安、常州、扬州、仪征、杭州、嘉兴、济宁、德州、临清等13个运河城市，几乎占了半壁江山。其他中国大运河沿线城市如淮安、天津、徐州等也都具有相当规模。

~

运河商业城市扬州明清城东门遗址

~
扬州唐城遗址

随着社会经济的进一步发展，大运河成为联系全国经济的交通大动脉，在运河沿岸形成了一批转口贸易城市，促进了运河沿岸城市商业的繁荣。由于漕运的需求，深刻影响了都城与沿线工商业城市的形成与发展，围绕漕运而产生的商业贸易，促进了大运河沿线地区的兴起、发展与繁荣，造就了大运河沿线地区一个个繁荣的集镇，形成了独特的大运河城市文化。

贰

北京：漂来的城市

北京古称蓟，战国时即为燕国的都城，为北方一大都会。作为中原进入北方和东北地区的门户，北京逐渐成为区域政治中心。随着大运河在隋代的开通，第一次开辟了从江南直达涿郡（今北京南郊）的运道，解决了漕运问题，从而不仅提升了北京地区的政治、经济和军事地理价值，也为其上升为全国政治中心奠定了基础。

中唐以后，契丹、渤海、女真等少数民族相继崛起于东北，北京的政治地理价值日益凸显。10世纪上半叶，契丹族在建立辽朝后升北京为五京之一的南京，是辽国经济文化最发达的城市，几可与宋都开封相媲美。12世纪上半叶，由女真族建立的金朝取代辽朝，并攻灭北宋，占有淮河以北的领土，与南宋形成南北对峙的局面。鉴于北京的交通发达、物产丰富，1153年，金统治者正式将都城迁至北京，改称中都，并随即恢复了以中都为中心，以御河（即隋唐时的永济渠）为主干，以黄河北流诸水为辅的漕运体系。**1264年，在即将重新统一中国的前夕，元朝皇帝忽必烈下令在金中都东北郊另建新城，并于1272年把新城命名为大都，定为全国的都城。元大都的确立与兴建，使北京由北方区域中心第一次上升为统一国家的政治经济文化中心，成为北京城市发展史上的一次飞跃，对中国历史发展产生重要影响。**

而大都城的山形水系，在其规划设计之初便被认真考虑在内。设计者首先选择了城内最重要的水源积水潭东北岸上预定为全城中心的一点，立“中心台”，又建“中心阁”，从“中心台”向南，紧傍积水潭东岸，垂直南下，形成设计上的元大都示意图城市中轴线。在此中轴线上，又紧傍太液池的东岸，建造宫城“大内”，又以积水潭的东西宽度，作为全城宽度的一半，用以决定东西两面大城城墙的位置。在大都建成之后，为解决南粮北运问题，元政府对大运河进行了一次大规模的整治和开发，把南北方各大经济区更直接地联系起来，由此奠定了此后中国大运河的基本走向及其规模。

明清两朝相继建都北京，继续沿用元代大运河作为连接北方政治中心与江南经济中心的水运通道。为确保这一交通大动脉的畅通，明清两朝都不遗余力地经营运河，使运河的功能和作用得以充分发挥，进而将古代运河的发展推向一个高峰。

而作为元、明、清三朝都城的北京，素有“漂来的城市”之说。大运河每年为北京运进数百万石粮食，还把南方的其他物资如木材、铜、铁、铅及百货等，源源不断地运来。

北京的崛起，有政治、军事、地理等多方面的深刻原因，而大运河沟通南北，连接黄河长江两大流域，也为北京作为统一中国的都城奠定了经济和地理方面的基础。

北京作为中国古代两大伟大工程长城与大运河的交汇点，既捍卫了中原文明，又努力吸取南方的养分滋育北方大地。长城既未能阻挡北方民族的南进，也没有阻碍中原文明的北上；而中国大运河却有效地保证了南北的统一，促进了中国经济的发展、商业的繁荣和文化的兴盛。

北京皇城

可以说，没有大运河，就没有北京的那些金碧辉煌的城阙和宫殿，也就没有北京历史上的兴盛和繁华。

北京旧城玉河

今天的北京仍保留了众多的运河遗产，通惠河故道、什刹海、澄清上闸、澄清中闸还在诉说着往日的繁华。通州的大运河森林公园更成为大运河文化带建设的示范。

天津：天子渡口 河海津韵

天津，由明成祖朱棣于永乐二年赐名。1214年，由于对保障金中都（今北京城西南）及漕、盐储运安全至关重要，金朝政府在三岔口建立了军事设施直沽寨，成为天津城最早的建制。作为河、海漕运的交通枢纽，元代重开大运河和开展海运，使天津一跃成为京师门户。漕运、海运相汇集，使其呈现出元代张翥在《代祀天妃庙次直沽作》所写的“晓日三岔口，连樯集万艘”的壮观景象。

明建文二年（1400年），燕王朱棣在此渡过大运河南下争夺皇位，定都北京后，将此地改名为天津，即天子经过的渡口之意。他在天津地区设置三卫，“天津卫”之名由此而来。《天津卫志》记载：“三岔河在津城东北，潞、卫二河会流，东注于海。”作为子牙河、南运河、北运河交汇处，这里在元代后成为南粮北运的集散地，人口聚集，日益繁盛，成为天津的摇篮。天津有“先有三岔口，后有天津卫”的说法。到明代中期，天津的商品经济出现飞跃发展，并由漕粮转运枢纽发展成为北方商业重镇。清代中叶，天津得漕运、海运和芦盐之利，迅速发展成北方的商业集散中心。

光绪二十六年（1900年），漕运全罢，对运河的修浚随之停止，多段河道淤滞，作为沿岸城市命脉的大运河为之断绝，多数运河城市因丧失对外联系的主要通道而衰落下去，规模变小，百业萧条，人口锐减。而位于渤海湾岸边的天津也凭着海运码头和京师门户的地位，一跃而成北方最重要的工商业都会之一。清末时期，天津为直隶总督的驻地。

~
天津古街

~
天津历史街区

大运河给天津带来了多元的文化品格。天津被称为曲艺之乡。明清时期的天津，因大运河的便利，各种曲艺便在天津这块沃土上繁衍，使天津成为“曲艺之乡”。天津盛产相声表演艺术家，侯宝林大师就是天津人，马三立也在天津成名，当代相声演员郭德纲也是天津人。京韵大鼓、京东大鼓等都是在天津形成的。杨柳青年画产自天津市西青区的杨柳青镇。天津风味食品“三绝”是指“狗不理包子”“十八街麻花”“耳朵眼炸糕”。天津多种文化并存，建于元朝的妈祖天后宫，建于明末清初的大悲神院，以及代表道教的玉皇阁、儒教的文庙、基督教的望海楼，如今都依旧屹立。

肆

河北
运河五市

01

邯郸：醉骑白花马，西走邯郸城

邯郸市地处河北省南端冀南平原，地理位置正居华北之中。女娲抟土造人、炼石补天的故事即发生在此。邯郸至少在商末就已经建城，“邯郸”二字作为地名沿用至今已长达3000年。春秋时期列入晋地，成为赵氏的世袭领地。前403年，韩、赵、魏三家分晋后，赵敬侯自晋阳迁都邯郸，赵武灵王治水患，冶铁铸钱，发展经济，筑长城，加强军事力量，实行胡服骑射，创改革之先河，国势大盛，跻身战国七强之列，邯郸成为我国北方的政治、经济、文化中心，秦代在邯郸设邯郸郡。

邯郸与运河结缘始于三国曹魏时期，官渡之战后，曹操为保粮草运输，在黄河与邺城之间开凿了白沟。隋炀帝为巩固北方政权和远征高句丽，于隋大业四年（608年），开永济渠。随着永济渠的开通，得运河之利，邺城以东的魏州城（今邯郸大名县）逐渐崛起，取代了邺城区域中心城市的地位。唐高祖武德四年（621年），魏州成为黄河以北较大的区域中心城市。北宋初年，大名府升为陪都，即北京。这一时期，滏水成为沟通邯郸与东部御河的重要航道。这里出产的陶瓷、煤炭、杂货等通过运河源源不断销往各地，甚至远达朝鲜、日本等地。当地的磁州窑名列我国古代十大著名官窑之一。元代，大运河裁弯取直，这一区域的运河主航道东移至山东临清，不再穿邯郸而过，但此段运河作为支流仍发挥一定作用。**元世祖命郭守敬主持实施了著名的“漳滏工程”，滏河开始与漳河分流而改道流经邯郸，漳滏的航运、农田灌溉及水患问题开始有了很大改观。直到明清时期，滏阳河都是邯郸境内通往沿河各县并达天津的重要航线。**

明清时期，由于漳河南徙，河水改道，逐渐形成现在横贯邯郸市南部和东部的卫河与卫运河，卫运河漕运重新开始兴盛。各州县的贡粮等物品，通过卫运河运抵北京。当时在漳、卫河汇合处，设有皇粮装卸点，岸上库房林立，今馆陶县徐万仓村即名出于此。清代仅在馆陶境内就设有渡口7处。

近代，滏阳河的航运地位依旧重要。苏曹码头西至今还保留有船商供奉的河神庙，邯郸在运河的影响下，各种地域文化相互融合，历史文化遗产颇多，主要有邺城遗址、磁州窑遗址、宋代大名府城址等。非物质文化遗存也异常丰富，民间工艺如大名草编、魏县土织土布、冀南皮影、四股弦等，以及与运河文化有关的歌谣、谚语、运河号子、诗词楹联、民间传说等皆列入国家级非物质文化遗产名录。

02

京津乐道 绿色廊坊

廊坊位于北京和天津之间的华北平原。廊坊的历史源远流长。4000年前，“黄帝制天下以立万国始经安墟”，“安墟”即今廊坊市广阳区的常道村。廊坊在春秋、战国时为燕国封疆，秦时属渔阳郡、广阳郡、巨鹿郡。随着北运河的开凿，廊坊市在元代正式加入运河城市的行列。北运河直接连通了天津和通州，在廊坊全部流经香河县，全境流程为20千米。20世纪70年代，北运河载弯取直开挖新河，运河在鲁家务村将北运河、潮白河相连。在廊坊诞生的著名历史人物有宋朝宰相吕端，西晋大文学家、政治家张华，元朝开国功臣史天泽，民国北洋政府国务总理张绍曾，闻名中外的八卦掌创始人董海川、京韵大鼓“白派”创始人白云鹏等。

“小北京”：香河县

北运河所穿越的香河县被誉为京畿明珠，其建置可追溯到辽代。辽太宗耶律德光在此设淑阳郡，是香河建置的开始。契丹会同元年（938年），辽朝廷在此置榷盐院，因县城东南濒水，掬觉微香，故名香河。明初，明太祖朱元璋封四子朱棣为燕王，带军北征平定南下的蒙古侵略者，燕王在北方营造自己的城池，这就是香河城。香河城有“小北京”之称。从明朝到清朝，香河县都属朝廷直管，称直隶香河。大运河（廊坊段）水利工程遗产，除运河河道本体外，还包括土门楼枢纽、金门闸遗址等水利工程设施，以及古建筑宝庆寺、红庙村南青龙湾减河沉船、吴打庄北运河沉船等。红庙金门闸遗址位于廊坊市香河县红庙村西南、北运河东岸，又称“土门楼节制闸”，始建于清乾隆三十七年（1772年），现存清乾隆年间的南、北两处闸台。20世纪60年代，修建了土门楼枢纽，取代了原先的金门闸。

香河段运河

03

沧州：运河古郡 渤海明珠

~
沧州铁狮子

大运河纵穿沧州境内220多千米，沧州成为大运河流经里程最长的地级市。战国时期，今沧州市分属当时燕、赵、齐三国之地，是战争发生的热点地区。南北朝时期，北魏孝明帝熙平二年（57年），从瀛州、冀州各划出部分，合为沧州，取“沧海”之意置州治，沧州之名由此而来。自古以来。沧州被文人定义为荒凉、萧条之处和“发配充军”之地，古时犯人都发配充军沧州。沧州人自古以来就面临着生存的艰难。在宋代黄河夺御河时期，水灾不断。沧州城从唐朝开始，历经宋元直到明朝初年，一直是沧州州城所在地，前后长达1600多年，明洪武二年（1369年）废除古沧州城，于今沧州地建新城。

苍凉的燕赵大地孕育出人民豁达的性格和不屈服于自然的坚强品格，练武强身成为沧州人民保护自身的根本需要。这种民风进一步发展为极具中国特色的侠义精神。“慷慨悲歌燕赵士，侠肝义胆沧州人。”自古沧州多英杰，文有纪晓岚，武有霍元甲。

沧州有座清真北大寺，反映了伊斯兰文化在运河传播的过程。还有一座泊头清真寺，位于南运河西岸的泊头镇，北距沧州市40千米。始建于明永乐二年（1404年），后来进行了重修和扩建。崇祯皇帝为修缮皇宫，从南方运来大批木料经运河北上，船经泊头冯家口时，李自成已率农民起义军攻下北京城。这士兵就地转业，并用这批木料修缮了清真寺，形成了今天这样规模的清真寺。寺内院落分为前庭、中庭和大殿，建筑规模可称“华北第一”。

04

衡水：漳水横流

“衡水”一词始见于北魏文成帝拓跋浚的《文成帝南巡碑》。隋朝开皇十六年，新置衡水县，取“漳水横流”之意。因漳水从衡水县西南入境后，不是东流入海，而是折向北流，然后入海，古人亦把这一段漳河水称为“衡水”，此后，衡水县名称历代沿用。

大运河衡水段位于衡水市东部与沧州、德州交界处，是海河流域漳卫南运河系的一部分。大运河从故城县南部入境，流经故城、景县、阜城三县，全长179.05千米。大运河衡水段留下了景县华家口夯土坝、故城县郑口重力挑水坝、郑口山西会馆遗址、头屯村黄窑遗址、建国卫运河遗址、阜城县码头运河遗址、霞口扬水站、戈家坟引水闸等重要文物遗存。位于景县安陵镇的华家口夯土险工，始建于清宣统三年（1911年），是采用基础钉锚柏木打桩，黄土、白灰加糯米浆夯筑而成的典型的“糯米大坝”，也是河北段运河仅存的两处夯土坝之一，现存坝体长255米。

衡水历史上涌现出了董仲舒、孔颖达、高适、孙犁等知名人物。衡水有国家级非物质文化遗产保护项目6项，省级非遗保护项目33项，市级非遗保护项目55项，目前，大运河衡水段已经不具备航行能力，仅有泄洪、输水及局部地区取水灌溉等功能，衡水市努力实施运河生态涵养工程，最大限度地恢复运河生态，拓展大运河的旅游功能。

~
华家口夯土险工

~

邢台清风楼

05 邢台：燕赵第一城

邢台拥有3500余年建城史，是华北历史上第一座城市。历史上曾四次建国、五次定都，有“五朝古都、十朝雄郡”之称，是中国最早的古都之一。历经三千多年行政建制未曾中断，城址未曾迁移，被誉为“燕赵第一城”。

卫运河自临西尖冢流入邢台市境，沿临西、清河两县边界北上而去，于清河渡口驿出境，境内长度为58千米。邢台有歌谣“运河古渡数临清（临西、清河）”，在邢台运河段有丰富的文物遗迹，仅在清河渡口驿至油坊段就发现大运河寺庙遗址、古村落遗址、古驿站、沉船遗址等7处。

今天，大运河邢台段几近断流，大部分区域被开垦为耕地，大量古代遗存均被覆盖在耕地之下。邢台市政府出台了大运河邢台段保护规划，最大限度保护运河遗产文物本体和环境的完整性和真实性，正确处理文物保护与经济建设、合理利用之间的关系，充分发挥运河文化遗产的社会效益和经济效益，促进文物保护事业的可持续发展，改善人民群众的生产生活。

伍

山东运河五市

01 德州：九达天衢，神京门户

德州市位于南运河河畔。西汉时设立平原郡安德县。隋统一中国后，因德州位于德水之滨，改安德为德州。德州的快速发展始于明代，永乐皇帝迁都北京后，德州既是运河漕运的必经之地，又是南方入京的陆路咽喉。德州成为明代的屯兵重镇、屯粮重镇和经济重镇。“德州有三宝：扒鸡、西瓜、金丝枣，跟着帝王天下跑。”德州最出名的是“德州扒鸡”，这个美食可真是因为大运河而兴起的。元末明初，随着漕运繁忙，德州成为京都通达九省的御路。运河两岸商业繁荣，商贩制作各式小吃招揽运河上的客人。有一种烧鸡气味极香，很远便可闻到。**这种精工细作，形态侧卧，色红味香，肉嫩可口的烧鸡成了运河上商人和运工的最爱。**传说，康熙第四次南巡时尝到改良后的五香脱骨扒鸡，龙颜大悦，于是召厨师入御膳房。从此德州扒鸡声名远扬。德州还有一座明代外族王室的墓地——沿大运河进京朝贡的菲律宾苏禄国东王墓，它是中国境内仅有的两座外国国王墓之一（另一座为江苏南京渤泥国王墓），也是中国历史上唯一带有守陵村落的异邦王陵，是中菲友谊的见证。

德州苏禄王墓内清真寺

~
济宁东大寺鸟瞰

02 济宁：孔孟之乡 运河之都

唐宋以前，济宁城是一个名叫任城的小镇。元代大运河开通后，济州更名为济宁。

元代大运河开通后，因选择的分水点不是运河最高点，造成运河水位较低，漕运受到影响。明代水利官员宋礼与济宁当地的民间水利专家白英重新设计，建成了南旺分水枢纽，使济宁成为南北大运河的分水咽喉。宋礼给济宁留下的不仅仅是一处实体的水利枢纽，还有一套后来被不断完善的管理制度，以及河道总督这一官职的确立。明清两代，济宁都是河道总督署的驻地，因此，济宁有“北方运河之都”的称号。

明清时期，济宁作为会通河上的重要枢纽，城内外也是商业街区遍布，是一个典型的因转口贸易而发展起来的城市。据《济宁直隶州志》记载，明末时，济宁位于“南北咽喉、子午要冲，我国家四百万漕艘皆经其地。仕绅之舆舟如织，闽、广、吴、越之商持资贸易者，又鳞萃而猬集。即负贩之夫、牙侩之侣，亦莫不希余润以充口实。冠盖之往来，担荷之拥挤，无隙晷也”。

今天在济宁博物馆中，有一门炮身上铸有“河道总督署造”字样，这门铁炮是今天能看到的河道总督衙门的唯一遗存。在济宁运河边有一座清真寺，便是北方著名的东大寺。而分水龙王庙遗址是济宁人为了纪念治水有功的宋礼、白英和潘叔正等而建。如今，在分水龙王庙遗址旁建起了中国大运河科技馆，用现代科技展示古代劳动人民的智慧。

03

聊城：江北水城 运河古都

聊城号称江北水城。春秋时期这里曾有聊、摄二国，聊城之名因此而来。随着会通河的畅通，聊城迎来了它的黄金时代。

大运河来到聊城，并没有穿城而过，而是在城东北不远处绕了一个弯，将东昌府城环抱其中。两岸的街巷依河而建，随坡就势，大小街道都通往运河，呈鱼骨状结构。聊城运河边的山陕会馆是运河商业历史的见证。聊城有三宝：铁塔、古楼、玉皇阁。这个古楼就是聊城旧城区中心的光岳楼。这座高大的建筑始建于明洪武七年（1374年），是当时的东昌卫守御指挥佥事陈镛在修筑完城墙和墙上的防御工事后，利用剩余的材料建成的，所以最初名为“余木楼”，后改为“东昌楼”。弘治九年（1496年），考功员外郎李赞到聊城登临此楼，赞誉它“天下所无，虽黄鹤、岳阳亦当望拜”，“取其近鲁有光于岱岳”改名为“光岳楼”。“东昌三宝”中的“玉皇阁”是一处始建于明代的古建筑群，占地面积曾达到9000多平方米，供奉道教的最高神祇玉皇大帝。“铁塔”指的是始建于北宋的护国隆兴寺铁塔。这座八角十二层的铸铁建筑惟妙惟肖地模仿了木结构的形象，高达15米，但其最大直径也不超过高度的十分之一，有巧夺天工之技。聊城的海源阁是我国历史上著名的藏书楼，历经五代人近200多年，共计藏书4000余种。后来遭到全部拆除，今天能看到的海源阁是2019年在原址上原样重建的。

聊城在运河史上的地位是与其辖区内的一个县级市和一个镇分不开的。这就是临清和张秋。在清代有“南苏杭，北临张”之说。

~
聊城古城

（1）临清

临清钞关

临清位于山东鲁西北卫河与南运河的交汇地，是连接直隶、河南、山东三省的水陆中枢。明正德以后，临清的商业区由内城扩展至外城，城区达到了“延袤二十里，跨汶、卫二水”的规模，成为北方地区最大的商业名城。

临清历史悠久，西汉初年即以清渊之名设县制。隋开皇六年（586年）复置临清县，属清河郡。明、清时期，运河与卫河在临清这里交汇，水运的优势带动了经济的繁荣。特别是自明永乐十五年会通渠开通后，漕运兴盛，临清成为汇集七省漕粮北运的中枢和内陆通往北京的咽喉战略要冲。大小船舶成百上千，南来北往，络绎不绝。明清时期，临清正是凭借中国大运河漕运兴盛而迅速崛起，经济发达，文化繁盛，成为当时中国三十个大城市之一，是重要的商贸流通中心、税收中心、最大的贡砖烧造中心和中国北方曲艺的发祥地，素有“富庶甲齐郡”“繁华压两京”的美誉。

临清工商业的繁荣给人留下深刻印象，明代著名的传教士利玛窦曾说：“临清是一个大城市，很少有别的城市在商业上超过它。不仅本省的货物，而且还有大量来自全国的货物，都在这里买卖，因而经常有大量旅客经过这里”（《利玛窦札记》第四卷第四章）。明代白话小说《金瓶梅》的原型地就是临清。随着临清段大运河的废弃，如今，临清已由明清时期的一线城市沦落为一个小县城。

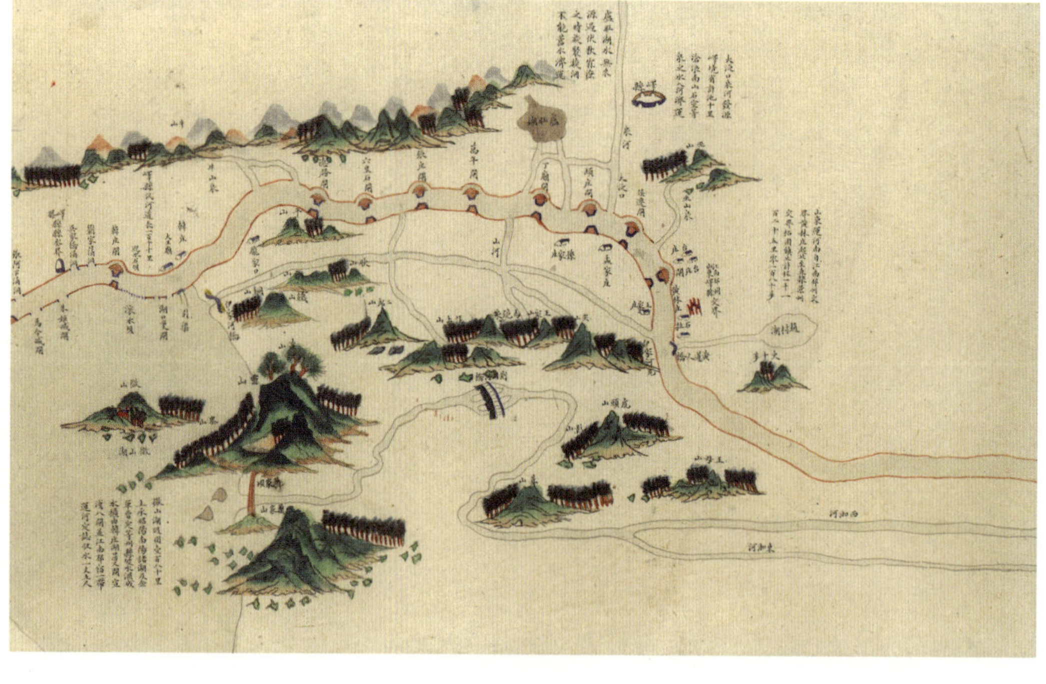

山东运河全图（局部）

（2）张秋古镇

张秋位于会通河与大清河交汇处，是南北与东西的枢纽，明清两代各级管理河道漕粮的机构都先后驻扎于此。虽然政治地位并不突出，张秋的经济发展却丝毫不逊于东昌府城，由于位处阳谷、寿张、东阿之处，三县均不肯放弃这个繁华富庶的城镇，所以明清时期张秋为三县共同管辖。到明代晚期，张秋镇的规模已经相当可观。城市的格局充满了商业色彩。大运河由南至北穿城而过，一条长街分成三段分属三县，镇中布满各种商铺，仅买卖的中间人——牙人，就有280人之多。

像很多运河沿线的城镇一样，张秋因河而生，也因河而衰，漕运中断后，古镇的运河只有储水功能。今天张秋人最大的愿望就是大运河能够重新经过这里，或者开通一条高等级的公路，能冲破这里的闭塞，帮助他们走向复兴。

04

泰安：国泰民安

泰安市位于泰山南麓，东枕秦沂山脉西衔东平湖，南带汶水，依山傍水。明清时期泰安为直隶州，清代升为泰安府，大运河横贯整个鲁西平原，在东平县境内穿过泰安。今天的东平湖即曾经的梁山泊，今天东平县的州城镇，便是曾经的东平府城。意大利人马可·波罗乘船沿运河行至东平时，曾感叹“这是一座雄伟壮丽的大城市，商品与制造品十分丰盛”“有一条深水大河流过城南，大河上千帆竞发，舟楫如织，数目之多，简直令人难以置信，河上的船舶穿梭似的往返不断，运载着最有价值的商品的船只数量和吨位使人惊讶不已。”

大运河流经泰安市东平县，全长约40千米，现存有运河故道、戴村坝、戴庙闸、安山闸及水柜东平湖。**位于东平县彭集镇南城子村的戴村坝则素有“中国古代第一坝”和“大运河之心”的美誉。泰安的戴村坝遗址为研究我国水利建筑提供了珍贵实物资料。**

~

泰安戴村坝

戴村坝为大运河水流畅通提供了源源不断的动力，被誉为“北方都江堰”，因为有了戴村坝这一“心脏”，保障了明清两代500多年的漕运畅通。

05

枣庄：一个寻梦的地方

枣庄位于济宁和徐州之间，是大运河在山东境内停靠的最后一站。相传上古时代，炎帝神农曾在这里种植枣树，因而得名枣庄。

枣庄与运河的关系，总绕不开微山湖。也就是宋礼和白英治理南旺枢纽时作为水柜的南四湖：南阳湖、独山湖、昭阳湖和微山湖。在宋礼治水的年代，这些湖面仍然各自独立，经过明清两代黄河不断泛滥，才形成了这个北方最大的淡水湖。明代早期运河上的船只都沿着微山湖西岸一带下至徐州进入黄河。明代中期，由于黄河一次次大决口，政府修建了从南阳到留城、全长70千米的南阳运河，从东边绕开微山湖。但新运河并没有解决水灾严重的问题，于是又开通了伽运河。建成后，伽运河完全取代徐州段的黄河航道。

今天的枣庄是国务院批复确定的山东省重要的现代煤化工、能源、建材和机械制造基地，新兴科技创新基地。枣庄还是中国首个“海峡两岸交流基地”和“全国健身秧歌城市”，因铁道游击队和台儿庄大战而闻名中外。

天下第一庄：台儿庄

伽运河的开通，使台儿庄从一个名不见经传的小村庄，迅速拥有了自己的邮驿、兵巡、河官公署，一跃成为峄县40个集镇之首。

清代，台儿庄在行政上没有级别，不是县治所在，但有专职驻守运河的军队。康熙、乾隆两位皇帝分别六下江南时，走水路都经过了台儿庄，城市因此有了很大的发展空间。康熙七年（1686年）的一次大地震毁掉了城中的大部分建筑，而后官方主导震后重建。南来北往的商人为这里带来了丰富多彩的文化，仅从建筑的风格上来看，就有北方四合院的浑厚朴实、徽州建筑的粉墙黛瓦、江南水乡的俏丽灵动、闽南建筑的华丽动感，甚至还有欧式的小洋楼和教堂。

如今，台儿庄的运河遗产为中河台儿庄月河段。大运河申遗成功后，2008年复建的台儿庄古城已成为中外闻名的旅游胜地。

~

台儿庄月河

陆

河南
运河八市

01 洛阳：运河古都 牡丹花城

洛阳地处洛水之阳，是中国文明史上最为重要的政治文化中心之一，前后有东周、东汉、曹魏、西晋、北魏、隋、唐、后梁、后唐等9个朝代在此建都。隋唐两代虽然长安为都城，但洛阳都是作为陪都而存在。由于大运河带来的繁荣，无论是从经济上，还是政治上，洛阳的地位一点不低于长安。

洛阳地区从夏代开始即成为中原政权的都城。到隋代，由于前代的洛阳城已经损毁严重，因此撇开旧城，另肇新基。作为隋唐东都的洛阳城始建于隋炀帝大业元年（605年），历经隋、唐、五代和北宋，历时约500年，在中国历史中占有非常重要的地位。据《隋书·炀帝纪》记载，隋炀帝于大业元年下令开建东都洛阳。负责规划的宇文恺根据洛阳山川、河流的自然条件，集政治、经济、对外交通和观赏于一体，把东都洛阳城规划设计得十分宏大。在营建新都的同时，隋炀帝下令开凿通济渠，自都城西面的西苑引谷、洛水达于黄河，构成通济渠的西段。由于通济渠不仅供炀帝出巡各地，更要把东南与其他地区的租粮漕运到东都含嘉仓，然后再转输西京大兴城（长安），因此宇文恺巧妙地利用黄道渠让谷、洛水与通济渠连通，把通济渠的停靠码头延伸到皇城，在东太阳门外与承福门外形成一个宽阔的广场，炀帝多次出巡活动都是由此处乘船而行的。正是因为洛阳城的规划专门考虑了通济渠的漕运功能，根据考古发掘推测的隋唐洛阳城平面图显示，宫城、皇城以及郭城内的建国门大街等重要建筑，都位于郭城的西半部，即城市中轴线偏在郭城的西半部。

隋代大运河的开通，使洛阳成为全国水陆交通枢纽，工商业空前繁盛，逐渐成为全国的商业中心和对外贸易中心，洛阳人口达到百万以上，规模在当时的世界上首屈一指。唐代继续建都长安，由于其所在的关中地区人口不断增长，而当地生产却长期连遭损耗，根本不能满足其官俸、军饷和宫廷用粮的需要。因此政府在隋代大运河的基础上，经过局部变更和整修，建立起发达的运河交通网络，位居大运河交汇处的洛阳的重要性再次突显，城内中外商贾荟萃，手工业发达，城内市场甚至远较长安大。唐高宗时恢复了洛阳的东都地位，并经常往来于两都之间，以方便就食于富庶的东南地区。

~

大运河洛阳段

重新布展建成的洛阳隋唐大运河博物馆。武则天当政时，长期驻跸洛阳，改洛阳为“神都”。正是运河的沟通使政治中心与经济重心密切联系在一起，整个帝国名副其实地凝结为一个坚强牢固的整体，为大唐盛世奠定了基础。

自唐天宝末年起，经过安史之乱的破坏，及随之而出现的藩镇割据和军阀混乱，北方社会经济遭到惨重破坏，全国的经济中心已基本上转移到江南地区。洛阳也在战乱中遭受烧杀抢掠，残破不堪。战乱后，洛阳又常处在割据势力的威逼之下，政局的不稳使漕运亦受到严重影响。大运河体系的改变使长安洛阳地区逐渐丧失了全国经济的支撑，由长安和洛阳构成的经济文化轴心区不复存在。五代及北宋虽然仍立国于黄河流域并基本维持了汴梁（今开封）与洛阳的两京格局，但却被赋予了新的内涵，洛阳逐渐丧失其政治中心的功能。随后继起的南宋、金、元、明、清彻底改变了中国古代都城的分布格局，洛阳失去了都城的地位，逐渐走向衰落。

02 开封：一城宋韵 东京梦华

开封地处中原腹地，周围平原广阔，河湖交错，战国时即是魏国都城（当时称大梁）。当时，魏国为争雄称霸，对鸿沟进行挖掘改造，北接黄河，南边沟通了淮河北岸的几条主要支流，构成了黄、淮之间的水路交通网络，而开封也因此成为中原地区的水路交通要冲。

隋炀帝开通大运河后，开封（当时称汴州）西通洛阳，南达江淮富庶之地，是南来北往商旅漕船的必经之地，从唐开元年间逐渐繁荣起来。安史之乱以后，北方地区的大部分赋税被地方留用，唐王朝的财政收入主要依靠江南，通济渠成为了其生命线，使开封作为交通漕运枢纽的地位得到进一步确立。

907年，朱温在开封称帝，建立后梁政权，立开封为国都，洛阳被改为西都。五代时期，虽然国都仍然在开封、洛阳之间来回变动，但多数时间以开封为主，洛阳则降到从属的地位，从而开启了中国都城史的“运河时代”。

960年，赵匡胤建立了北宋政权，确定开封为国都。为了供应京师庞大官僚群和军队的给养需要，宋朝一开始就将国家的财赋收入，完全依赖于东南地区对京师的漕运。而开封作为漕运中心和水陆交通枢纽，还发挥了集东南之粮辎御北方兵马的重要作用，在兵事紧急的时候将漕粮转运到国防前线。经过北宋的整治，汴河担负着大部分的漕运任务，成为维系北宋政权生存的交通大动脉。

开封随之达到了鼎盛阶段，城市规模、经济发展水平及人口数量都超过了隋唐时期的长安与洛阳，不仅是全国政治经济文化中心，而且是世界上最繁荣的城市。

开封的衰落也缘于运河的废弃。到了北宋后期，汴河疏浚制度渐废，泥沙淤塞日趋严重，漕路不畅，运力大减，再加上金人南下的威胁，使开封不再适合作为都城。

南宋与金对峙，南北分立，汴河长期失用不浚，逐渐湮没。开封的地位也从此江河日下，日渐衰微。而由于历史上黄河数次泛滥，历史上的开封城今天也已被湮没在厚厚的淤泥之下。开封目前有开封新郑门遗址、开封铁塔等运河遗产。

~

开封龙庭

开封在北宋是当时世界第一大都市，“汴京富丽天下无”。开封的兴衰与大运河的兴废息息相关。

03

安阳：文字之源 殷商王都

安阳市位于河南省最北端，鲁、冀、豫三省交会处，西依太行山与山西接壤，北隔漳河与河北省邯郸市相望，东与濮阳市毗邻，南与鹤壁、新乡连接。安阳是中国著名的八大古都之一。安阳殷墟、甲骨文等都是这座城市的标签。

道口古镇

道口镇位于滑县西北属的卫河之滨。隋代开通永济渠后，卫河水路上达源头百泉，下抵天津，水中“帆樯林立”，民船四时畅行。清代以后，道口成为水路、铁路与公路的交会点，逐渐发展成为商贾云集、人烟辐辏的“水旱码头”，被誉为“小天津卫”。道口镇的兴衰与天津一脉相连，大量天津进口洋货经南运河和卫河输入山东临清州、河北大名府、豫北彰德府、卫辉府和怀庆府。而这些地区也大量地向天津运送药材、棉花等货物，正所谓“南粮北运，津货南来”。道口是重要的集散地，日进斗金，成为富饶的豫北重镇。交通的便利与商贸的发达直接推动了道口镇的发展与繁荣。当时，道口在近5千米的卫河河段上设有10多个码头，道口镇形成12条大街、72条胡同，并且有7个城门、2个水门的城堡，素有“三关六铺七十二胡同”之说。

现今道口古镇沿河而立的顺南老街、顺北老街、南街等尚存旧日风貌。老街两旁的建筑多为传统的木结构，两层楼，青瓦覆顶。前店后宅，底层门面房三五间大小不等，不挂前廊，通往后宅的过道开在门面房左边。道口古镇还有运河沿线著名的传统“火神出会”，每年农历正月二十七至二十九是庙会的举办日期。

道口古镇今天尚存的文物古迹众多。有明福寺塔、大王庙、瓦岗军点将台等不同等级的文物保护单位，也有以门铺、商铺、民房为主的原河街、码头街等历史老街，还有“义兴张”“烧鸡老铺”“德锦诚”绸缎布店等老店品牌。

~

安阳运河风貌

安阳境内的大运河为永济渠南段，流经安阳下辖的滑县、汤阴和内黄三县，与今卫河的流向有所重叠。目前运河安阳段部分为地上河，尚有迹可循。其中，以滑县段运河由南向北穿越道口古镇的河岸保存最为完好。

04

鹤壁：月拥层城万堞开

鹤壁市位于河南省北部、太行山东麓向华北平原过渡地带。商朝时卫国第十八代国君卫懿公嗜好养鹤，在宫廷朝歌西北等处养鹤，鹤壁因“仙鹤栖于南山峭壁”而得名。战国七雄里赵国的首都中牟也位于鹤壁市。隋唐大运河流经鹤壁市内浚、淇二县。该段运河大体利用了曹操所修的白沟，由淇河、汤河等多条支流汇集而成。永济渠流经鹤壁境内，留下了大量物质文化遗产和非物质文化遗产。其中物质文化遗产主要有大运河河道、古石堰、宿胥口、黎阳仓、顿丘、古卫河渡口、云溪桥等；非物质文化遗产主要有正月古庙会，形成于唐宋时期的社火表演、舞狮、高跷、秧歌等。黎阳仓位于浚县东二里大伾山北，始建于隋朝文帝时期，一直沿用至北宋。黎阳仓是隋唐时期大运河沿岸重要的国家官署粮仓，自古有“黎阳收，顾九州（九州固）”的说法。

浚县：云溪燕语卫水舟

浚县在商代称黎，西汉初年置黎阳县。明初称浚县。大运河流经浚县县城西关古城墙，明清时期作为县城护城河，新中国成立后，为减轻城墙西侧卫河段的防洪压力，当地政府在卫河西200米处开挖了一段河道，将卫河水引入新河道，县城段卫河故道废弃。新、旧河道呈枣核状，相隔几十米，遇大水时，东部旧河道依旧可用，枯水期旧河道少水或无水。现浚县仍留存有昔日的古城墙。

~

浚县云溪桥

云溪桥始建于明代嘉靖年间，紫燕穿梭桥上，舟驶于清澈河水中，即“云溪燕语卫水舟”是浚县著名的八大景之一。

05

郑州：天地之中 华夏之源

3600年前，商朝在郑州这块土地上建都，为开国之都——亳都，今郑州中心城区仍保留着7千米长的商代城墙遗址。西周灭殷后，周武王将其弟叔鲜封于管（今郑州市管城区）建立管国，春秋初年，郑国向东迁都于新郑（今郑韩故城遗址）。秦庄襄王元年（前249年），秦军攻入韩国，不久，三川郡郡治迁至荥阳。隋开皇三年（583年），实行州、县二级制，并将荥州改名为郑州。开皇十六年（596年），改郑州为管州。隋大业二年（606年），管州复称郑州。

大运河郑州段历史悠久，其历史可以追溯至前361年魏惠王开凿的鸿沟水道。隋代通济渠的开通，使郑州成为货物中转的枢纽，每天都有大批商船通过通济渠运送货物到京都，江南与冀北的物资交流，都通过大运河传输，通济渠郑州段所处的荥泽一带，成为全国水陆的交通中枢。此后，元、明、清时期疏浚的贾鲁河等河流也多利用运河故道。大运河通济渠郑州段位于郑州市惠济区北部，现今河道被称为索须河，西起惠济区北部的丰硕桥，向东在祥云寺村汇入贾鲁河，全长约15千米。现存地面上的通济渠郑州段河床宽200～300米不等，河堤宽20余米，顶宽7米，河面宽40～70米不等。由于历史上黄河多次变道，数次湮没运河古道，引黄河水入渠的河段河道已经深埋于地下。

通济渠郑州段的古河道遗址两岸，仍保存有惠济桥、荥阳故城城址、古荥冶铁遗址、纪信墓及碑刻、荥泽县城隍庙等实物遗产。

郑州荥阳故城

06 水涌金波看新乡

~
大运河新乡段

新乡市北依太行，卫运河穿境而过。新乡境内有仰韶文化、龙山文化遗址，有周武王率八百诸侯会同盟的牧野，有姜尚卫河垂钓、比干抛心忠谏、孔子讲学等遗迹。张良刺秦、官渡之战、李白放歌、张苍校正“杏坛”、陈桥兵变等都发生于此。

大运河流经新乡的河段大多是利用天然河道卫河。运河新乡段西起新乡县合河镇，东到汲县（卫辉市）上乐村，从新乡城区穿城而过。新乡城始建于隋开皇六年（586年）。隋永济梁的贯通，形成了北方航运大通道。元、明、清三朝，均建都北京，新乡段运河为卫河。元、明时，在新乡设广量仓，年漕运量达70万石。漕粮由卫河运入京城是永乐年后的常例。明代除漕运京师外，经商船只往来频繁，清末民初，往来于新乡至天津的客运量和货运量已具备相当的规模，北关码头繁荣，往来于新乡、天津的货船达100余艘。船民3000人从天津将芦盐、布匹、海产品输入新乡，将当地的粮棉、油料、鸡蛋运到天津。新乡逐渐成为中原重镇。

合河镇：数里闻水声，豁然入灵境

新乡县合河镇，即大清河与小清河相汇之处，地处豫北平原，卫河越境而过。作为隋唐大运河的重要组成部分，卫河航运联系着中原政治中心——洛阳和北部京津地区的漕运联系，沟通了黄河、海河等流域的水系，是古代漕运的一个重要环节。该处也成为豫北重要的商贸集散地。以合河桥为坐标，合河桥下游约7.5千米处分散设置了卫河码头及仓储。分布于新乡市区的饮马口、杨树湾码头及北关商贸街等，都是明清大运河运输系统的组成部分。

07 焦作：怀古都 河朔望邑

焦作是永济渠源头之地。焦作地区古称山阳、怀州、怀庆、河内、河朔等，包括今沁阳、博爱、武陟、修武、温县、孟州等市县。自古以来，焦作地区的黄河水运就比较发达。魏惠王十年（前361年），魏国人工开挖鸿沟水系，沟通了今郑州至开封之间的航运，开启了这一地区人工开渠之先河。东汉时期，国家政治中心从长安迁到洛阳，洛阳至郑州间的黄河两岸成为沟通中国南北水运的中心枢纽地区，黄河流域又开挖了六辅渠、白渠等，航运得到进一步发展。隋炀帝开永济渠时，“引沁水南达于河（黄河），北通涿郡”。永济渠的渠首就在今天的焦作，焦作境内的沁河即永济渠的源头。

永济渠主要流经焦作市内的武陟、修武二县。武陟县县城木城镇，明清时曾是水旱码头，与清化、道口并称三大名镇。武陟古城始筑于唐武德四年（621年）。古城的文化古迹众多，商贾集中，书香门第比肩。东关堤围外为沁河码头，上承山西上党，下接济南诸府，中达徐州、汴梁，码头上商贾酒肆、馆舍茶楼比比皆是，汇集了来自各地的山货竹货、衣物瓜果，常年繁忙。虽然随着时代的变迁，黄河、沁河多次改道，永济渠在焦作地区的河道也发生过较大改变，但由博爱经武陟和修武境内向东连通卫河的运粮河，一直到20世纪五六十年代仍具有航运价值。今天尚存的遗迹，包括引丹济卫水利工程九道堰、沁阳的沁河码头、博爱的蒋沟及界沟码头、武陟木栾店码头、修武东关码头等。

“夸父逐日”雕塑

08 商丘：华商之源

商丘是中国历史文化名城、中华文明的发祥地之一，是商部族的起源和聚居地、商朝最早的建都地和商文明的诞生地，有“华商之源”的美誉。古称宋州。

隋唐大运河商丘段，一直是南北交通的重要通道，肩负着南北物资运输的重任。隋唐大运河促成了历史上商丘的繁荣发展。大运河通航后，商丘成了唐宋时期中原乃至北方前往南方的重要通道，交通枢纽地位逐步显现，城市规模扩大，人口增加。由于大运河的通航，唐宋时期的商丘西到京师，南达江淮，十分便利，漕运商旅往来不绝，粮商、盐商、茶商、丝商聚集，商业繁荣，跻身当时著名的商业大都市行列。

南宋后，商丘段运河由于地处黄泛区，淤积严重而被深埋于地下。在运河沿线还存在沉船、码头、桥梁、官仓、驿站、会馆等相关遗迹以及依托运河发展起来的城、镇、乡、村等，这些为研究当时的漕运制度、水利史、交通史、造船技术以及生产力、商业流通发展水平提供了珍贵的实物资料。

大运河济阳镇段遗址现存水面

柒

江苏
运河八市

01 徐州：大汉雄风 豪情运河

隋唐时，徐州就是大运河重要的一段。元代，元明清大运河开通，为补充运河水源而“引黄济运”，黄河与运河在徐州附近交汇，徐州便成为漕船、商船停泊及货物周转的重要码头。徐州是大运河南下流程中自鲁入苏的第一站。“鲁运河”的终端，连着“中运河”的首端。大运河徐州段全长210千米，北起微山湖南段的蔺家坝，南至新沂窑湾镇的二湾，连通了微山湖和骆马湖两大湖泊，沟通了丁万河、荆马河、徐洪河等河流水系，流域面积约2000平方千米，历史上，徐州作为中原要冲，自古就是大运河中段重要的中转枢纽，一直以来徐州都享有“第一要津，两水汇通，连通三沟，四方都会，五省通衢”的美誉，可以说古城徐州的历史就是运河航运的历史。目前，徐州境内运河流域有北洞山汉墓、窑湾古镇等省、市级文物保护单位37处，徐州深厚的文化底蕴和较好的生态环境为古运河的开发奠定了基础。

大运河徐州段沿线水面宽阔、鱼虾丰富、环境优美，两岸植被茂盛，景色怡人。沿途各类旅游资源丰富，历史文化古迹众多，有北洞山汉墓、茅村汉画像石墓、新沂窑湾古镇等；知名的旅游景区有沛县汉城景区、徐州汉文化景区，邳州大运河风光带、邳州湿地公园等。

窑湾镇历史街区为大运河中段重要的码头和商埠重镇，历经沧桑后，较为完整地保存到今天。它是明清苏北运河沿岸商业经济发展的重要见证，是运河商业文化的宝贵载体。

徐州窑湾古镇赵信隆酱园店

02

楚风水韵 大运宿迁

~
宿迁段运河运输繁忙景象
宿迁是大运河的重要节点城市，也是全国唯一拥有大运河三个历史阶段不同主航道的城市。

大运河从北向南进入宿迁市，由西北转向东南，状若弯弓，蜿蜒而过。宿迁境内运河道长112千米，其中城区段约16千米，上下游分别与骆马湖和洪泽湖两大淡水湖相通，是真正的“黄金水道”。

历史上的宿迁因运河而兴，流淌千年的运河水不仅哺育了一代代的宿迁人，也成为联结宿迁历史文明、传统文化和城市空间的桥梁与纽带。近年来，宿迁围绕塑造“楚风水韵、大运宿迁”旅游形象，切实加强运河环境保护，着力打造运河生态旅游品牌。

宿迁龙王庙行宫是清代皇帝沿运河南巡的物质见证，充分说明了当时运河作为朝廷经济命脉的重要地位，记载了清代治水的历史，具有历史价值和建筑价值。随着运河的开通，皂河集市渐渐兴起，朝廷在这里修建了“敕建安澜龙王庙”，后来成为乾隆皇帝的行宫。龙王庙由戏楼、山门、碑亭、钟鼓楼、怡殿、龙王殿、灵官殿、禹王殿等建筑组成，左右对称，前后有三进院落，布局非常整齐。也是淮河以北众多龙王庙中规格最高、规模最大、唯一保存完好的官式建筑群。

03

运河之都 水城淮安

淮安地处黄、淮、泗、运众河交汇之地，为运河航运交通枢纽，每年数以万计的商船、漕船云集码头，牵挽往来，百货山列。

淮安被誉为运河之都，这里是最早的运河古邗沟的终点，明清两代在淮安设有漕运总督，总管天下漕粮。清康熙十七年（1678年），又将河道总督迁至淮安，清康熙、乾隆两位皇帝数次南巡，都曾在淮安指挥治水，淮安遂成为全国性的经济调控中心。水路交通的发达，也为淮安商业的繁荣提供了有利条件，明清时期，淮安与扬州、苏州、杭州并称运河沿线的“四大都市”，是当时具有全国影响力的特大城市。1415年清江浦开埠后，由于南北运河运力不同，江南物资船运抵清江浦改为车马陆运，大量的北方人士乘车马抵清江浦换乘船只南下，清江浦成为转运的枢纽城市，因而淮安有“南船北马，九省通衢”之别称。

~
淮安府衙

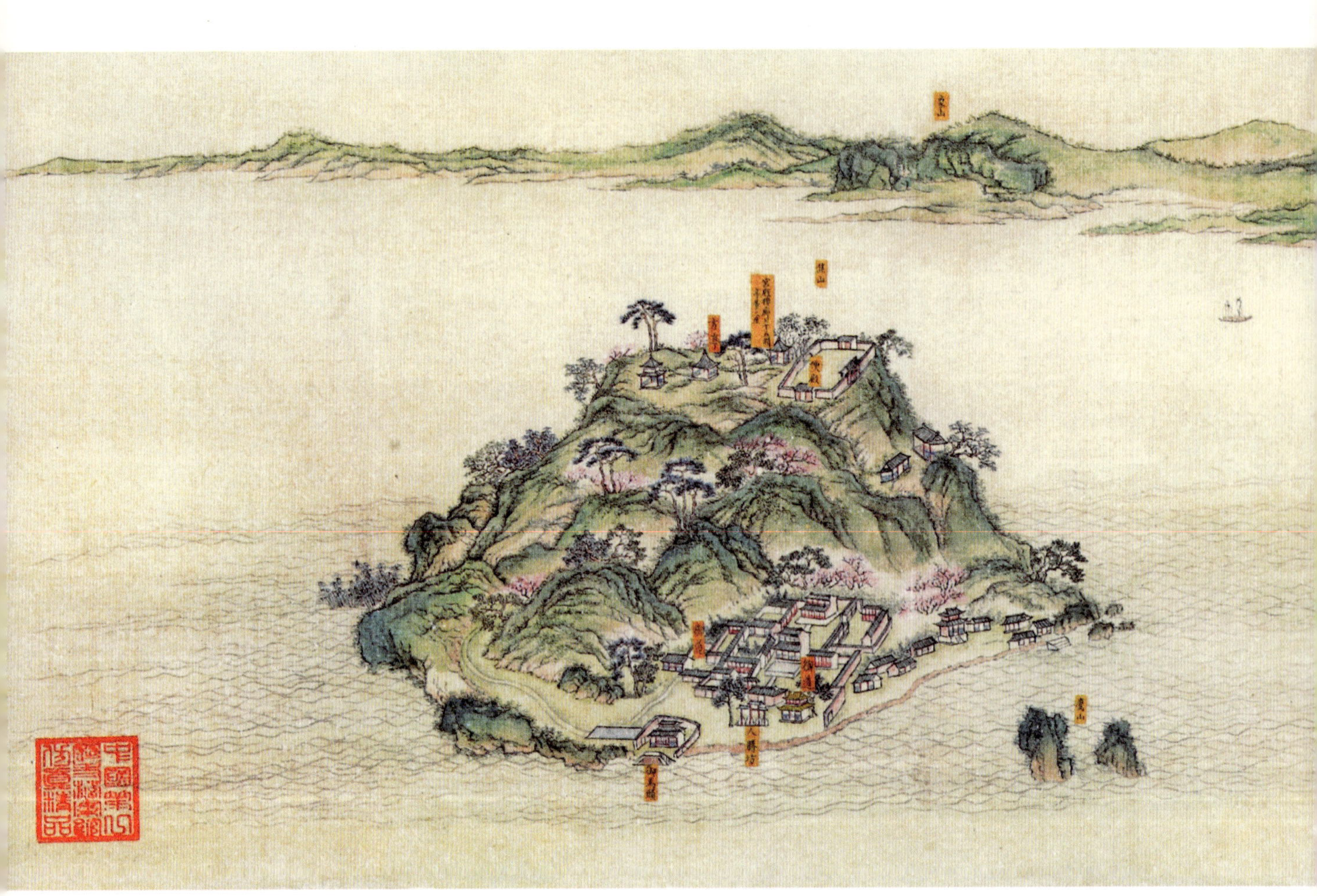

~

清代扬州行宫名胜全图

04 扬州：大运河同生共长的城市

扬州地处中国大运河与长江的交汇处，自春秋吴国开邗沟、筑邗城起，即成为运河咽喉之地。扬州的兴盛始于隋唐，大运河的开通使扬州成为全国最重要的水陆交通中心之一。南北商人和物资多以此为总汇，江淮荆湖与岭南的物产，特别是东南一带的海盐，大都在此集散。唐中后期，扬州不仅是唐朝财赋所赖的重镇，而且也是商贾如织的国际大商埠。宋人洪迈曾说："唐世盐铁转运使在扬州，尽斡利权，判官多至数十人。商贾如织，故谚称'扬一益二'，谓天下之盛，扬为一而蜀次之。"（洪迈《容斋随笔》）

宋元之时，扬州商业繁盛依然著称于世。沈括在《平山堂记》中描写了当时的盛景："百川迁徙贸易之人，往往出其下，舟车南北日夜灌输京师者居天下之七"。明清时期，优越的地理位置使其成为当时漕粮北运的门户，扬州的经济和文化再度出现空前繁荣，"四方客旅杂寓其间，人物富盛，为诸邑最"。作为两淮盐运使的驻地，扬州集中了大量的盐商及其资金，成为全国的金融中心，时云"扬州富甲天下"。扬州的商业除盐业外，米行、木行、造船、南北货业、铜器业、茶食业、刺绣、漆器等手工业也很有名。清代康熙、乾隆皇帝的数次南巡均以扬州为主要驻跸之地。两淮盐商为接待帝王南巡，大建宫室、园池、台榭，对扬州城市发展起了重大作用。清朝将漕、盐、河称为"东南三大政"，扬州兼三者之利，号称东南一大都会。据统计，到清后期，仅江苏苏松道、浙江、江西、湖南、湖北通过扬州漕船总计2659艘，共计运丁26590名，这些数量众多的运丁及众多官兵为扬州带来极大商机。同时，清代对漕船携带土宜的限制逐渐放宽，土宜数额伴随商品经济发展屡次增加，为扬州带来各种物资，使扬州成为当时全国商品经济最为发达的城市。扬州的繁华使其成为达官、富商、缙绅、豪门的聚居之地，各色商业服务行业如商铺、茶馆、酒楼、戏园等鳞次栉比，城内园林名胜，甲于天下。

雪中瘦西湖

大运河文明衍生的扬州盐业历史遗迹，是与大运河提供的地理、交通、经济与文化相联系，将中国古代贸易、居住、休闲、文化融为一体，以住宅、园林、祠庙遗迹风景名胜为多种表现方式，与大运河流经、贯穿区域的其他同类遗存一起，形成了中国古代大运河文明核心区的历史见证，是明清时期“大一统”的中国封建王朝南北经济交融的重要历史证据。在漫长历史岁月中形成了内河型的历史生活特征，彰显了特定历史时期的文明特点和社会文化的多样性。大运河（扬州段）的盐业历史遗迹，有两淮都转盐运使司衙署、盐宗庙、汪鲁门、个园、卢宅等。

~

宋夹城鸟瞰图

扬州所以获得“天下第一”的盛名，是因为它地处长江三角洲的北端，是运河与长江交汇的十字路口，是南来北往、西去东下的水陆交通总枢纽。优越的地理位置使扬州在唐代成为繁荣富庶、人物荟萃的著名城市，即除了都城长安和洛阳，扬州之繁盛天下第一。

05 镇江：江河交汇 山水名城

~
镇江西津渡全景

大运河镇江段全长42.6千米，是运河历史上最早开凿的地段之一。先秦时期的“徒阳运河”，又名“丹徒水道”，是江南运河北端通江河道的雏形，为吴、越相继北上争霸起过重要作用。长江与大运河在镇江构成了黄金十字水道，镇江因此成为南北漕运的咽喉，宋元以后，镇江更成为南北要冲，承担着全国68%的漕粮中转重任，明清两代，尤其是清朝，漕运更是发展到了极致。

“舳舻转粟三千里，灯火临流一万家。”清代诗人查慎行的这一传世佳句描绘的便是镇江古运河曾经热闹繁荣的景象。随着经济社会的发展和交通方式的变化，尤其是大运河入江口的东迁，镇江古运河渐渐失去了航运功能。

镇江运河遗产西津渡古街，又名观音洞一条街。它东起五十三坡，西、北至长江路，包含义渡码头街和小码头一条街。此街始建于六朝，至明清时一直为镇江南北驿道要冲之主要渡口。现街内留有元代石塔、救生会、观音洞、待渡亭、西津古渡口等众多古迹。

06

常州：三吴襟带之邦，百越舟车之会

大运河常州段由西向东呈弧形南拐穿越城区，与原市河合抱成环形，将常州核心区包融其中，形成“城水相依，人水相亲”。大运河常州段全长44.7千米，从空中鸟瞰，运河从西流东横贯常州老城，形成密集的水网。运河南市河段犹如脊梁，它与北市河段（关河）由西北而东南呈弧状拥抱全城，像一张纺锤形的吊床，上首牵长江，下方系太湖。隋代南北大运河全线贯通，因运河而活，太湖水系、皖南水系、长江水系经运河串联在这里交汇，常州逐渐成为“三吴襟带之邦，百越舟车之会”的交通枢纽，朝廷“贡赋的必由之路”。至宋元时期，常州老城内的水系与运河完全融合，使它成为南宋时期四大城市之一。进入明清时期，常州则因运河而盛。运河水系进一步拓延、扩展、疏浚，随之带来商业的数百年大繁荣，豆业、木业、钱庄、典当等行业独步江南。

常州城区运河故道自常州市钟楼区新闸镇至戚墅堰区，现名古运河，长约23千米。沿线运河遗产包括常州文亨桥、飞虹桥、新坊桥、广济桥等。

~
常州江南古驿站——蓖箕巷

07

无锡：江南水弄堂

古运河在无锡穿城而过，与太湖流域水系连接，自古以来就是水上交通的枢纽，无锡又是鱼米、蚕桑的殷实之乡，具有充足的资源，清末成为漕运的中心。明清之后，发展成为具有辐射力的米码头、布码头、钱码头、丝码头。沿古运河两岸，形成一条工业密集的走廊，商业繁华的水上市场。近代，无锡多家工厂沿运河建设，古运河为无锡中国近代工业化进程揭开了新的篇章。

~

无锡清名桥历史街区水弄堂

清名桥历史街区位于无锡南长区古运河与伯渎港交汇处，以古运河为中轴、清名桥为中心，北起跨塘桥，南到南水仙庙，东起祝大椿故居，西到定胜河沿线，是与运河密切相关的历史街区。

08 苏州：水陆双棋盘格局城市

位于江南运河与娄江交汇处的苏州，濒太湖，依长江，素称江南水陆交通枢纽。自吴王阖闾筑城（前514年）起，就为东南重镇。历代统治者以苏州为起点，陆续向西、北、东、西北、南等方向开凿运河，构成了苏州与外界联系的四通八达的水道。其中，向北、向南两个方向的运河经隋大业年间的进一步开凿，成为大运河江南段的重要组成部分。运河之水，一部分汇入护城河；一部分先融入城内水系，以三横四直的主干水系构成主要水网，成为城市居民重要的生活水源，然后再从城门泻出后汇入运河。苏州也因此成为全城受运河水滋养的城市，整个城市与运河连成一体。

唐宋以降，随着经济重心的南移，苏州经济快速发展。至明清，苏州发展成为全国的棉织、丝织业中心和刻板印刷业中心及全国最大的粮食市场和丝棉织品贸易中心之一。明清时期，“苏州江南首郡，财赋奥区，商贩之所走集，货物之所辐辏，游手游食之辈，异言异服之徒，无不托足而潜处焉。名为府，其实一大都会也”（《镇吴录》）。作为粮食、丝棉织品贸易中心，苏州被称为“天下四聚”之一，市场上不仅有全国各地的各种名优特产，而且还有大量的外国商品。这一时期，苏州城内水系也是大运河漕运体系的一部分。历代的漕运，皆依托苏州绵密的水运网络运到苏州城内粮仓储存，而后由苏州送到扬州发运，苏州古城成为漕粮的重要征集地。依靠运河的滋养，作为明清时期全国工商业最发达的城市之一，到鸦片战争前夕，苏州城市人口将近百万，成为当时世界上最大的城市之一。

大运河苏州段全长82.35千米，沿线的重要文物古迹有20多处，有山塘街、虎丘、盘门、宝带桥、东山镇陆巷古村等。

山塘街始建于唐代宝历年间，825年白居易奉命到苏州任刺史。上任不久，他坐了轿子到虎丘去，看苏州山塘街附近的河道淤塞，水路不通，回衙后，立即找来有关官吏商量，决定在虎丘山环山开河筑路，并着手开凿一条山塘河。它东起阊门渡僧桥附近，西至虎丘望山桥，长约7里，故俗称“七里山塘到虎丘”。山塘河的开凿和山塘街的修建，大大便利了灌溉和交通，这一带成了热闹繁华的市井。

苏州盘门始建于春秋，为伍子胥所筑吴国都城八门之一，为水陆城门现存孤例，是保留至今最为雄伟、最为完整的一座水陆城门。盘门、吴门桥、瑞光塔构成苏州古城的重要景观，被称为“盘门三景”，也是运河过往船只通行方位的航标。现存盘门为元至正十一年（1351年）重建，瓮城为至正十六年张士诚增建。明初、清初和晚清都曾进行过修缮。

~
江南运河苏州段——盘门

捌

浙江运河五市

01

杭州：世界最美丽的华贵之天城

杭州始兴于唐代，隋唐大运河的南北贯通和东南经济的迅速发展，尤其是江南运河与钱塘江及浙东运河的沟通，使杭州从一个滨海小邑一跃发展成为重要的经济都会。唐朝时，杭州已成为国内外通商口岸，贸易兴盛，呈现出“骈樯二十里，开肆三万室”的繁荣景象。907年，在唐政权被后梁政权取代的同时，唐地方将领钱镠建立吴越国，以杭州为都城。经钱氏数十年的经营，使杭州成为一座规模较大的城市，并在北宋时期成为全国最重要的工商业城市之一，是对外贸易的主要港口，经济、文化十分繁盛。1132年，在经过开封陷落后的数年颠沛流离之后，宋朝统治者终于在临安府（今杭州）安定下来。考虑到杭州自身优越的经济条件和物质基础，以及它作为江南运河、浙东运河及钱塘江三条水路交汇点的便利水运交通条件，宋朝廷于1138年正式将其定为行都，是为南宋。

南宋政权偏隅南方，北有强敌，但仍然维持了150多年，且经济持续发展，全靠其坚实的财政基础的支撑。而正是由于大运河对于各地财赋的转漕，才保证了朝廷的财政需求，并成为其布达政令、遣发军旅、流通物资的重要通道。南宋经济、文化、社会各方面的高度发展，促成了京城临安的极度繁荣。作为全国最大的手工业生产中心，南宋杭州城工商业发达，手工业门类齐、制作精、分工细、规模大、档次高，造船、陶瓷、纺织、印刷、造纸等行业都建有大规模的手工业作坊。同时杭州还是当时全国商业最为繁华的城市，城内城外集市与商行遍布，城北运河樯橹相接、昼夜不舍。

经过南宋政府一个多世纪的精心营建，杭州发展成为百万人口以上的大城市，鼎盛时曾达到160万人，成为当时亚洲各国经济文化的交流中心，城市规模遥遥领先于世界。甚至在1274年沦陷于蒙古军队之后，马可·波罗仍然认为它无疑是世界上最为华丽高贵的城市。

元代，作为大运河上的重要节点，杭州依然保持南方工商业中心的地位。明万历以后，杭州恢复了昔日的繁盛，商店沿街长达几十里，百物辐辏，商贾云集，千艘万舳，往回不绝。清乾隆年间，杭州发展成为中国三大丝织业中心之一。其他手工业如棉纺织业、制伞、剪刀等也很兴盛。

~

江南运河杭州段——拱宸桥

杭州城的发展与水密切相关，整个城市都是依水而建，因水而兴。

02 运河水城 秀美嘉兴

江南运河经苏州南下经过同里镇、平望镇、盛泽镇，就来到浙江境内。浙江境内运河首先到达的城市是嘉兴市。春秋时，此地名秀水，是吴越两国角逐之地。秦置由拳县、海盐县，属会稽郡。三国时孙吴黄龙三年（231年），听说“由拳野稻自生”，孙权认为这是个吉祥的兆头，改由拳为嘉禾县，赤乌五年（242年）改称嘉兴。嘉兴名由此而来。

古人说：“浙西三屯，嘉禾为大”，嘉兴是江南重要的产粮区。五代十国时期，嘉兴开始从苏州分离出去，设州府级政权。后晋高祖天福五年（940年），在嘉兴置秀州，领嘉兴、海盐、华亭、崇德4县。北宋改秀州为嘉禾郡，南宋宁宗庆元元年（1195年）升郡为府，后改为嘉兴郡。元世祖至元十三年（1276年）改嘉兴郡为嘉兴府安抚司，不久升为嘉兴路总管府。宋元时，嘉兴经济较发达，被称为“百工技艺与苏杭等”，“生齿著而货财阜，为浙西最”。明宣德四年（1429年），嘉兴府下辖7个县，称一府七县。嘉兴近现代涌现出了大量文化名人，如晚清大儒沈曾植、国学大师王国维、文坛巨匠茅盾等，诗人徐志摩是海宁县人。此外，画家丰子恺、文艺全才李叔同、著名数学家陈省身、武侠小说大师金庸、著名作家余华等都来自嘉兴市。全市拥720处全国重点文物保护单位。

大运河嘉兴段

大运河嘉兴段全长110.72千米。大运河海宁段的长安闸是大运河上现存最早的复式船闸遗址。

03 〰 东方莱茵 笔墨湖州

~

南浔古镇

南浔历史文化街区有嘉业堂藏书楼及小莲庄、尊德堂、庞氏旧宅、金宅等大量名宅大院，较完整地体现了清末民初南浔古镇的街区格局。

湖州是一座具有2300多年历史的江南古城，建制始于战国，湖州在五帝夏禹时为防风氏（都城在今德清县武康境内）之地，夏禹灭防风氏其地归属扬州，吴泰伯与其弟仲雍建立“勾吴”时，湖州地属勾吴。即“三吴”（苏州、湖州、会稽）之一。周元王三年（前473年）越国灭吴国，地属越国。周显王三十五年（前334年）楚灭越，地属楚国。楚考烈王十五年（前248年），春申君黄歇徙封于此，在此筑城，始置“菰城县”，以泽多菰草故名，遗址在今吴兴区云巢窑头村。秦王政二十五年（前222年），置乌程县。前206年，项羽于今湖州建“项王城”。汉刘邦五年（202年）刘邦灭项羽归属汉，刘邦十二年（195年）汉封刘濞为吴王，为吴国领地。三国东吴乌程侯宝鼎元年（266年）分吴、丹阳两郡置吴兴郡。隋仁寿二年（602年），以地滨太湖而名“湖州”，这是湖州设立之始。

大运河（湖州段）位于湖州市南浔区，主要是“一段一点”。“一段”是指頔塘故道，全长约1.6千米；“一点”是指南浔镇历史文化街区，总面积约2.18平方千米。“一段”包含了砖石护坡、河埠、古桥等遗存多处，真实完整地展现了大运河的历史风貌。

04 老绍兴 醉江南

绍兴古称会稽，其历史可回溯到大禹治水时代，大禹治水后，在境内茅山会集诸侯，计功行赏，死后葬于此山。战国后期，越王勾践大败吴国，越国疆域拓展至江淮地区。秦始皇统一中国后，把全国划分为三十六郡。会稽郡先后辖有山阴、诸暨、上虞、余姚、句章、鄞、余杭等。三国时，会稽郡隶属于吴郡，治山阴。隋开皇九年（589年）置吴州，治会稽。隋炀帝大业元年（605年）废吴州，改名为越州，宋置东扬州，复为会稽郡。

绍兴段大运河是浙东运河的一部分，最早开通于春秋晚期，至西晋末年，基本形成，并于宋代进入全盛时期，是大运河连接内河航道与外海的纽带，至今仍然发挥着航运和水利功能。运河西自钱清镇入境，向东经柯桥、绍兴城、皋埠、陶堰、东关、曹娥，过曹娥江后，分为南北两支。南支经梁湖、丰惠，到安家渡进入宁波余姚。北支经百官、驿亭，至长坝进入余姚。绍兴段运河流经柯桥、越城和上虞三个区，全长101.4千米，其中，包含浙东运河（杭州萧山—绍兴段）、浙东运河（上虞—余姚段）、浙东运河古纤道（渔后桥段、皋埠段、上虞段）、曹娥江两岸堰坝遗址（含梁湖堰坝遗址、拖船弄闸口遗址、老坝底堰坝）、虞余运河水利航运设施（含五夫长坝及升船机、驿亭坝）等文物遗存。绍兴段运河除遗产河道本体外，还有八字桥、八字桥历史文化街区和绍兴古纤道等3个遗产点被列入世界遗产保护范围内。其中，八字桥位于绍兴城内八字桥直街东端，重建于南宋宝祐丙辰年（1256年），它造型奇特，设计合理，是绍兴最具代表性的古桥。八字桥历史文化街区位于绍兴城都泗门内，是一处依托八字桥和古运河而形成的历史文化街区，面积19.66公顷，基本保留着绍兴清末和民国时期的城市风貌。

~

绍兴古纤道

绍兴古纤道位于柯桥区柯桥街道、湖塘街道、钱清镇。始建于唐，现存建筑为明清陆续重修，为古人行舟背纤的通道。

大运河沿线城市图（局部）

江水東至會稽山陰為浙江
說文解字
東海
仁和
錢塘
丁酉夏月心明繢製

沔水與江
合彭蠡澤
東至石城
縣分為三其
一東北流又
過毗陵縣
北為北江
車邏壩
南門大街
鎮國寺
平津堰
楊家塢
黄家塘
御碼頭
高郵
鎮國寺
高寶湖
鎮江
洪澤湖
太湖

流水依依蘆葦青青船行水中人遊畫裏
泰州
海安
淮陰
揚州
淮河
邗溝
瓜州古渡

泰山
汶上南旺鎮有南旺分水工程號稱北方都江堰
孔廟
濟寧

渤海
貝州清河郡
聊城
滄州
車舟所會
食貨集散
德州
舍利寶塔
運河鈔關
臨清
汴渠
開封

05

宁波：书藏古今 港通天下

宁波是中国大运河最南端的一个城市。大运河终止于此，但运河带来的华北、中原、江淮、江南的物资和文化没有停止，它们东入大海，继续走向世界各个地方。

宁波余姚市的河姆渡文化是目前发现的中国最早期文明。唐开元年间，宁波叫明州，辖慈溪、奉化、镇海、定海、象山等五县，属浙江东道。唐二十六年（738年），宁波称明州。长庆元年（821年），明州治迁至三江口并建子城。这次筑城为其后1000多年宁波城市的发展奠定了基础。明州名称沿用600多年，明洪武十四年（1381年），为避国号讳，朱元璋改明州府为宁波府，宁波之名沿用至今。

在外国文化入侵之前，宁波主要是运河文化的接受者。此外，宁波城发端于姚江、甬江、奉化江交汇的三江口地区，为诸多水系交汇的核心城市，是重要的交通枢纽。宁波老城东门外的三江口一带，历史上就是对外贸易的繁华港埠。而且，由于杭州湾和长江口的浅滩和潮沙影响，海外国家来的远洋大帆船被迫在宁波卸货，用能通航运河和其他内陆河道的小船转运到杭州、长江沿岸港口以及中国北方。

长期与海外交流的因素，使宁波文化显现出先进性和开放性。四明学派、姚江学派和浙东学派均发源于宁波。政治家王守仁（别号阳明）是余姚人，王守仁继承和发扬了南宋陆九渊的心学，在明代哲学史上独树一帜，史称“王学”。

宁波段运河由浙东运河上虞—余姚段、浙东运河宁波段、宁波三江口、姚江水利航运设施、水则碑组成。大运河宁波段有着自己的特色，其在利用自然江河的基础之上开凿人工河塘，农业水利与水运交通一体开发，可谓“天工人巧，各居其半”。现在保留下来的河道多开凿修缮于宋元期间。

宁波庆安会馆内的戏台
经历朝历代的整治与疏浚，浙东运河（宁波段）成为了集灌溉、防洪、运输多种功能于一体的水上动脉，沿岸分布着众多由运河衍生的衙署、官仓、会馆、寺庙、驿站等历史景观，以及附着于大运河的民俗风情、民间艺术等。

玖

安徽 运河两市

01

花海云都 汉韵宿州

宿州地区“据汴水咽喉，当南北要冲”，历来都是兵家必争之地。隋唐大运河开通之前，楚汉相争，决战垓下，霸王别姬的旷古悲剧便发生在这里。隋唐大运河在宿州市境内达130多千米。唐代时，由于隋唐大运河的贯通，运河水从宿州穿城而过，从而直接带动了宿州城市的发展。从隋代初年到唐代中期，控扼漕运的埇桥与灵璧、泗县等地均得到较大发展。从唐中后期建置宿州于埇桥到北宋末期，是宿州作为军事重镇控制通济渠漕运的时期，同时也奠定了宿州的城市规模。到宋金对峙的年代，通济渠逐渐淤塞，宿州也走向衰落。在金代，通济渠（宿州段）部分虽能断断续续通航，但到元代以后通济渠就基本湮没了。然而，通济渠淤积的泥沙却促成了隋堤——明清两代黄淮之间最重要的东西通道。

如今的隋唐大运河宿州段，除泗县段25千米大运河故道仍发挥灌溉、排洪等水利功能外，通济渠绝大部分埋藏地下。宿州市内现今还可见到通济渠留下的其他遗存，比较重要的遗产点有大运河宋代码头，埇桥遗址、泗县大运河故道，灵璧县大运河花石纲遗迹等。在宿州市还有长约4500米的汴河隋堤，作为陆路交通要道沿用至今。

02

运河遗珍 绿金淮北

淮北市古称相邑、相县，别名相城。约4000前的原始社会末期，“上古五帝”之一的颛顼在这里的相山建城。商族部落领袖商汤十一世祖相土率领其部落建城于相山脚下，因靠近相山，取名相国。隋唐大运河主要流经今淮北市濉溪县县境。唐宋时期，濉溪县的商业大镇柳孜镇就设在运河沿岸。柳孜始建于东汉，因隋炀帝开凿的通济渠段穿镇而过而逐渐繁荣，成为唐宋时期淮北地区的政治、经济、军事和文化重镇，“运漕商旅，往来不绝”。

1999年，考古工作者在柳孜发掘了柳孜运河遗址，使这一千年古镇的昔日繁华再次展现在世人面前。柳孜运河遗址揭露面积达900平方米，发现了石质建筑物、沉船及大量陶瓷遗物。这是我国首次发现的隋唐大运河遗址建筑。

在大运河故道南侧发现8艘唐代沉船，有3艘较为完整，发掘出土唐宋以来20多个窑口的大量精美瓷器，器物保存完好，造型各异，精品颇多，证明了当年柳孜运河的繁荣景象。目前，淮北建有隋唐大运河博物馆。

琳琅满目
的大运河
世界遗产

大运河世界遗产是指列入《中国大运河申遗文本》，并被世界遗产委员会认定的遗产点段。世界遗产的中国大运河沿途经过北京、天津2个直辖市，以及河北、河南、山东、安徽、江苏、浙江6个省的25个地级市，也就是说大运河世界遗产分布在27座城市里。

大运河申遗文本中分别选取各个河段的典型河道段落和重要遗产点，共包括大运河河道遗产27段（长度总计1011千米）和遗产点58处（包括运河水工遗存、运河附属遗存、运河相关遗产等），共计85个遗产要素。

大运河世界遗产汇总

大运河世界遗产根据地理分布情况，分别位于31个遗产区内，其中每处遗产区均包括了十大河段中最具有典型性和代表性的遗产，是十大河段的代表性段落，具有线路和位置关键、技术特征突出和历史意义重大等特征。面积总计73566公顷，其中遗产区为20819公顷，缓冲区为52747公顷。

01 〉大运河的31个遗产区

大运河遗产由31个遗产区组成，详见下表。

编号	遗产区名称	遗产区在十大河段中所具有的典型性和代表性
01	含嘉仓 160 号仓窖遗址	是位于大运河历史端点之一——隋唐洛阳城皇城之内的皇家粮仓，其位置、储量与出土遗存证实了唐代大运河漕运与朝廷供给的重要关联。
02	回洛仓遗址	是大运河沿线的大型国家性漕仓之一，具有完整的仓城格局和众多仓窖遗址，反映了隋代大运河漕运的规模与相应的国家直属的仓储设施建设的情况。
03	通济渠郑州段	是仅有的两段通济渠现存河道之一，反映大运河河道的线路、走向，其考古遗存解释了早期运河的形态、规模以及通济渠与作为水源河道的黄河的关系。
04	通济渠商丘南关段	通济渠沿线重要的河道与水工遗存，展现了唐宋时期通济渠夯土驳岸的形制与工艺，以及通济渠巨大的河道规模，反映了河道历史的线路与走向。
05	通济渠商丘夏邑段	通济渠沿线重要的河道与水工遗存，展现了隋唐宋时期通济渠河道巨大的规模尺度，河堤的形制与工艺，反映了河道历史的线路与走向。
06	柳孜运河遗址	通济渠沿线重要的水工及桥梁构筑物遗存，出土的船只直接见证了运河漕运的事实，展现了隋唐宋时期河道的规模与走向，以及高超的石构水工技术。
07	通济渠泗县段	是仅有的两段通济渠现存河道之一，反映了通济渠河道夯土驳岸的形制与工艺，以及河道的线路与走向。
08	卫河（永济渠）滑县浚县段	是卫河（永济渠）目前保留的最为典型的一段运河故道，反映了卫河（永济渠）河道的线路走向。
09	黎阳仓遗址	是大运河沿线的大型转运漕仓之一，位于黄河与永济渠之间，战略位置重要，始建于隋沿用至北宋。体现了隋至宋，由仓至库的形制变化，以及永济渠重要的军事战略位置。

编号	遗产区名称	遗产区在十大河段中所具有的典型性和代表性
10	清口枢纽	是为了解决运河会淮穿黄的难题而建设的大型综合性水利枢纽，是大运河上最具科技价值的节点之一，持续维护运行了200多年。
11	总督漕运公署遗址	现存最重要的漕运管理机构遗址。
12	淮扬运河扬州段	是延续使用时间最长的河段之一，见证了大运河沿线的河湖水系变迁以及运河初期借湖行运，后期与自然水系逐渐脱离的过程。
13	江南运河常州城区段	是南方城区段运河的典型段落，反映了城市与运河相伴相生的特点。
14	江南运河无锡城区段	是南方城区段运河的典型段落，反映了城市与运河相伴相生的特点。
15	江南运河苏州段	是延续使用时间最长的河段之一，反映了城市与运河相伴相生的特点，城市因运河而繁荣的过程，以及太湖水系对运河的影响，也是当前大运河在运量方面最繁忙的黄金水道。
16	江南运河嘉兴—杭州段	是延续使用时间最长的河段之一，是江南水网地区的网状运道物证。反映了城市与运河相伴相生的特点，城市因运河而繁荣的过程，是大运河沟通钱塘江水系的段落。
17	江南运河南浔段	是完好保存的江南运河支线的河道，反映了城市与运河相伴相生的特点，以及运河带来的区域繁荣。
18	浙东运河杭州萧山—绍兴段	见证了运河沟通钱塘江与曹娥江的重要交通枢纽，是大运河沿用时间最长的段落之一。
19	浙东运河上虞—余姚段	是沟通了曹娥江与姚江的重要河段，对两岸的经济繁荣具有重要影响。
20	浙东运河宁波段	为避免潮汐影响而建造的航道，反映为了潮汐问题大运河作出的应对。
21	宁波三江口	中国大运河整体的终点，是大运河宋代以来连接海上丝绸之路的连接点。

编号	遗产区名称	遗产区在十大河段中所具有的典型性和代表性
22	通惠河北京旧城段	包含了元明清时期中国大运河的北方终点段落——什刹海以及通往什刹海的玉河故道，也见证着运河规划设计对城市形态、格局的影响。
23	通惠河通州段	位于通惠河与北运河交汇的节点位置，是明清两代大运河漕运的转运关键节点。
24	北、南运河天津三岔口段	北方城区运河典型段落之一，南运河与北运河的交接处，见证海漕转运的节点。
25	南运河沧州—衡水—德州段	南运河三弯抵一闸技术的典型例证，包括了现存完好的清代运河夯土水工设施遗存。
26	会通河临清段	位于会通河与卫河（永济渠）、南运河交汇的关键位置，并包括了申报遗产中唯一的钞关遗存。
27	会通河阳谷段	集中体现了会通河作为“闸河”特点的典型段落。
28	南旺枢纽	是为了解决大运河跨越水脊难题而建设的大型综合性水利枢纽，大运河上最具科技价值的节点之一。
29	会通河微山段	大运河全段唯一一段湖中运道，是大运河为摆脱借黄河行运而开凿的河段，体现了大运河沿线人工干预下的河湖水系变迁以及运河工程与之相适应的演进历程。
30	中河台儿庄段	是北方城区运河典型段落之一。
31	中河宿迁段	是大运河为摆脱借黄河航运，而开凿的河段，中河的建成标志着大运河全段实现了完全的人工控制。

02

大运河世界遗产类型

大运河的85个遗产要素按类型可进行如下划分：运河水工遗存（包括河道、湖泊）共63处；运河附属遗存包括配套设施、管理设施共9处；运河相关遗产包括相关古建筑群、历史文化街区共12处；由多处河道、水工设施、相关古建筑群或遗迹组成的综合遗存1处。总计85处。

遗产要素类型表

序号	组成部分名称	遗产要素	遗产要素类型		备注
			大类	小类	
1	含嘉仓 160 号仓窖遗址	含嘉仓 160 号仓窖遗址	运河附属遗存	配套设施	考古遗址
2	回洛仓遗址	回洛仓遗址	运河附属遗存	配套设施	考古遗址
3	通济渠郑州段	通济渠郑州段	运河水工遗存	河道	小部分为考古遗址
4	通济渠商丘南关段	通济渠商丘南关段	运河水工遗存	河道	考古遗址
5	通济渠商丘夏邑段	通济渠商丘夏邑段	运河水工遗存	河道	考古遗址
6	柳孜运河遗址	通济渠柳孜段	运河水工遗存	河道	考古遗址
		柳孜运河桥梁遗址	运河水工遗存	水工设施	考古遗址

序号	组成部分名称	遗产要素	遗产要素类型		备注
			大类	小类	
7	通济渠泗县段	通济渠泗县段	运河水工遗存	河道	
8	卫河（永济渠）滑县浚县段	卫河（永济渠）滑县浚县段	运河水工遗存	河道	
9	黎阳仓遗址	黎阳仓遗址	运河附属遗存	配套设施	考古遗址
10	清口枢纽	淮扬运河淮安段	运河水工遗存	河道	
		清口枢纽	综合遗存	河道、水工设施、相关古建筑群	考古遗址
		双金闸	运河水工遗存	水工设施	
		清江大闸	运河水工遗存	水工设施	
		洪泽湖大堤	运河水工遗存	水工设施	
11	总督漕运公署遗址	总督漕运公署遗址	运河附属遗存	管理设施	考古遗址
12	淮扬运河扬州段	淮扬运河扬州段	运河水工遗存	河道	
		刘堡减水闸	运河水工遗存	水工设施	考古遗址
		盂城驿	运河附属遗存	配套设施	
		邵伯古堤	运河水工遗存	水工设施	
		邵伯码头	运河水工遗存	水工设施	
		瘦西湖	运河水工遗存	湖泊	
		天宁寺行宫	运河相关遗产	相关古建筑群	
		个园	运河相关遗产	相关古建筑群	
		汪鲁门宅	运河相关遗产	相关古建筑群	

序号	组成部分名称	遗产要素	遗产要素类型		备注
			大类	小类	
12	淮扬运河扬州段	盐宗庙	运河相关遗产	相关古建筑群	
		卢绍绪宅	运河相关遗产	相关古建筑群	
13	江南运河常州城区段	江南运河常州城区段	运河水工遗存	河道	
14	江南运河无锡城区段	江南运河无锡城区段	运河水工遗存	河道	
		清名桥历史文化街区	运河相关遗产	历史文化街区	
15	江南运河苏州段	江南运河苏州段	运河水工遗存	河道	
		盘门	运河水工遗存	水工设施	
		宝带桥	运河水工遗存	水工设施	
		山塘河历史文化街区	运河相关遗产	历史文化街区	
		平江历史文化街区	运河相关遗产	历史文化街区	
		吴江古纤道	运河水工遗存	水工设施	
16	江南运河嘉兴—杭州段	江南运河嘉兴—杭州段	运河水工遗存	河道	
		长安闸	运河水工遗存	水工设施	考古遗址
		杭州凤山水城门遗址	运河水工遗存	水工设施	
		杭州富义仓	运河附属遗存	配套设施	
		长虹桥	运河水工遗存	水工设施	
		拱宸桥	运河水工遗存	水工设施	
		广济桥	运河水工遗存	水工设施	
		杭州桥西历史文化街区	运河相关遗产	历史文化街区	

序号	组成部分名称	遗产要素	遗产要素类型		备注
			大类	小类	
17	江南运河南浔段	江南运河南浔段（頔塘故道）	运河水工遗存	河道	
		南浔镇历史文化街区	运河相关遗产	历史文化街区	
18	浙东运河杭州萧山—绍兴段	浙东运河杭州萧山—绍兴段	运河水工遗存	河道	
		西兴过塘行码头	运河水工遗存	水工设施	
		八字桥	运河水工遗存	水工设施	
		八字桥历史文化街区	运河相关遗产	历史文化街区	
		古纤道	运河水工遗存	水工设施	
19	浙东运河上虞—余姚段	浙东运河上虞—余姚段（虞余运河）	运河水工遗存	河道	
20	浙东运河宁波段	浙东运河宁波段	运河水工遗存	河道	
21	宁波三江口	宁波庆安会馆	运河附属遗存	管理设施	
22	通惠河北京旧城段	通惠河北京旧城段（玉河故道）	运河水工遗存	河道	考古遗址
		澄清上闸	运河水工遗存	水工设施	
		澄清中闸	运河水工遗存	水工设施	
		什刹海	运河水工遗存	湖泊	
23	通惠河通州段	通惠河通州段	运河水工遗存	河道	
24	北、南运河天津三岔口段	北、南运河天津三岔口段	运河水工遗存	河道	
25	南运河沧州—衡水—德州段	南运河沧州—衡水—德州段	运河水工遗存	河道	
		连镇谢家坝	运河水工遗存	水工设施	
		华家口夯土险工	运河水工遗存	水工设施	

序号	组成部分名称	遗产要素	遗产要素类型		备注
			大类	小类	
26	会通河临清段	会通河临清段	运河水工遗存	河道	
		临清运河钞关	运河附属遗存	管理设施	
27	会通河阳谷段	会通河阳谷段	运河水工遗存	河道	
		阿城下闸	运河水工遗存	水工设施	
		阿城上闸	运河水工遗存	水工设施	
		荆门下闸	运河水工遗存	水工设施	
		荆门上闸	运河水工遗存	水工设施	
28	南旺枢纽	会通河南旺枢纽段	运河水工遗存	河道	考古遗址
		小汶河	运河水工遗存	河道	引河
		戴村坝	运河水工遗存	水工设施	
		十里闸	运河水工遗存	水工设施	
		邢通斗门遗址	运河水工遗存	水工设施	考古遗址
		徐建口斗门遗址	运河水工遗存	水工设施	考古遗址
		运河砖砌河堤	运河水工遗存	水工设施	考古遗址
		柳林闸	运河水工遗存	水工设施	
		南旺分水龙王庙遗址	运河相关遗产	相关古建筑群	考古遗址
		寺前铺闸	运河水工遗存	水工设施	
29	会通河微山段	会通河微山段	运河水工遗存	河道	
		利建闸	运河水工遗存	水工设施	
30	中河台儿庄段	中河台儿庄段（台儿庄月河）	运河水工遗存	河道	
31	中河宿迁段	中河宿迁段	运河水工遗存	河道	
		龙王庙行宫	运河附属遗存	管理设施	

贰

大运河水工遗产

大运河水工遗存包括河道、湖泊、水工设施，共63处。其中河道27处在第二章已介绍，这里重点介绍其他水工遗产，包括湖泊2处和水工设施34处。

通惠河北京旧城段——什刹海

01 大运河湖泊遗产

在大运河水工遗产中，有一类特别的遗产就是湖泊遗产。在大运河初创时期，由于生产力水平不高，难以开挖较长的人工河道，当时许多河段都是采用了借湖行船的办法，即在相邻湖泊间开挖较短的水道，使之相连，从而实现航运的目的。大运河最早的一段古邗沟就是通过这一方法，联结起陆阳湖、樊梁湖、射阳湖等众多的湖泊，从而实现了从长江到淮河的航运。到宋代以后，当漕运成为国家的制度时，因为湖中时有风浪，容易造成漕船倾覆，耽误了漕粮交付，官员常常会受到处罚。因此，在生产力较为发达的条件下，在天然湖泊外专门开了一条河道用于航运，实现了河湖分离，这就是淮扬运河段的里运河。虽然有了里运河，但整个大运河沿线，为大运河提供水源，分泄洪水的湖泊还有很多，如淮扬运河段的洪泽湖、邵伯湖、高邮湖等。但从完整性来衡量，最终列入大运河世界遗产的湖泊，只有北京的什刹海和扬州的瘦西湖两处。

（1）什刹海

什刹海位于今北京城区内，包括前海、后海、西海等三个自西北向东南连续排列的弓形湖泊。

元代时，什刹海作为大运河北方终点，是北京城内重要的漕运码头，属于利用湖泊水系建成的水库港，什刹海当时又名“积水潭”。在元代，积水潭码头是“舳舻蔽水”，来自全国的物资商货集散于此，使得码头东北岸边的斜街和钟楼一带成为元大都城中最为繁华的闹市。元朝灭亡后的一个世纪之内，积水潭码头被废，水面不断缩小。

自明代起，什刹海失去了运输和码头的功能，转化成文人游赏的景区，水域面积不断缩小，逐渐形成今天分为三个湖泊的什刹海。

现在什刹海是北京中心城区的一个景观湖泊，水面面积约34公顷，平均水深约1.5米。

（2）瘦西湖

瘦西湖位于扬州市西北郊，是从清代扬州城北垣绵延至北郊蜀冈的狭长水体，总长约4.5千米，宽度13～116米。瘦西湖是由隋唐大运河水系和隋、唐、宋、元、明、清等不同时代的城濠连缀而成的带状景观，始终与大运河保持着水源相通的互动关系。

瘦西湖最早的两段水体形成于隋代。宋元时期，与城壕连接成一个更大范围的水系，成为扬州城的西护城河。瘦西湖水道沿用历代扬州城护城河，并经人工疏浚、凿通，在清乾隆年间（1736—1795年）形成一条连贯的细长又富曲折变化的线形水体。瘦西湖反映了大运河沿线经济的繁荣和由此而生的文化发展情况，是与大运河带来的思想、文化、技艺的交流和汇集密不可分的运河文化景观。

~

淮扬运河扬州段——瘦西湖

瘦西湖是大运河的支流，同时也是大运河上独特的文化景观，瘦西湖作为扬州城市水系的重要组成部分，通过多条河道与大运河相连。

02 大运河水工设施

大运河的水工设施是运河发挥其运输功能的主要依靠，列入《世界遗产名录》的大运河水工设施共有34处。

（1）通济渠上的柳孜运河遗址

柳孜河运遗址是我国隋唐大运河建筑遗址的首次发现。清理出石构建筑、木质沉船、瓷器、铜钱等一批重要的遗迹遗物，为了解、研究运河的形成、使用、淤塞、废弃过程提供了重要的实证资料，有力地证明了隋、唐、宋三个朝代期间（7—12世纪），大运河通济渠段的流经路线、航运方式、运输货物等重要历史事实。

北宋早期（10世纪）的运河两岸石筑台体（初步判定为桥墩），是大运河沿岸重要的桥梁建筑遗址。其中右岸（南岸）石筑台体长14.3米，宽9.2米，高5.05米，保存较好；左岸（北岸）石筑台体，长12.7米，宽7.7米，残高4.5米。两者相距18.7米，形制和砌筑方法相同，初步判断建于北宋早期，根据考古推测可能是桥墩。南岸石筑台体迎水立面的下方河道中，发现若干一端削尖的横置木桩，木桩直径30厘米左右，最长5米，为北宋时期木构件。

遗址还包括多条沉船，其中压覆的两条沉船为宋代沉船。另外六条沉船发掘于南侧，即宋代河道的堤坝下，八条沉船中，两条为独木舟，可能为渡船，六条为中、大型运输船，根据残长推算，中型运量可达2万斤、大型运量7万斤，应为当时的主要漕船。其中1号船和2号船进行考古整体提取，并转移至淮北市博物馆进行考古研究，并对外展出。

淮北柳孜遗址

（2）淮扬运河上的清江大闸

为了在航运过程中克服水位差，并调节黄河淮河涨落对运河的影响，15世纪之后，在淮扬运河河道上，陆续修建了清江大闸等水闸，起到调水通航的作用。清江大闸位于清口枢纽东侧的里运河上，是明代开凿的“清江浦”上4座协同工作的节制闸之一。明清两代，作为大运河南北交通要道的清江浦上的清江大闸，位置十分重要，有漕运咽喉之称，闸体前后水位落差较大，水流湍急，每年过闸北运漕粮达400万石左右。现存清江大闸保存完好，正闸高11.5米，闸门宽7.3米。

清江大闸始建于1415年，初称清江正闸，后改称龙王闸，也称龙江闸，至今已有500多年的历史。对清江浦在明、清时期的繁荣起到了很大作用。闸身全部用大青石垒成，且连绵上千米，气势雄伟壮观，是我国运河建设史上不可多得的一大工程，是研究河道建筑十分重要的实物资料，是我国古代劳动人民智慧的结晶。

~

淮安清江大闸

历史上，清江大闸在淮阴段直接控制运河水位，保障航运交通，地位十分重要。

（3）淮扬运河上的洪泽湖大堤

洪泽湖大堤（史称高家堰）是位于洪泽湖东岸长达70多千米的防洪蓄水的巨大土方工程，是清口枢纽引淮措施的重要组成部分。

自12世纪开始，黄河向南改道，在其侵占的淮河河道下游积沙渐高，使淮河泄流日趋不畅，遂在清口上游的洪泽凹陷区潴积，水面逐渐扩大，形成洪泽湖。

明清两代，为配合清口枢纽“蓄清刷黄”“束水攻沙”的工程策略，解决黄、淮运交汇处泥沙淤积、汛期防洪等问题，在洪泽湖的东侧，大体以历代修筑的塘堰为基础，加筑土坝石堤，抬高洪泽湖水位，使之高于黄河水位，以蓄积导引淮河来水，冲刷黄河运口河床。

万历七年（1579年）将洪泽湖大堤土堰改筑石工墙，并加高加固，向南延伸25千米到越城，此时大堤总长达42千米。清代延续明代的治水方略，在康熙十六年（1677年）将大堤从周桥延伸到蒋坝，并全部建筑石墙护坡，以抵御风浪冲击。

明清时期的几个世纪里，为防止不断升高的洪泽湖溃堤决口，保障运河漕运的畅通，洪泽湖大堤被不断加固维修，陆续被改造为石砌堤。历经兴废，决而复修，毁而复建。

从明万历八年（1580年）起，洪泽湖大堤在迎水面开始增筑直立条石墙护面，到清乾隆十六年（1751年）的171年内，筑成长60.1千米，高7～8米的石工墙，蜿蜒曲折，甚为壮观。且规格统一，是用长0.8～1.2米、宽厚各0.4米的6万多块条石砌成，筑工精细，这些从山东和盱眙等地运来的玄武岩条石，据测算共有60万立方米之多。**洪泽湖大堤是代表了中国古代高超的大规模工程施工科技的宏大工程。**

洪泽湖大堤头坝位于洪泽区城南20千米。为伏汛泄洪，自明嘉靖元年（1522年）至道光六年（1682年）有记载的各种减水坝有26座。乾隆十六年（1751年）又添建“智”“信”两坝与前期的“仁”“义”“礼”三坝合称“上五坝”，信坝就是现称的头坝。头坝进水石坎长192～210米，翼墙下口宽约233米，纵深38米，两坝头地面以上可见8层条石（地下9层），地面以上高约3.4米，反映原始减水坝的造型。头坝段保留了较为完整的原有减水坝整体平面格局与规模。坝体基本保留原有的地势坡度，坝体具有较高的真实性和完整性。头坝是洪泽湖上重要的减水坝，反映了洪泽湖大堤的巨大规模与中国古代高超的水利工程施工技术。

～

洪泽湖大堤

洪泽湖大堤这项浩大的工程历时171年，筑堤70.4千米，其中垒砌石工墙60多千米，今天仍是淮河防洪工程的重要组成部分。

～
刘堡减水闸
整座石闸下方由地钉顶托，地钉呈排桩形式，排列紧密，木质依然有韧性。石闸顶部有部分砖工，对水闸起整合作用。石工与砖工均以石灰和糯米浆黏合而成。水闸设计合理，整体保存良好，闸槽清晰可见。

（4）淮扬运河上的刘堡减水闸

刘堡减水闸位于大运河扬州宝应段大堤的东岸，是调节运河与宝应湖之间的水位差，保障漕运水位，保护大运河堤防安全的水工设施。

刘堡减水闸始建于明万历十二年（1584年），后经过多次修缮，清乾隆年间逐渐淤塞废弃。现为遗址状态，为青石砌筑，堤坝、闸墙、堤坝以及西侧摆手基本保存完好，可清晰地看到木桩基础、堤闸石工以及水闸设计与两侧水位的关系。

考古发掘中发现了大量的条石，大砖和木桩及用条石和大砖垒砌的石墙。现存大量明代石堤及石闸等水利工程的遗存。其中，减水闸摆手偏向西北，主体部分由石工构成。刘堡减水闸反映了明代大运河相关水利设施已逐步完备，水利工程技术已达较高水平。

（5）淮扬运河上的邵伯古堤

邵伯古堤是位于扬州市邵伯镇甘棠社区以西的运河故道东岸的一段古运河河堤。

邵伯古堤始建于宋代，用于防止邵伯湖湖水外泄，保持运河水位。明代以后，运河成为淮河的入江通道，河床逐年淤垫升高，运河逐渐成为悬河，对运河以东地势低洼的里下河地区形成巨大威胁，此段大堤作为防洪屏障被不断加高加固。

邵伯古堤的修筑，使邵伯段大运河脱离湖面，成为独立航道。同时，古堤也是抵御淮河洪水，保障邵伯镇安全的重要屏障。

~

邵伯古堤

古堤现存部分南北长300米，截面为梯形，下底宽8米，上口宽2.5～3米，高5米。

（6）淮扬运河上的邵伯码头

邵伯码头是位于邵伯运河东堤上的四个古码头遗址，自北向南分别称为竹巷口码头、大码头、朱家巷码头和庙巷口码头。

自从邗沟贯通江淮，邵伯成为南北往来必经之路，船舶往来日渐繁盛，因此在邵伯镇明清大运河故道两侧形成了大量码头。18世纪时，修建邵伯运河东岸大堤，同时修建了竹巷口码头、大码头、朱家巷码头和庙巷口码头共四座现存的码头。

这四座码头是往来大运河南北的客商在邵伯镇的主要停靠之处，也是邵伯镇及大运河以东地区进行对外货物贸易的主要场所。邵伯镇在清以前的繁荣，很大程度上依赖于这四座码头。

~

邵伯大码头

1936年运河改道之后，这些码头也被逐渐废弃，现作为遗址展示。

（7）江南运河上的盘门

盘门是苏州城墙西南角的水陆结合的城门，是苏州古代军事、水运的重要通道，位于江南运河苏州城区运河故道上，是连接大运河与苏州古城的一个重要节点。战时守城防御、汛期防洪泄洪、平时水陆通行。

据传说盘门始建于前514年，因苏州城重要的军事经济地位，在后世不断得到维护和加固。现存盘门为元至正十一年（1351年）重建，经明清两代续修。

苏州位于长江下游多雨地区，又与运河相连，每年汛期都对苏州城产生影响，通过水门的设置，可以较好地解决城市的防洪、泄洪。盘门采用“面东背水”抹角做法，避开了水流方向，避免了水流的直接冲击。结构上采取水陆两门错位并列，砌筑水、陆两道城门，并把它们巧妙地组合成一个整体。盘门是现存典型并具有地方特色的古代水陆城门，保存完好，作为遗址对外开放。

~

苏州盘门

盘门由两道陆门、瓮城与水门组成，水门内设置2道水闸，起军事防御与调控水位的作用。门朝东南，水陆两门并列，包括两道陆门和两道水闸门。两道陆门间为略呈方形的瓮城。

~

吴江古纤道

吴江古纤道为江南古塘路中最重要的一段，其构筑的科学性、实用性、美观性，成了后来许多塘路效仿的典范。

（8）江南运河上的吴江古纤道

吴江古纤道位于江南运河苏州段的吴江塘路和与之配套的塘路桥（苏州宝带桥等），是在太湖东岸界定运河堤岸的纤道和驿路，初步建成于唐代（7—8世纪）。唐代于苏州、吴江之间太湖东岸用石料筑长堤，在太湖和运河之间形成了塘路。北宋年间在吴江和平望之间续建长堤，自此在太湖东岸形成了太湖堤，长堤上设置了行洪口门或涵洞以通洪水。在这段长堤上有许多桥梁、涵洞，其中著名的苏州宝带桥是长度超过300米的多孔长桥。吴江塘路的建成，结束了苏州南部一带河湖不分的历史，标志着江南运河作为独立的水利工程体系的最终完成，对此段运河河道的治理、纤道的维修打下了基础，促进了漕运系统的进一步发展。

吴江古纤道旧称“九里石塘”，是吴江塘路的一部分，位于吴江市松陵镇南，长约1500米，始建于唐元和十五年（820年），宋庆历八年（1048年）增石维修，元至正六年至七年（1346—1347年）复以巨石修筑。修筑时所垒的巨石由石工凿成统一尺寸由长1.8～2.2米，宽0.6米，厚0.4～0.5 米的青石砌筑，路基用直径10～12厘米的杉木梢打入土中。

纤道是古代以人力背纤为行船提供动力的通道，是运河船运的重要辅助设施。明清时期，吴江古纤道既是运河河岸又是纤道，还被充作驿道，是水陆并用的交通要道。

~

宝带桥

宝带桥始建于816～819年，形似宝带，因此得名。1442～1446年改建为53孔连拱石桥，沿袭至今。

（9）江南运河上的宝带桥

苏州宝带桥位于苏州南部的吴江塘路上，是江南运河河岸上的桥梁与水门，长度超过300米，是多孔薄墩联拱型石桥，代表了古代中国桥梁工程设计施工的卓越水平。

宝带桥为联拱桥，各孔拱形均属圆弧，接近于半圆形，孔高与孔径之比（即矢高比）接近1/2，属于陡拱。陡孔不仅对墩、台产生较小的水平推力，而且桥孔的净空较大，便于行舟。

为了避免这类柔性墩所引起一孔受损波及全桥的情况，在北起的第27号墩，以两墩并成一墩，构成能承受单向推力的刚性墩，也就是制动墩。各拱拱圈是由一条条弧形的板拱石并列砌筑而成，板拱石的端点之间设有横向长铰石，板拱石两端各琢有石榫，插入长铰石上预留的榫眼，相互结合。其独特的优点是，当桥拱发生温度变化、基础沉陷或承受不对称的活荷载时，各条板拱石的石榫能在长铰石的榫眼里作微小的运动，自动对拱圈的形状作微小的调整，使拱圈的受力有所改善。

（10）江南运河上的长安闸

长安闸是连接江南运河和上塘河水系的重要水利枢纽工程，于1068年由长安堰改成长安三闸，完成将“累木”易以“石埭”的两次较大的完善工程。此后，大船或载货船经船闸出入，小船或空船则过坝上下塘河，形成复式船闸与拖船坝并存的格局，是世界水运史上现存最早的复式船闸。元至正二年（1342年）维修，于老坝之西增建新坝，是现在长安镇拖船坝的前身，并设专门机构进行运输管理与维护，清中期后逐渐废弃，现仅存遗迹。

“复闸”是多个闸门组成多级闸室，通过联合运用，有效地平衡航道水位差，将河段的高差集中到一处之后分级控制，使得整个河段的水流都比较平稳，船只航行的条件得到极大提高。

历史上的长安闸包括新老两坝（新坝又称为“长安镇拖船坝”）、上中下三闸和储水用的两澳。现存文物本体除老坝位置不可考之外，其他各闸、坝均能确认其位置，基本格局尚存。现各闸均改建为闸桥，闸基闸槽都保存完好。两处水澳范围基本确认。

长安闸首创运河闸澳制，达到平稳航道、节约水量、水量循环利用的多重工程目的，是我国古代先进水利技术的实证，是反映运河水利设施发展和运河河道变迁的重要实物。

2012年，考古专家对长安闸坝遗址中的下闸进行了考古发掘，发现系统性设计建造的闸基、闸体。闸体后侧由石柱和两排石板组成，石板后方堆着不少大石块。石柱与石板间都有“卡槽”，让两者对接得十分紧密。石柱与石板之间黏合的应该是古代的一种特殊的黏合剂，包括了鸡蛋清、糯米等。据初步判断遗存属于宋代，进一步证明了长安闸的历史价值。

~
长安闸
长安闸具有完善的工程设施，达到了引潮行运、蓄积潮水、水量循环利用的多重工程目的，具有保障程度较高的输水功能，是世界水运史上现存建筑年代最早的复闸实例，是这一时期中国水利水运技术领先世界的标志性工程。欧洲大约在300年后才出现类似工程。

~

杭州凤山水城门遗址

~

长虹桥

长虹桥位于嘉兴苏州塘上，在嘉兴市秀洲区王江泾镇一里街东南，是一座典型的三孔实腹薄孔薄墩联拱桥，纵联分节并列砌筑法的半圆形石拱，现保存完整，全长72.8米，桥面宽4.9米，造型优美，气势雄伟。

（11）江南运河上的凤山水城门遗址

杭州凤山水城门是位于杭州中河——龙山河上的古代水城门，处于杭州古城南端，扼守江南运河通往钱塘江的水道。杭州凤山水城门门洞由两个不同跨径的石拱券并联而成。南券中间有方形闸槽。两券间有石雕门臼，原有木质城门。杭州凤山水城门始建于13—14世纪，15—19世纪多次修缮、重修。现作为杭州城墙遗址的一部分对公众开放。

（12）江南运河上的长虹桥

江南运河对沿线城镇经济发展起到了较大的促进作用，在经济发达人口密集的沿线地区常建有桥梁。为了最大程度的保障运河行船，江南地区的桥梁常采用高拱型石桥，多采用半圆拱，属于陡拱一类的桥型，桥下通航净空大，利于大货运量的船只通航，并且拱脚推力小，外形壮丽。长虹桥始建于明万历年间，清康熙五年（1666年）重修，嘉庆十七年（1812年）再修，太平天国时桥栏石损毁，光绪六年（1880年）修复。这类大跨度高拱石桥的修建，代表了我国古代高超的桥梁修建工程技术。这些石拱桥都印证国际运河名录中关于中国古代高拱石桥的记载。

（13）江南运河上的拱宸桥

拱宸桥是京杭大运河最南端的标志。拱宸桥位于杭州北部的大运河杭州塘上，处于浙江省杭州市区大关桥之北，是三孔驼峰薄拱薄墩联孔石拱桥，全长98米，桥面中部宽5.90米，桥身高约16米，采用木桩基础结构，拱券为纵联分节并列砌筑。

（14）江南运河上的广济桥

广济桥曾名通济桥、碧天桥，俗称长桥，位于杭州塘沿线的塘栖古镇上，是大运河上保存较好的薄墩联拱七孔实腹拱桥，也是大运河上保存至今规模最大的薄墩联拱石桥。桥全长78.7米，面宽5.2米，矢高7.75米，中孔净跨15.6米。七孔，拱券纵联并列分节砌筑。

广济桥初建于明弘治年间，现存的桥为清康熙年间重修。如今广济长桥势如长虹，造型秀丽，历经500余年仍雄踞大运河之上，现保存完好。

江南运河航运杭州拱宸桥

拱宸桥始建于明崇祯四年（1631年），现保存完整，仍在使用。

大运河上的广济桥

（15）浙东运河上的西兴过塘行码头

西兴为春秋时越国渡钱塘江主要渡口，后逐渐改为驿站，并设镇。自古以来西兴为钱塘江与浙东运河运口，市廛繁盛。

过塘行，即转运栈，在明清时代浙东运河与钱塘江之间无法直接行船通航的时期里，专门负责浙东运河与钱塘江之间的货物、人员转运工作。西兴镇保存了大量的“过塘行”。清代鼎盛时西兴镇曾有过塘行72家之多，每家有专门的转运货物类型：专过茶叶的、烟叶的、药材的、棉花绸缎的，百杂货的等。西兴码头是浙东运河西端的码头，是沟通钱塘江与浙东运河的运输枢纽。现因钱塘江河道北移，码头已废弃，失去原有的运输功能，相关水工设施作为遗址保存完好。

（16）浙东运河上的八字桥

八字桥坐落于绍兴城河段运道上，位于浙江省绍兴市越城区八字桥直街东端，三河交汇处。始建于南宋，后多次维修。

八字桥为我国早期简支梁桥中的孤例。建造者根据特殊地形，结合周边环境，因地制宜，合理设计了跨越三河、沟通四路、状如八字的桥梁，巧妙地解决了复杂的水陆交通问题，是根据特殊地形，结合周边环境，因地制宜的合理设计。

杭州西兴过塘行

绍兴八字桥

八字桥为梁式石桥，主桥东西向，横跨稽山河，总长32.82米，桥洞净跨4.91米，宽3.2米，洞高3.84米。

（17）浙东运河上的绍兴古纤道

绍兴古纤道位于浙东运河萧山—绍兴段的沿岸，是运河与天然河流交汇处的工程设施，是古代以人力背纤为行船提供动力的通道，是运河船运的重要辅助设施。

绍兴古纤道全长7.7千米，始建于西晋。当时开凿西兴运河后，即逐渐在岸边形成纤道。唐元和十年（815年）进行大规模修整。明弘治年间改用石砌纤道，形成现有规模。今天古纤道的功能演变成为观光旅游、欣赏水乡景色等。

（18）通惠河上的澄清上闸

为了调节通惠河河水的水位高差，便于航船出入什刹海，13世纪末在通惠河靠近什刹海的附近设置了澄清上闸与澄清中闸。

澄清上闸结构大体分为闸门、闸墙和闸基三部分，现存除木质闸板已糟朽外，闸墙和闸基依然坚固，保留完好。澄清上闸已废弃不用，失去水闸的原有功能。闸体东侧的万宁桥仍作为交通桥使用。

澄清上闸

（19）通惠河上的澄清中闸

澄清中闸是漕船行至运河终点码头什刹海的必经之路，为通惠河北段河道上的重要水工设施。随着明皇城墙外扩，玉河故道失去行船功能，澄清中闸被废弃不用，现仅存闸口遗迹。

澄清中闸南部为东不压桥。东不压桥始建于元代以前，现为遗址状态。东不压桥整体呈西南、东北向，中间窄、两头宽，桥侧面呈弧形。桥两侧的引桥保存相对完整；清理出的桥面石以黄白色花岗岩与豆青石相间。

北京澄清中闸（东不压桥）

（20）南运河上的连镇谢家坝

南运河沧州—衡水—德州段上设置了众多的弯道，以达到减缓纵比降，降低河水流速方便行船的目的。由于弯道能较好地阻碍水流，弯道处也成为防洪的重点。为了保护弯道河岸附近的村镇聚居区，弯道附近的河堤被不断加固加高，成为运河沿岸的附属防洪设施。其中连镇谢家坝和华家口夯土险工是南运河上仅存的两座夯土坝，是大运河河堤防洪设施的典型代表。

连镇谢家坝位于沧州市东光县连镇镇的南运河东岸，运河五街、六街交界处，建于19世纪。全长218米，高3.2米以上，现存坝体稳定性好，局部风化。

~
连镇谢家坝

~
华家口夯土险工

（21）南运河上的华家口夯土险工

华家口夯土险工位于河北省衡水市景县安陵镇华家口村南，建于民国元年（1912年）。现存坝体全长250米，局部风化。

两坝均为灰土加糯米浆逐层夯筑，夯土以下为毛石垫层，基础为原土打入柏木桩，夯土层每步厚18～22厘米，平均收分20%。两处险工保存了历史时期的材料、工艺特征，是中国古代利用夯土技术建设水工设施的实物证据。

（22）会通河上的荆门上闸、下闸，阿城上闸、下闸

大运河会通河阳谷段现存节制闸共4处，包括荆门上闸、荆门下闸、阿城上闸、阿城下闸。均建于13世纪末至14世纪初，为青石砌筑而成。

阿城下闸位于山东省阳谷县阿城镇北2.5千米的刘楼村西，阿城上闸位于阿城镇西街西南公路南100米，荆门下闸位于张秋镇下闸村西，荆门上闸位于张秋镇北3.5千米的上闸村西，孟楼村东。

4座闸的形制相同，由墩台、雁翅、石防墙、闸板等构成。现均已废弃，闸基、闸函等石制部分均保存完好。闸函长度均为10米左右，宽度约8米，是会通河上节制闸的典型代表，也是中国古代叠梁闸的典型代表。

会通河上这4座节制闸具有节制水量和控制航道水深的功能。因为直接关系到船只通航，在运行管理上都有严格的启闭和维修制度。主要从以下几个方面去实施管理：

相临上下闸联合运用，原则是一启一闭。以会牌传达闸门的启闭指令，防止两闸一起开启，过多浪费运河水量，达到节水运行的目的。

控制闸板开启，尽量减少闸门启闭次数，节约用水。船过完立即闭板。闸板间用草塞边缝，尽量减少漏水。

闸坝联合运行。在枯水期、岁修期等水源极为缺乏的时期，采用拖船盘坝上下，以此防止开启闸门流失水量，使河道维持通航。

控制关键河段的过水断面，重点是闸门段。明代设计师根据漕船重载入水至少三尺五寸，漕船宽一丈五寸的标准，提出闸门前后段疏浚的规定尺度是深不过四尺，宽不得过四丈（以便两船并列），尽量减小闸门处河道断面，减少两闸门间河道水量（即闸室之内容纳的水量），以达到降低开闸过船时向下游流失的水量的效果，起到节水通航的目的。

对此，17世纪来访的英国使团有高度的评价：“每次开闸所消耗的水量不大，水位只下降几英寸，很快可以由同运河合流的水补充起来。”

~
荆门上闸

~
泰安戴村坝
20世纪以来，由于戴村坝仍是水利灾害多发的地区，曾多次组织对戴村坝的维修、加固工程。戴村坝至今仍发挥着稳定的水调蓄功能，现存情况较好。

（23）会通河上的戴村坝

戴村坝位于汶河上的坎河口，抬高了大汶河河水水位，分流部分河水经小汶河向南旺分水枢纽供水济运。

戴村坝初建于明永乐九年（1411年），现为东北西南走向，略呈弧形，全长1500米，由三段组成。从南向北依次为：主石坝、太皇堤和三合土坝。三部分既各自独立，又相辅相成，互为利用，互为保护，形成了“三位一体”的独特布局。最南端的主石坝呈南北向，长443米，自身又分三段，北边一段叫玲珑坝，中间一段叫乱石坝，南边一段叫滚水坝。滚水坝在三坝中最低，它的作用是在汶水开始上涨、小汶河河水水位超过安全界线后向西漫水，以防小汶河决口。北边的玲珑坝比滚水坝高0.1米，中间的乱石坝又比玲珑坝高0.2米。随着汶水水位的升降，三坝分级漫水，可调蓄河水储量。据水利部门测量，“三坝”先后漫水的数量与大汶河洪水的流量及小汶河的过水是互相协调的，因而既保证了小汶河持续供水，又能排洪防溢。坝的建筑形状略成弧形，弓背向着迎水面，增加了坝的预应力。为保证跌水坡与坝基的安全，又在坝的跌水面修了一道缓冲槛，水经缓冲槛而缓速，减轻了对坝的冲击力。整个大坝为石结构，重达1～6吨以上的巨石，镶砌得十分精密，为防止洪水冲塌，石与石之间采用束腰扣榫结合法，一个个铁扣把大坝锁为一体，气势磅礴，雄伟壮观。

主石坝北的太皇堤，顺河向为东北西南向，堤为土石结构。汶水东来，太皇堤正面相迎，使水势缓速而南折再靠近石坝，既能保坝，又能助三合土坝泄供。应当说，太皇堤起着保坝抗洪的双重作用。

太皇堤北端接三合土坝。三合土坝走向与太皇堤相同，因用三合土筑成，所以称为三合土坝。三合土坝的作用主要是抵御特大洪水。清代初期，在整体维修的同时，增筑此坝，坝长260余米，水平高度比坝面高2米。如果土石坝漫水水位超过2米、加之太皇堤吃紧，此时三合土坝即行漫水，起到泄洪保坝的作用，实为汶水溢洪道。戴村坝三位一体，相互配套的水利枢纽工程的建设，是我国水利工程的杰作，也是水利史上的创举。

（24）会通河上的十里闸、柳林闸、寺前铺闸

十里闸、柳林闸和寺前铺闸是分别位于南旺分水口南北两边运河上的配合进行水量调配的节制闸群，对进入分水口向南北两个方向供水的水量进行定量的分配与控制。

十里闸与柳林闸建于明成化十七年（1481年），分别位于南旺分水口南北2.5千米处。两闸协同工作，按照南北两侧的水利条件实施相应的开闭操作，确保供水实现定向定量控制。寺前铺闸位于柳林闸以南的河道上，是清代建立的配合十里闸与柳林闸进行水量控制的辅助闸门。

3座闸的形制相同，由雁翅、闸基、闸板等构成，均为石砌。已失去原有的控制水量等水利航运功能，现均为闸改桥，闸基等石制部分均保存完好，木质闸门闸顶板已不存。

十里闸
~
柳林闸
~
寺前铺闸

邢通斗门遗址
~
徐建口斗门遗址

（25）会通河上的邢通斗门遗址、徐建口斗门遗址

会通河流域汛期洪水量大，易使沿岸决口。为削减河道流量，16世纪时期利用运河两岸的洼地，在南旺分水口附近建立多个湖泊，并建设斗门与运河连通，以调节运河水量，陆续形成了蜀山湖、马踏湖、南旺湖等“水柜”，对运河供水进行季节性调节，汛期储存运河多余水量，枯水期放水如运河济运，既减轻了小汶河下游汛期的洪涝灾害，又使枯水季节的运河航行不至中断。

其中，邢通斗门是运河与南旺西湖的重要减水闸，徐建口斗门是连接小汶河和马踏湖的通道，均建于明朝，现已失去原有功能。二闸结构相同，由闸体、闸基、闸板、雁翅等组成，均为石砌，现仅存闸基和部分闸体，木质闸板已不存。

（26）会通河上的运河砖砌河堤

运河砖砌河堤位于南旺分水口以南3千米左右，是经考古揭露出的运河河堤。此段河堤建造于15世纪末，是明代建造的南旺枢纽附属堤岸设施之一。

考古揭露出的部分河堤长约400余米，宽7米，用青砖和条石构筑。上铺一层条石，中间砌九层青砖，平砌错缝，下筑七层条石为基。在本段河堤的东端清理出一处石台阶登岸口，用十一层条石错缝平砌。

此段运河点遗址的发掘对了解明代运河河堤结构、形质、材料等有重要意义。

（27）会通河上的利建闸

利建闸位于山东省微山县南阳镇建闸村，是南阳新河建成的9座节制闸之一，始建于16世纪，18世纪时重修，是明清两代会通河上重要的节制闸，起到调控水量利于航运的作用。20世纪初，利建闸随会通河微山段的停运而逐渐废弃。

现船闸保留有石质闸座，闸座保存基本完整，呈八字形，条石砌成，条石长短不一，厚度多在50厘米左右。闸口宽6.95米，闸室宽4.5米，闸座底部埋藏于淤泥底下，淤泥以上残高1.2米，南侧雁翅、西侧闸座保存较好。

~
运河砖砌河堤

~
利建闸

~

双金闸

1971年，在1922年所建闸体的基础上加固了三分之一，并更名为夏家湖南电站。2003年，双金闸被淮安市人民政府公布为市级文物保护单位。

（28）中河上的双金闸

双金闸是淮北盐河与中河交汇处的节制闸。始建于17世纪末，是为了解决汛期黄河水量较大在清口处向运河倒灌的问题，在清口上游建设的节制闸。汛期时候，双金闸承担减水闸的作用，向盐河分流黄河河水，降低清口枢纽的黄河水位。后改为中河控制水位的闸，历经多次改建迁移。现存的双金闸为1922年重建。1957年，淮沭新河开挖，彻底截断盐河通道，双金闸逐渐废弃。现双金闸保存状况良好。

康熙二十四年（1685年），康熙谕建双金闸，并挖闸下引河，双金闸原为泄黄而建，后改运口于杨庄，则专泄中河之水。民国十年（1921年），湖水漫滩，黄运皆涨，七月决钳口坝，毁坏双金闸。1922年，国民政府聘英国工程师莱茵规划设计双金闸。1957年，成立竹络坝灌区水利管理所。

大运河附属遗存

运河附属遗存包括配套设施、管理设施，共9处。其中配套设施5处，分别为洛阳含嘉仓160号仓窖遗址、洛阳回洛仓遗址、鹤壁黎阳仓遗址、扬州盂城驿、杭州富义仓；管理设施4处，分别为淮安总督漕运公署遗址、临清运河钞关、宁波庆安会馆、宿迁龙王庙行宫。

（1）含嘉仓160号仓窖遗址

含嘉仓160号仓窖位于隋唐洛阳城皇城内，是含嘉仓迄今发现的最完整、储量最大的仓窖遗存。含嘉仓建于隋大业元年（605年），与通济渠开凿于同一时间，唐以后正式作为东都洛阳的大型粮仓沿用。文献记载，唐天宝年间，全国储粮约1200万石，而仅整个含嘉仓的粮食储量就达到580万石。

160号仓窖位于仓城中部，1972年经发掘清理，仓窖口呈圆形，直径11.1米，窖底有两层，上层为平底，下层为圜底，上层窖底是在下层窖底废弃后的面上填土筑成，窖总深6.2米。

窖内堆积着大半窖的炭化谷物，按160号仓窖内出土的谷物量推算，它们在当年储藏时的体量约有250吨。

目前，160号仓窖已经进行原址保护并建设保护展示棚对外开放。

（2）回洛仓遗址

回洛仓是隋代大运河沿线的大型国家性漕仓之一，遗址位于隋唐洛阳城宫城以北3.5千米、今洛阳市北郊瀍河区邙山南麓，现为村民的耕地。回洛仓始建于隋大业二年（606年），毁于隋末农民战争，沿用时间较短，之后逐渐荒废埋于地下。

迄今为止，考古勘探发现的回洛仓仓窖数量约为两百余个（根据其分布规律初步推测整个仓城内可能有仓窖700座）。仓窖个体基本呈口大底小的圆缸形，口径一般10米左右，大者可达十七八米；窖底距地表浅的约7.7米，最深的可达10米以上。

回洛仓所遗址作为隋唐洛阳城遗址51号、52号、46号、47号仓窖已发掘，并建设保护展示棚，对公众开放。

~
回洛仓遗址
根据2012年最新考古成果，回洛仓仓城整体呈长方形，东西长646米，南北宽355米。东南角距隋唐城北墙1000米，西南角距北墙1100米。仓城南墙宽3米，东、西墙宽3.7米，北墙宽2米，仓城可分为管理区、仓窖区、道路等几个部分。

（3）黎阳仓遗址

黎阳仓是隋唐时期的重要官仓之一，始建于隋文帝时期，是大运河沿线的大型转运漕仓之一，位于黄河与永济渠之间，战略位置重要。黎阳仓始建于隋，沿用至北宋。其中地下储粮方式的仓窖，始建于隋代废弃于唐代中期，是隋唐时期国家粮食转运基地，也是隋唐时期平定东北边境的后方物资供应基地，具有重要的战略地位。晚期的地面大型仓库建筑始建于北宋初期，废弃于北宋晚期，作为国家物资集存基地，也是北宋用兵北方边境的后方物资供给基地。

直到北宋末年废弃前，黎阳仓都是规模庞大、战略地位显赫的全国重要粮仓之一。

当时的黎阳城东临黄河，西濒永济渠，水运极为便利。隋唐时期，黄河以北各州征收的粮食，都先集中在黎阳仓，然后经黄河或者永济渠运往洛阳。由于黄河与御河之间并不通航，从黄河来的漕船过黄河后卸船，需经过陆运转运至黎阳仓，再装船入御河，向北运往华北的边境地区。依据考古勘探和现有发掘资料，发现与黎阳仓有关的主要遗迹有仓城的城墙、护城河、仓窖、大型建筑基址、路等，并在黎阳仓的中北部有一条深8米河道，形成一个完整的粮仓与黄河、永济渠相互贯通的漕运水系。

目前，已探明粮仓中心区仓窖84个，占仓城平面五分之四，西北角五分之一是仓窖的空白区，疑似码头和管理区。总体上看仓窖排列基本规整有序。仓窖大小不一，小的口径8米左右，大的14米左右，最常见在10米左右；距现地表最浅4.5米左右，最深的7米以上。由于黎阳仓依山而建，部分仓口遭到较严重破坏。

~

黎阳仓遗址

考古发现黎阳仓的地面建筑年代为北宋时期，废弃年代约在北宋晚期。金代以后至今黎阳仓则沦为废墟，其最后埋没也与黎阳城圮于黄河洪水及黄河河道南迁有关。考古工作揭露大型建筑基址2处，清理出柱础50多个。

孟城驿外景

（4）孟城驿

高邮孟城驿是明代北京、南京之间的重要驿站，位于高邮南门大街馆驿巷13号，占地面积约16000平方米，房屋整体坐北朝南，整体格局保存较好。

孟城驿是目前大运河沿线保存较好、规模较大的古代驿站遗存，驿站位于高邮南门大街历史地段范围内。高邮南门大街现存肌理清晰的街巷体系及业态丰富的老字号，又有水陆并行的对外交通，汇聚了运河市镇典型的街巷空间要素。

孟城驿开设于明洪武八年（1357年），后不断加建，逐步形成了明清时代大运河沿线规模最大的古代驿站。

孟城驿现存部分保存完好，门厅、三间西耳房、后厅五间基本完好，正厅柱础完好，现作为邮驿博物馆对外开放。

（5）富义仓

富义仓是江南运河杭州塘运河沿岸保存较完整的古代城市公共仓储建筑群，位于杭州市拱墅区运河主航道与支流胜利河的交叉口附近，便于粮食的收储与转运。

富义仓建于清光绪年间，是杭州城北部地区重要的仓储建筑群，见证了历史上米市、仓储和码头装卸业等经济业态曾经的发展、繁荣。

原有四排仓储式长房，现尚存三排，基本格局尚存，卸货的码头仍在。

杭州富义仓

（1）总督漕运公署遗址

总督漕运公署遗址位于江苏省淮安市楚州区老城中心，毗邻原淮扬运河河道，是明、清两代主管南粮北调等漕运工作的朝廷派出机构，是统管全国漕运事务的漕运总督的官署建筑群。

为了适应漕运之需，明政府特设漕运总督于淮安，督理漕政。钞厅即榷关，是征民间商税之所。运河以商路通畅，淮安的盐及大量的南北杂货转输都要经过淮安榷关。公署始建于宋乾道六年（1170年）。12—13世纪这里是淮安路总管府。14世纪时（明初）陆续改为淮安府署、淮安卫指挥使司署。明万历七年（1529年），改为漕运总督府。直到19世纪末20世纪初迁并裁撤漕运总督，此处公署逐渐废弃。

考古发掘工作表明，整个遗址呈长方形，南北长133米，东西30.55米，整体分为东、中、西三路，中轴线上由南向北依次为大门、仪门、大堂、二堂、大观楼、淮河节楼、后院等，与南面的北宋镇淮楼、北面的淮安府署在同一条中轴线上。另外遗迹下3米处发现有宋元代文化层。目前大堂、二堂、大观楼遗址已按原状保护。

现存部分建筑房基、础石等遗址已经完成保护工程，并对外展示开放，可完整呈现建筑群总体格局。

~
总督漕运公署遗址
明代朝鲜崔溥所著的《锦南先生漂海录》中记载了作者于明成化年间沿运河北上，途经淮安所见的“钞厅”“常盈仓”“漕运府”等情况，佐证了淮安总督漕运公署遗址的历史重要性。

（2）临清运河钞关

临清运河钞关位于会通河临清段西岸，是15—19世纪时期在大运河航线上设立的一个专门针对运河上来往的商用载货船只征收船税的机构，隶属于户部（即财政部），户部在此设立户部分司管理收税事宜。

明代初期开始，临清是黄河以北运河沿岸南北货物的重要集散地。明代政府于明宣德四年（1429年）在此设立向民用商船征税的机关。至明代万历年间，临清钞关年征收船料商税银八万余两，居全国八大钞关（崇文门、河西务、临清、淮安、扬州、浒墅关、北新关、九江）之首，占全国钞关课税额的四分之一。临清钞关见证了通过大运河进行的规模巨大的水路运输量与繁荣的贸易活动。

临清钞关现存有仪门，南、北穿厅，公堂，巡拦房，船料房，官属舍房等80余间古建筑，占地面积约0.7公顷，是大运河沿线现存唯一的钞关旧址。

（3）宁波庆安会馆

宁波庆安会馆位于浙东运河沿线，是在水运交通便利、商业发达经济繁荣的地区逐渐发展出的商业设施，反映了大运河沿线因运河而发展繁荣的贸易和工商业情况，代表了由于漕运维护修建的大运河的衍生影响。会馆同时又是祀神的庙宇，供奉航海保护神妈祖，反映了在与海上丝绸之路文化线路链接的重要节点上受到外来影响的传统习俗的传播与发展。

宁波庆安会馆建于1850～1853年，由甬埠行驶北洋的舶商组织修建。现保存完好，作为全国首家海事民俗博物馆对公众开放。

~
宁波庆安会馆
会馆最初的作用是联络乡情和集会、议事的公共场所，后逐步演变为商人们存货、居住和议事的重要场所。

（4）龙王庙行宫

龙王庙行宫位于大运河中河宿迁段皂河镇附近的运河南岸，原名为“敕建安澜龙王庙”，坐落于宿迁市西北20千米处的古镇皂河。

龙王庙行宫始建于清康熙年间，清乾隆皇帝六次下江南，五次宿顿于此，并建亭立碑。经雍正、乾隆、嘉庆等各代皇帝的复修和扩建，形成了现在占地36亩，周围红墙，三院九进封闭式合院的北方宫式建筑群。

龙王庙行宫现保存完好，有三进院落，殿宇十四座，建筑面积接近2000平方米。中轴线上有山门、御碑亭、献殿、龙王殿、灵官殿和大禹王殿，两侧有钟鼓楼和配殿。主体建筑龙王殿立于须弥座台基上，面阔七间，进深四间，重檐歇山顶，内部梁枋饰以苏式彩绘。

~

宿迁龙王庙行宫

龙王庙行宫是大运河江苏段沿线保存最完整、规模最大的皇帝南巡行宫遗址之一，具有极高的历史、科学和艺术价值，见证了运河水神崇拜和中国古代国家对漕运的持续重视。

肆

大运河相关遗产

运河相关遗产包括相关古建筑群、历史文化街区，共12处。其中相关古建筑群6处，分别为扬州天宁寺行宫、个园、汪鲁门宅、盐宗庙、卢绍绪宅、济宁南旺分水龙王庙遗址；历史文化街区6处，分别为清名桥历史文化街区、山塘历史文化街区、平江历史文化街区、杭州桥西历史文化街区、南浔历史文化街区、八字桥历史文化街区。

01 天宁寺行宫古建筑群

天宁寺是清代帝王南巡时驻在扬州的行宫。

天宁寺行宫位于扬州市邗江区丰乐上街3号，地处清代扬州城的北护城河北岸，南对拱辰门（又称天宁门）。天宁寺始建于东晋，经历代重修，现存建筑格局为清同治年间修复后的遗存。天宁寺与清代扬州文化的繁荣具有密切的关联。它是皇帝南巡时在扬州的驻跸之所，也是扬州最早的佛教庙宇之一，见证了扬州的繁华与自身的兴盛。至今，篆刻着《南巡记》的乾隆南巡御碑，仍巍然矗立在寺内山门殿的北侧，“南巡之事莫大于河工”，乾隆自己撰写的《南巡记》，点明了帝王南巡的主要目的。南巡御碑也成为定格于特定历史时期的独特物证。

天宁寺现状保存完好，由山门殿、天王殿、大雄宝殿、华严阁、东西廊房及配殿组成，现作为扬州佛教文化博物馆对外开放。

在扬州天宁寺北面，有一座重宁寺，是为乾隆母亲准备的行宫，与天宁寺隔路相望，并称“双宁”，建于清乾隆四十八年（1783年）。现存天王殿、大雄宝殿、藏经楼建筑三进。重宁寺位于长征路15号，南邻天宁寺，寺中主体建筑与天宁寺位于同一轴线，亦为清代八大名刹之一。重宁寺是清代皇帝南巡的重要史迹，乾隆皇帝赐“普现庄严”“妙香花雨”两额及大量诗文、楹联。寺中佛像“照内工作法”，表现了皇家因素对寺庙艺术的影响。

02

扬州盐业遗迹古建筑群

在中国大运河遗产中，有一类特殊的遗产，它既不是水工设施，又不是漕运管理机构，而是因为运河盐运的兴起而带来的商业遗迹，那就是扬州盐业历史遗迹。个园、汪鲁门宅、卢绍绪宅、盐宗庙这四个古建筑群是作为扬州盐业历史遗迹一起介绍的，它们在58个遗产点占了四席。

隋唐以后，大运河航道逐渐贯通，扬州作为我国海盐生产运输的中心，两淮地区的交通枢纽，借大运河的交通便利，发展成为古代中国最重要的盐业运输和交易的中心城市之一。兴旺的盐业带动了扬州城市的发展，留下了众多与盐业有关的历史建筑遗迹，其中包括个园、汪鲁门宅、盐宗庙、卢绍绪宅等。

扬州盐业历史遗迹见证了18—19世纪，扬州作为大运河沿线城市商业和城市生活的繁荣兴盛。扬州盐商住宅、园林等在短时间内聚集人力、财力形成，见证了清代前期大运河沿线发达的盐业经济所带来的商业文明和盐商资本集团的财富集聚对社会文化振兴和城市建设发展作出的特殊贡献。18—19世纪盐业经济成为国家经济命脉，扬州盐商及时控制利用盐业专卖垄断权，依托扬州便利的水运条件，使扬州一度成为大运河沿线乃至全国的盐业贸易中心城市，形成了以盐业经济为支柱产业的盐商社会生态和商业经济形态，对清代扬州城的社会生态、建设格局和居民生活产生了直接影响。

（1）个园

个园是清代嘉庆二十三年（1818年）在明代“寿芝园”旧址上建成的宅园，占地24000平方米，建筑面积近7000平方米，为前宅后园式江南私家园林。个园的住宅部分位于个园南侧，坐北朝南，占地3500余平方米，建筑面积3000平方米。住宅由西、中、东三路建筑组成，前后各三进，各路建筑间以火巷相隔。整体建筑群规模宏大，布局严谨。单体建筑体量宏敞，用料考究，是扬州盛极一时的盐商文化和民居文化的珍贵遗存。

~

个园假山

个园的园林部分，以四季假山为主，结合园林建筑、植物配置及理水，是个园景色的精华，是扬州古典园林艺术的杰出代表。

~
汪鲁门盐商住宅

~
扬州最大的盐商住宅卢绍绪宅

（2）汪鲁门宅

汪鲁门宅位于扬州古运河边，始建于清光绪年间，是江南典型的盐商大宅，建筑面积1700余平方米，布局规整严谨，体量宏大，用料考究，装修精致。

现存遗产面阔三间，在同一中轴线上，前后九进，分别为门楼、大厅、二厅、住宅楼等，总长115米。

（3）卢绍绪宅

卢绍绪宅坐落在老城区康山街22号，始建于清光绪二十三年（1897年），是大运河扬州段现存规模最大的盐商住宅建筑之一，也是大运河沿线晚清盐商大型住宅的代表。现存建筑前后共九进，占地约5000平方米，主要建筑及园林有正厅、藏书楼、意园等。现作为扬州淮扬菜博物馆对外开放。

~
盐宗庙

（4）盐宗庙

盐宗庙位于扬州市区康山街20号，东、南临扬州城区大运河，西侧有何园、卢氏盐商住宅等文物古迹，北侧为天主教堂，占地面积约400平方米，建筑面积280平方米。

盐宗庙始建于同治十二年（1873年），由两淮众盐商捐建，原有殿宇五进，庙后还有戏台，作为祭祀夙沙氏、胶鬲、管仲等盐业历史著名人物的祭祀场所。后改为祭祀曾国藩的祠堂。盐宗庙充实和证明了扬州盐业在大运河发展中的重要地位。盐宗庙现保存完整，2006年修复后对外开放。

03

南旺分水龙王庙遗址古建筑群

为纪念明代著名水利专家、工部尚书宋礼和著名民间水利专家白英等创修南旺枢纽工程，在南旺汶、运交汇处建造了“分水龙王庙”。

分水龙王庙始建于明永乐年间，由东、中、西并列的三组建筑组成，地面尚存关帝庙、禹王殿、观音阁等砖木建筑，其他建筑为遗址状态，主要包括：龙王庙建筑群基址、水明楼建筑群基址、祠堂建筑群基址等。遗址总占地面积5万多平方米，规模较大。

~

南旺分水龙王庙遗址

龙王庙建筑群位于分水龙王庙建筑群的东部，是分水龙王庙建筑群中的庙宇建筑。该建筑群以院落内的甬道为中轴线对称分布，自北向南依次为牌坊、山门、戏楼、钟楼、鼓楼、龙王大殿和关帝庙。

04

清名桥历史文化街区

清名桥历史文化街区地处无锡旧城南门外古运河与伯渎港交汇处（旧称南塘地区），古运河穿其而过，受到运河航运与水系的直接影响。

清名桥历史文化街区的发展始于宋代锡山驿的设置，以此作为契机，出现了众多商业、手工业作坊和住宅。明清时代，无锡南门外形成了众多的粮行堆栈，是清名桥历史文化街区的前身。

清名桥历史文化街区沿河分布长约1.6千米，以南长街、古运河、南上塘－南下塘为平行轴线，组织各巷弄，形成网络式的空间格局。历史街巷以古运河水弄堂和南长街、南下塘为骨架，垂直呈鱼骨状分布。

清名桥历史文化街区现存有大量古桥、古街、古建筑，是古运河水乡传统风貌的精华地段，是富庶江南漕运重地的见证，是无锡城区运河故道边因漕运而生的古代商业和居住区，反映了明清两代无锡城市发展和贸易繁荣的情景，代表了大运河与城市水系的巧妙连接形成的极具特色的城市格局。

~

山塘河历史文化街区

山塘河是大运河西北方向进入苏州古城的主干河道。北起白洋湾，南至阊门，长6200多米。山塘河与大运河连接贯通，是大运河水网的重要组成部分，是古代大运河苏州段的主干航道之一。与河相伴相生的则是以河道为骨架、街巷相依附，具有“水陆相邻、河街平行”特点的居住街区。

05 山塘河历史文化街区

大运河苏州段是江南运河最早开挖的运河段落之一。在长达千余年中，大运河苏州段承担了漕运、海内外商品运输等重任。苏州古城自宋代以来形成的“三横四直”的主干河道系统存留至今。苏州水系造就了古城水陆并行、河街相邻的城市布局，并直接促成了享誉世界的苏州园林。其中，平江历史文化街区和山塘河历史文化街区较为完整地展示了运河城市水道体系原貌，河道与街道并行，在街道与河道相交汇的地方，通过桥梁进行立体交叉，反映出苏州这座运河古城的历史风貌，是水城苏州水陆并行、河街相邻的典型区域，代表了河街并行的苏州“双棋盘”格局。

山塘河历史文化街区始建于9世纪，后不断发展，至明清两代成为苏州最繁华的地区之一。街区现仍保持着居住、商业等城市功能，并完好地保存了河道、堤岸、桥梁，以及相关历史建筑和街区历史格局。

山塘河历史文化街区现存文物古迹众多，有会馆、寺庙、祠堂、戏楼、牌坊、园林、名人墓、古桥、宅第等。山塘河历史街区文化遗存丰富，是该地区千年历史进程以及经济、文化繁荣的实物见证。

位于山塘河西侧河岸边的虎丘云岩寺塔建于959年，因其独特的地理位置、建筑形制，成为大运河进入苏州段的航标性建筑。

~
平江历史文化街区
平江历史文化街区是位于苏州古城内东北部的一片城市街区，形成于13世纪之前，街区内的水系及街巷比较完整地保存了宋《平江图》和明末《苏州府城内水道总图》等古地图上所展示的城内水道体系干支河结构的原貌和前街后河、街河平行的水陆双棋盘格局。

06 平江历史文化街区

平江历史文化街区自北向南街河并行，其河道为苏州城内主要水系之一。平江河水系与护城河相贯通，街区内的通利桥、朱马交桥、胡厢使桥（又名胡相思桥）、唐家桥、新桥、雪糕桥等在13世纪《平江图》碑上均有记载。800年来，平江河道、街巷、桥梁的位置、格局未变，是水城苏州水陆并行、河街相邻的典型区域，有着一巷沿河、二巷夹河、一街一廊夹一河等多种多样的城市独特布局。

街区面积约8.1公顷，包括胡厢使巷河、大柳枝巷河、大新桥巷河、中张家巷河等多条河流，以及全晋会馆等多处建筑遗产，并保持着原有的居住、商业等城市功能。

07 杭州桥西历史文化街区

杭州桥西历史街区位于大运河（杭州段）主航道西岸，是依托拱宸桥作为水陆交通要道的地域优势而形成的一个城市居民聚集区，其发展历史是运河文化的重要组成部分，是体现河、桥节点作用的重要区域，是反映大运河（杭州段）沿岸历史场景的重要区段，充分证明了杭州段运河对运河聚落的格局与演变有着重大的影响。

因为大运河，这一带曾经是杭州最热闹的商业区，形成了有名的“北关夜市”。传统街巷有桥弄街、桥西直街、如意里、吉祥寺弄、同和里、敬胜里、通源里等。现拱宸桥西历史街区格局保存完好，现存面积39.6公顷，仍作为杭州北部重要的居住区和商业区。

~
杭州桥西历史文化街区

08

南浔历史文化街区

南浔历史文化街区位于頔塘东端，是頔塘上最知名的运河街区，是因大运河（頔塘）而起源、发展、兴旺的市镇的典型例证。大运河及周边地区发达的蚕桑与农耕经济，依托大运河的水利和运输功能，支撑了南浔由一个小渔村发展成为一个历史上的经济重镇。

~

南浔镇历史文化街区

南浔镇历史文化街区现为南浔镇区内核心居民区，总面积1.68平方千米。街区内保留着明清历史风貌，较完整地体现了清末民初南浔古镇的街区格局和历史风貌。街区内相关建筑遗产保存完好，重要保护建筑作为博物馆向公众开放，其余民居建筑基本保持了原有的居住功能。

09 八字桥历史文化街区

八字桥历史街区位于绍兴古城北部，是依托绍兴八字桥与大运河的地域优势而形成的一个城市商业区，具有水陆双交通体系，是绍兴水城的一个缩影，反映了运河的开凿与变迁对运河聚落的格局与演变产生的重大影响。

八字桥历史街区面积约19.66公顷，街区内有八字桥、广宁桥、东双桥、纺车桥、龙华桥等古桥，居民临河而居，沿街穿行，形成了特有的江南水乡景观，是绍兴古城街河布局的典型代表。

八字桥历史文化街区

伍

大运河综合遗存

大运河综合遗存只有一处，就是清口枢纽，它是由多处河道、水工设施、相关古建筑群或遗迹组成。

自12世纪起，黄河向南改道，主流逐渐固定地经原泗水河道从清口（原泗水与淮河交汇口）入淮河河道。

由于黄河泥沙含量较大，将原淮河河道不断淤积抬高，使淮河泄流日趋不畅，在清口上游潴积形成洪泽湖。从14世纪起，黄河、淮河、运河交汇的清口地区面临着由于黄河泥沙淤积而产生的河床抬升问题、黄河洪水倒灌入运河与洪泽湖的防汛问题、保障运河水位的供水问题，以及克服运河、淮河、黄河之间的水位差进行通航的工程问题。

15世纪初，为了避免在黄河河道中行船面临的险滩等危险，疏浚宋代的沙河，将清江浦运河向西延长至鸭陈口，漕船由清口附近进入黄河。同时在运河河道上建立一系列节制闸，控制水流保障航运，其中包括清江大闸。

16世纪时，由于清口被黄河泥沙不断淤积抬高，使运河无法从淮河供水，并在汛期常常被黄河倒灌。为了解决泥沙淤积和运河供水问题，将西来的淮河河水储积在洪泽湖内，以不断加高加固洪泽湖大堤的方法，抬高洪泽湖水位，高过黄河水位，导引湖水从清口流出刷深黄河河道，并供应运河用水。同时将运口南移，远离黄河以方便从洪泽湖供水，并在运口内建立多处闸坝，节制水位防止淤塞。这就是所谓“束水攻沙”“蓄清刷黄”的方针。至此，具有防洪、挡沙和引水的清口枢纽初步形成。

在黄河水量大、泥沙含量高的背景下，清口枢纽持续受到泥沙淤积、河床抬高的影响。17—18世纪，清口枢纽不断调整改造相关工程设施，采取了导引淮河河水（引淮）、防御黄河决口（御黄）等多项综合措施，保障淮水顺利流出进行刷黄济运。

但是，黄河泥沙在清口的淤积速度远大于清口引河的冲淤量。至18世纪末19世纪初，蓄清刷黄的措施已经基本失效，严重淤积的清口地势相对较高，造成淮河河水难以冲出清口，而东出洪泽湖下泄至高邮湖、宝应湖，再向东入海或汇入长江，同时黄河常从清口倒灌入地势较低的运河，造成运河泥沙淤积严重。

19世纪开始，清口枢纽已放弃原先采用的“蓄清刷黄”的方针，改为以“灌塘济运”方式通航。在临清堰和御黄坝之间形成一个可容一千多艘船的塘河，用水车抽清水入塘，塘内水位高于黄河时便开坝放船入黄河。至此，黄河与淮扬运河已实质上被截断。

1855年，黄河向北改道，夺大清河入渤海，清口水利枢纽也失去了调整黄河、淮河与运河关系和保障运河航运的作用。

20世纪后，在原清口枢纽范围内陆续新建了淮阴船闸、淮沭新河、二河等水利设施，替代了原有清口水利枢纽调整淮河与运河的关系，因此清口枢纽、洪泽湖大堤、清江大闸等大部分相关设施作为遗址或弃用河道保存较好，总体格局基本维持历史原貌。

按照各个河道设施遗迹的功能，清口枢纽遗产区可分为四个部分：御黄部分、引淮部分、淮扬运河部分、中河部分。

01

御黄部分

清口黄河，原为12世纪黄河夺淮入海前淮河下游故道。至16世纪时，黄河主流逐渐固定地从清口入淮河河道。由于19世纪中期黄河北徙，原河道被废弃，现多用作农田灌溉。

为防止黄河洪水的危害，明清时代建成了由多个堤坝组成的黄河堤防体系，起到收窄河槽，加大流速提高挟沙能力，兼顾防洪防汛作用。至今多数遗迹地面格局可见。

16世纪中期，黄河堤防体系主要由缕堤、遥堤等共同组成，以保证“束水攻沙、以河治河”的水利工程措施得以顺利实施。其中，距离黄河主河槽较近的临水大堤统称为缕堤，用以将黄河约束在主河槽内；遥堤建在远离河槽二三里的河漫滩上，用以在汛期容纳漫出缕堤的洪水；其他堤坝则用于辅助性防护加固。16世纪后期，鉴于对黄河挟沙能力的进一步认知，改加固遥堤为“放淤固堤”，即使黄河洪水所携黄沙沉积在缕堤与遥堤之间，最终靠泥沙淤积而形成黄河河槽。此即“束水归槽”的规划思想的成果，清代得以延续。清口枢纽黄河堤防体系的规划思想，反映了16—17世纪中国古人对泥沙动力学理论的掌握和用于治河工程的实践，代表了中国古代高超的科技成就。

02 引淮部分

为配合清口枢纽，以“蓄清刷黄”“束水攻沙”的方式解决黄、淮运交汇处泥沙淤积的问题，洪泽湖大堤不断被加高加固，抬高洪泽湖水位，蓄积淮河来水。同时陆续开凿多条引河，从洪泽湖引湖水冲刷黄河河道，为运河供水，并不断加高加固临湖堤和圈堰等引河堤防，保障航运的安全。

清口水利枢纽遗址航拍图

03 淮扬运河部分

15世纪初，为了避免漕船在黄河河道中行船面临的险滩等危险，减少借黄河河道行船的距离，疏浚宋代开凿的沙河为“清江浦”运河，此为清口枢纽区域的里运河部分。现里运河淮安段为五级航道。清代，为了解决黄河淤积清口的问题，不断筑坝建闸（其中包括惠济闸、通济闸、福兴闸），使清口附近的运道形成一个显著的U形河段，起到调控水位利于通航的作用。15世纪之后，为了加固淮扬运河河堤，防止黄河水泛滥，随着南运口的不断迁移，在淮扬运河两岸配合闸坝的建设，陆续修建了淮扬运河的多处堤坝。其中，天妃坝位于里运河西堤上惠济祠附近，是为里运河入黄淮交汇处抵御激流冲击的保护性堤防设施，是里运河堤防体系的重要组成部分。

~
天妃坝遗址

~

洪泽湖大堤周桥大塘

04 〰 中河部分

17世纪以前由淮扬运河北上的漕船从清口附近进入黄河，沿河道向上游航行。17世纪中叶，为了减少清口以北借黄河行船所带来的危险，在黄河故道平行的东侧开凿中河入黄河，南接淮扬运河，至此黄运完全分立。

中河河道自钳口坝至三河口全长约5200米，现被称作“中运河”，现为二级航道，河道基本保持原状，部分河段依旧通航，原三河口处现被新开的二河穿过，是多条河流的交叉口。

1128年，黄河夺淮后，黄河、淮河、运河交汇于淮安清口一带，极大地干扰了运河的畅通。自16世纪末开始、历时200多年，耗费了大量人力、物力和财力，兴建起与黄河泥沙抗衡的清口枢纽工程，形成极为复杂的工程体系。明河道总督潘季驯首先在淮安码头镇东南大规模修筑高家堰（今洪泽湖大堤的一部分）堤防，企图利用地形和大堤形成人工湖以蓄积淮河清水，通过抬高水位实现对黄河泥沙的冲刷。到18世纪中期，共持续筑堤70余千米，其中砌筑直立式条石挡浪墙长达60余千米，形成具有蓄水、冲沙、泄洪等功能的洪泽湖水库。清口枢纽运用200多年后失效，但其运用过程中诞生的高家堰是17世纪前世界上规模最大的砌石坝，其石工墙的修建代表了当时先进的施工技术。形成的洪泽湖是淮河中游的重要控制性工程，至今仍在发挥作用。清口枢纽完善的工程体系，集中了中国传统水利中的主要水（河）工建筑、结构形式，并将工程管理与运用提高到前所未有的水平。

大运河
工商百业

大运河是一条经济之河，随着运河的流淌，
大运河沿线地区百业发展，成为中国经济最发达的地区。
农业文化是中国传统文化，
古代中国几乎各个地域文化都因此呈现出农业文明的厚重垒积之状。
但是，运河区域文化却是一个例外。

大运河文化最根本的特征是交流。
大运河首先是为了漕运的目的而修建的，
大运河的原始功能是运输，而货物运输与人的流动，
带来了文化的交流，这才有了大运河文化，
这就给大运河文化打上了鲜明的商业文化烙印。

南方的大米、茶叶、丝绸、陶瓷被带到北方的家中，
北方的松木、煤炭、皮货、大豆出现在南方的集市。
运河促进着商业的发展，改变了古代中国人『轻商』的观念，
带来了实用主义的商业文化，催生了运河沿线的工商百业。

运河使手工业蓬勃发展

运河带来的商品经济发展，带来了手工业的新需求，运河流域的手工业在全国发展最快，造船业、冶铁业、纺织业、造纸业发展都领先全国。

01 运河造船业

春秋战国时期，随着区间运河的建造，运河区域的造船业发展较为出色。春秋时吴王夫差伐齐以水军为主，主要交通工具是水上战船。他兵分两路，一路从由他组织开凿的最早的运河邗沟入淮河北上，直逼齐国南部边境；另一路由大将徐承率主力舰队从海路绕道齐国后方，实行远航奔袭进攻山东半岛。一下子可以派出两支舰队，可见当时吴国的造船实力之强。

战国时水军作战也以楼船为主，1955年在河南辉县赵固镇出土的战国墓中的铜鉴上就刻有楼船的图像。船分两层，上层战士在击鼓、持枪、放箭，下层水手在划桨。

秦汉时期，漕运和战争的需要，促进了造船业的发展。到了三国时期，由于水战频繁，造船业更加发达。曹操进攻袁绍时，开永济渠的前身白沟，就组织了强大的水军。《三国志·魏书·武帝纪》记载："建安十四年，王师东征，泛舟万艘。"当然，他的舰队还不是最强的，在进攻孙权的赤壁之战中就因指挥水军不力，曹军被孙刘联军所败。而孙权所在的江东河道纵横，以水军为主，造船业在三国中最为发达。吴国的造船技术也更加先进，最大的楼船上下五层，可载3000人，这样大体积的船，放在今天也是航空母舰了。除楼船外，还有艨艟舰、斗舰，专作进攻用，船体狭长，速度快。

东晋南朝造船业持续发展，东晋多次北伐，都是以水军配合陆军。刘裕灭后秦时，大将军王镇恶所率水军引起北军惊恐，因为"镇恶所乘皆艨艟小舰，行船者悉在舰内，舰外不见行船之人，北士莫不惊惋，咸谓为神"。《初学记》记载，刘宋孝武帝渡六合"龙舟翔凤以下，三千四百五十艘。舟航之盛，三代二京无比"。

隋代南北大运河沟通之后，由于漕运的需要，水上交通运输业快速发展，造船业进入一个新的发展时期，造船的规模、数量、种类都有很大的创新。隋炀帝大业元年（605年）炀帝要下江都，于三月遣黄门侍郎王弘等"往江南造龙舟及杂船数万艘"。这年八月，炀帝正式巡幸江都，王弘便"遣龙舟奉迎"。五个月时间就造好了上万艘船，可见造船的速度之快。随着造船业的发展，造船的技术也得到很大提高。

扬州工匠建造的《大隋龙舟》

扬州博物馆展出的从运河中发掘的独木舟

古代造船厂模型

扬州是唐代造船业的重要基地之一，《新唐书·食货志三》记载，唐朝后期，刘晏整顿运河漕运时，在扬州设置船厂修造大船。“晏为歇艎支江船二千艘，每船受千斛，十船为纲，每纲三百人，篙工五十。”可见当时运送漕粮的船队是相当壮观的。唐代的车轮战船在中国造船史上也是值得一提的，唐德宗时制造出的脚踏木轮推进船，船身小，不用风帆，用人力踏动转轮，由轮带动桨叶拨水，推进船前行。直到15世纪，欧洲才出现这类船，可见中国的造船技术要领先欧洲700多年。

宋元时期是中国古代造船业发展的第二个高峰期，宋代的造船业得到了较大的发展，在多个方面有重大突破。官营的造船业主要满足漕运、战争及海外交流需要。民营造船业不仅能打造内河航船、湖中画舫，且能制作远洋航行的大型巨舰等。1960年在江苏扬州施桥镇运河故道中发现宋代内河木船和独木舟各一只，用楠木制，船长24米，中宽4.3米、深1.3米，两舷各有大木4根，榫头与铁钉衔接并用，艌缝用油灰。

宋代，随着运河地区经济的繁荣，民间造船业十分发达，而民营的造船业则以制造商船和作为交通工具的客船为主，数以万计的商船行驶在运河上，甚至官船不够用时，也征民间的船只。宋代运河中船品形制多样，五光十色，粗分有客船、货船、客货两用船等。宋代的商船最为发达，造船作坊主要分布的运河沿线的江、淮、浙等地，临安、平江、镇江、楚州、泗州、秀州（今嘉兴）等都是当时的造船中心。

元代，随着大运河的再次贯通，漕运的需求更加旺盛，同时，元代致力于发展海、河运输和扩建水军，造船的能力和技术均较前代有所提高。元朝初期仅水师战舰就有17900艘。元军往往为一个战役就能一举建造几千艘战船。元朝时，阿拉伯人的远洋航行逐渐衰落，在南洋、印度洋一带航行的几乎都是中国的四桅远洋海船。中国在航海船舶方面居于世界首位，它的性能远远优越于阿拉伯船。

明代的造船业发展到中国古代造船业的顶峰。永乐时迁都北京，漕运粮食的漕船用量大增。郑和下西洋也促进了造船业的发展。造船工场遍布于运河沿线和滨江沿海各地，尤以江苏、福建、湖广、浙江等地最为发达。民间造船业主要生产小型的民运船只，除民办的以外，各地出现了一大批官办船厂，其中最大的有南京的龙江船厂、苏北的清江船厂、山东的清河船厂。《明史 · 职官志工部》则按用途，把船分为江海转运的漕船、江河交通的杂用船和海防备倭的江海兵船三大类。这些分类说明明代船型已越来越多，到了非分类不可的时候了。这些船厂规模大，组织严密，工种齐全。如龙江船厂，占地8100亩，仿照明代城市居民的坊厢组织，按专业性质分为四厢：一厢制木梭橹；二厢制造船木、铁件及缆；三厢修补旧船；四厢制造棕篷等物。据英国学者米尔斯推算，郑和大宝船的载重量约为2500吨，排水量为3100吨。

明朝造船业的制造技术和船只生产量，都居于当时世界各国的前列，英国著名的科学史家李约瑟指出："在造船方面，中国曾远远走在欧洲的前面。"明代运河中有一种木帆船，叫西漳大船，以无锡西漳这个地名命名，具有自重轻、舱容大、吃水浅、阻力小、航速快、易装卸等特点，西漳大船的载重区域为20～100吨不等，尤其适宜在水浅湾多的江南航行，成为江、浙运河地区的主力货船。2019年无锡一批老船匠复原了西漳大船，并正在规划建设首个舟船博物馆。

郑和纪念馆陈列的明代船模

复原的西漳大船

02 临清贡砖和苏州金砖

烧作砖瓦是古建筑中源远流长的行当，运河地区运输方便，砖瓦制作的技术更为发达。砖瓦窑作业成为运河地区的一项重要手工业。明代为了修长城和营造北京皇宫、城陵，需要大量的砖瓦。从运输方便出发，朝廷在运河沿线建立了一批窑厂，其中山东临清和江南苏州俱以烧制城砖出名。

（1）临清贡砖建起了北京城

《天工开物》记载，建造紫禁城所用的砖，大多数来自山东临清。临清贡砖始于明永乐初期，分布在临清运河两岸的砖窑遗址不下200座。临清砖又名贡砖，它质地好，色泽适宜，形状各异，不碱不蚀，敲击有声，烧制时间由明永乐初到清代末，跨越了500年的发展历史。

明成祖朱棣为了迁都，用了十多年时间在北京大兴土木，营建皇家宫苑城池，临清砖官窑业即创设于此时。据了解，北京修建皇城所用贡砖，绝大多数都来自临清。临清贡砖撑起了北京皇城。临清砖上都清楚地印刻着匠人、作头和窑户的名字。临清贡砖烧制工艺十分复杂精细，所烧造的贡砖，一般在五十斤上下，重的有七八十斤。成砖后，要经过严格的检验，负责验收的官员主要依靠“敲”“看”等环节，检验合格后，每块成品砖都要用黄表纸封裹，搭船解运至天津张家湾码头，经过再次检验合格后，转运京师。这些砖至今不碱不蚀，敲击有声。

~
无锡清名桥运河边砖瓦窑

~
临清贡砖烧制工艺

（2）苏州金砖为皇宫建筑专用产品

御窑金砖是中国传统窑砖烧制业中的珍品，明清以来受到历代帝王的青睐，成为皇宫建筑的专用产品。明代永乐年间，明成祖朱棣迁都北京，大兴土木建造紫禁城。经苏州香山帮工匠的推荐，陆墓砖窑被工部看中，由于质量优良，博得了永乐皇帝的称赞，赐名窑场为“御窑”。

谓“金砖”，实际上是规格为二尺二、二尺、一尺七见方的大方砖的雅称。古籍《金砖墁地》有这样的解释：“专为皇宫烧制的细料方砖，颗粒细腻，质地密实，敲之作金石之声，称‘金砖’。”其实是因为这种砖是专供就京师的，吴语中“京”与“金”的读音没有差别，于是“京砖”，逐步演化称“金砖”。

到明代嘉靖时，金砖烧制进入全盛期。北京故宫的太和殿、中和殿、保和殿、天安门城楼以及十三陵之一的定陵内所铺设的就是御窑金砖，这些大方砖上有明永乐、正德，清乾隆等年号和“苏州府督造”等印章字样。金砖的运输是依靠运河。明永乐年间建紫禁城来自各地的城砖，都是经过大运河络绎不绝地运往北京，运输用的是漕运船。到了北京通州后，需要从码头上装卸，在通州形成了砖厂村，这个砖厂村不是生产砖的，是转运砖的砖场演变而来的。

~

扬州博物馆展出的城砖，上面刻有生产地的州名

03 『南桃北柳』的年画

运河沿线年画的重要产地，最著名的是天津的杨柳青木版年画和苏州桃花坞年画，有“南桃北柳”之称。

（1）杨柳青年画

产生于明代崇祯年间，继承了宋、元绘画的传统，吸收了明代木刻版画、工艺美术、戏剧舞台的形式，采用木版套印和手工彩绘相结合的方法，形成了鲜明活泼、喜气吉祥、题材丰富的独特风格。杨柳青年画的制作方法为“半印半画”，即先用木版雕出画面线纹，然后用墨印在纸上，套过两三次单色版后，再以彩笔填绘。其制作既有版味、木味，又有手绘的色彩斑斓与工艺性，杨柳青年画体现了民间艺术的韵味浓郁，在中国民间年画中具有重要的代表性。

~
杨柳青年画博物馆

~
杨柳青年画
杨柳青年画，全称“杨柳青木版年画”，属于木版印绘制品。

（2）桃花坞年画

桃花坞年画是江南地区的民间木版年画，因曾集中在苏州城内桃花坞一带生产而得名。它和河南朱仙镇、天津杨柳青、山东潍坊杨家埠、四川锦竹的木版年画，并称为中国五大民间木版年画。桃花坞年画源于宋代的雕版印刷工艺，由绣像图演变而来，到明代发展成为民间艺术流派，清代雍正、乾隆年间为鼎盛时期，每年出产的桃花坞木版年画达百万张以上。2006年列入第一批国家级非物质文化遗产名录。

~

桃花坞年画

桃花坞年画的印刷兼用着色和彩套版，构图对称、丰满，色彩绚丽，常以紫红色为主调表现欢乐气氛，基本全用套色制作，刻工、色彩和造型具有精细秀雅的江南地区民间艺术风格，主要表现吉祥喜庆、民俗生活、戏文故事、花鸟蔬果和驱鬼避邪等中国民间传统审美内容。民间画坛称之为“姑苏版”。

04

运河南北两个 泥人美名远扬

隋唐时代是中国古代雕塑艺术发展的鼎盛时期，随着运河的开通，城市的发展，作为造型艺术的雕塑逐渐走向世俗化，泥彩塑及小型雕塑开始兴起。无锡惠山泥人和天津泥人张彩塑是运河南北两地泥人技艺的代表作。

（1）无锡惠山泥人

地处江南运河畔的无锡惠山泥人，已有400年的历史。明末散文家张岱在《陶庵梦忆》中，就记有泥人在店铺中出售的情况。清乾隆南巡时，惠山名艺人王春林制作泥孩数盘进献，得到了乾隆皇帝的称赞。据记载，惠山泥人全盛时期，大小作坊有40多家。著名艺人有30多人。每年入秋以后，有六七百条货船、几千人次沿运河到惠山采购泥人，部分高档泥人则随着沿运河前来无锡经营蚕丝、米面的各地商贾作为礼品运往远方。惠山泥人由此远销运河沿线的江苏、浙江、山东等省的城镇乡村。

（2）天津的泥人张彩塑

它是运河沿线一种深得百姓厚爱的传统民间艺术品，面目径寸，不仅形神毕肖，且栩栩如生。泥人张创始于清代末年，创始人叫张明山，从小跟父亲以捏泥人为业。张明山心灵手巧，富于想象，时常在集市上观察各行各业的人，在戏院里看多种角色，偷偷地在袖口里捏制。他捏制出来的泥人居然个个逼真酷似，一时传为佳话。

~

为无锡惠山泥人中的大阿福

~

天津泥人张门店

张明山继承传统的泥塑艺术，从绘画、戏曲、民间木版年画等姊妹艺术中吸收营养。张明山一生中创作了一万多件作品。他的艺术独具一格而蜚声四海，老百姓都喜爱他的作品，亲切地送给他一个昵称：泥人张。

05 运河与造纸术、印刷术

造纸术和印刷术是运河沿线重要的手工业，大运河对印刷业的产生、发展及推广、交流都起到了极大的推动作用。

（1）纸的发明与洛阳纸贵

随着秦汉时期运河的开通，长安等城市的书写需求大增，因此就出现了专门用于书写文字的纸。最早的纸产生于西汉，1957年5月在陕西省西安市灞桥出土的古纸经过鉴定，为西汉麻纸。东汉元兴元年（105年）蔡伦改进了造纸技术，他用树皮、麻头及敝布、鱼网等原料经过挫、捣、炒、烘等工艺制造的纸，是现代纸的渊源。这种纸，原料容易找到，又很便宜，质量也提高了，逐渐普遍使用。《晋书·左思传》记载，稍晚于东汉的西晋著名文学家左思花了10年时间，写成的《三都赋》，“豪贵之家，竞相传写，洛阳为之纸贵”。对左思《三都赋》争相称颂，造成“洛阳纸贵”的故事，说明西晋时尽管纸张已流行了，但生产还是满足不了需求。到了唐朝，出现利用竹子为原料制成的竹纸，标志着造纸技术取得了重大的突破。名贵的纸中有唐代的“硬黄”、五代的“澄心堂纸”等，还有水纹纸和各种艺术加工纸。唐代的绘画艺术作品已经有不少纸本的，正反映出造纸技术的提高。唐时，在造纸过程中加矾、加胶、涂粉、洒金、染色等加工技术相继问世，为生产各种各样的工艺用纸奠定了技术基础。

中国古代造纸术流程图

~
活字印刷

（2）活字印刷术

活字印刷术的发明是社会对印刷的需要进一步扩大的条件下产生的。到北宋时期，由于大运河的广泛使用带来经济的发展、商业的繁荣和文化的兴盛，需要迅速、大量地传播信息。活字印刷术正是为解决这个社会需求而产生的。宋仁宗时毕昇发明了泥活字印刷术，代替了过去的雕版印刷。毕昇用胶泥做成一个个规格一致的毛坯，在一端刻上反体单字，字画突起的高度像铜钱边缘的厚度一样，用火烧硬，成为单个的胶泥活字。为了适应排版的需要，一般常用字都备有几个甚至几十个，以备同一版内重复的时候使用。遇到不常用的冷僻字，如果事前没有准备，可以随制随用。为便于拣字，把胶泥活字按韵分类放在木格子里，贴上纸条标明。排字的时候，用一块带框的铁板作底托，上面敷一层用松脂、蜡和纸灰混合制成的药剂，然后把需要的胶泥活字拣出来一个个排进框内。排满一框就成为一版，再用火烘烤，等药剂稍微融化，用一块平板把字面压平，药剂冷却凝固后，就成为版型。印刷的时候，只要在版型上刷上墨，覆上纸，加一定的压力就行了。为了可以连续印刷，就用两块铁板，一版加刷，另一版排字，两版交替使用。印完以后，用火把药剂烤化，用手轻轻一抖，活字就可以从铁板上脱落下来，再按韵放回原来木格里，以备下次再用。活字印刷术的特点是方便灵活、省时、省力，是古代印刷术的重大突破。

（3）出版印刷业

随着大运河的文化交流作用越来越强，宋代京城汴梁（今开封）等城市出现了专门卖书的书肆。汴梁大相国寺是各书铺以外的最大书市，有全国各地印行的书籍在这里交易。出版印刷业在明代已成为一个独立的手工业部门。运河地区作为全国的政治中心和经济中心，上自朝廷部院，下至民间私坊，刻印书籍蔚然成风。在运河北部的北京，朝廷内府及部院大量刻印书籍，而运河沿线的各省府县也多刻印书籍。据统计，在明代的各府中，以运河沿线的苏州府和淮安府官刻书籍最多，由此也反映了运河地区官营出版印刷业的发达。真正反映明代运河地区出版印刷业繁荣发展的是民间出版印刷业的兴盛。在印刷技术方面，弘治年间，无锡的华氏会通堂、兰雪堂大量使用铜活字印刷书籍。而昆陵（常州）人除用铜，也用铅为活字。万历以后，运河地区盛行了木活字，这种活字造价低廉，使用方便，更易推广。从而极大地促进了印刷业的发展。

到了清代，运河地区印刷出版业出现了高峰，一是民间印刷的规模超过了以前任何时代。清代的活字印刷，除沿用泥、木、锡、铜、铅等活字外，还发明了磁活字。古代发明的各种印刷方法，如雕版、木活字版、铜活字版、泥活字版等，都有所采用。套色印刷、彩色印刷等印刷技术，也在原有的基础上有所创新和发展。清代印刷出版方面的标志性工程是用木活字印刷《武英殿聚珍版丛书》和刊刻《全唐诗》。曹雪芹的爷爷曹寅在运河边的扬州天宁寺主持刊印了唐代诗歌集大成之作《全唐诗》，《全唐诗》共计收录唐代诗人二千余人诗作将近五万首，采用雕版印刷术印制。因为康熙亲自为其作序，人们又把《全唐诗》称为《钦定全唐诗》。

清代运河地区出现了专门的出版机构，中国古代发明的餖版套色水印技术在民国时继续用于印制信笺，运河沿线的北京荣宝斋、天津文美斋等，都是经营这种印刷的出版机构。民国时期是出版事业发展较快的阶段，印刷出版业成为一门专业化的行业，运河沿线出版的书籍杂志占了相当大的比重。如今，在运河名城扬州，还建起了中国雕版印刷博物馆。

扬州中国雕版印刷博物馆

贰

运河加速古代商业繁荣

中国是一个传统的农耕文明社会，自古以来政府采取重农抑商的政策，而运河区域却是商业繁荣的特例。大运河的开通，将沿线城镇连为一体，带来了南北经济文化的全方位交流。运河促进着商业的发展，改变了古代中国人“轻商”的观念，带来了实用主义的商业文化。大运河也带动了中外经济文化的交流，中国与东南亚国家的经济交流都是通过海上丝绸之路加上大运河来实现的。

01 运河商业机构

有了商业经营行为就要缴税，大运河上的商船怎么缴税？自古以来，各朝政府都在运河上设置了一些商业管理机构和服务机构。

钞关是明代征收内地关税的税关之一，又称榷关。设置钞关旨在征收船税，临清、杭州两关也兼收货税。明宣德四年（1429年），因商贩拒用正在贬值的大明宝钞，政府准许商人在商运中心用大明宝钞交纳商货税款，以疏通大明宝钞，并趁机征税，这些征收商货税款的税关，因此得名“钞关”。明代禁海，大运河是全国商品流通的主干，全国八大钞关有七个设在大运河沿线。从北至南依次为：崇文门（北京）、河西务（清代移往天津）、临清、淮安、扬州、浒墅（苏州城北）、北新（杭州）。万历年间运河七关商税共计31万余两，天启年间为42万余两，约占全国八大钞关税收总额的90%左右。清初运河七关全部保留下来，清代前期运河诸关关税在全国关税总额中仍占一定比重。

明代八大钞关中，收税最多的是临清钞关。临清运河钞关是15～19世纪时期在大运河航线上设立的一个专门针对运河上来往的商用载货船只征收船税的机构，隶属于户部。临清钞关见证了通过大运河进行的规模巨大的水路运输量与繁荣的贸易活动。

～
临清运河钞关
至明代万历年间，临清钞关年征收船料商税银八万余两，居全国八大钞关之首，占全国钞关课税额的四分之一。

明代扬州关是明朝运河沿线七大钞关之一，而清代扬州关又是户部著名的二十四关之一。明清时期选择扬州作为征收商品流通税的榷关，是与扬州发达的水运和繁荣的商品贸易分不开的。据清关税档案统计，清代前期，扬州关的年均货税在18万两白银以上，在二十四关中排名第二。当时的钞关是船舶集中的地方，有商船，也有客船。每每到了漕运的高峰期，“帆樯如林，百货山积”。等待过关的行商往往在钞关附近的官店、私店内居住，附近商业和服务设施应运而生并迅速发展，形成了古时称“埂子口”的商业街。作为大运河沿线最重要的城市之一，来自各地的商品要在扬州关中转，扬州为来自各地的货物提供了一个很大的消费市场。同时扬州关也将运河沿线发达的工商业城市有机连接在一起，形成了手工业市场、粮食市场和原料市场的一种互动互利的交换机制，促进了运河南、北地区间经济的发展，扬州钞关也相当程度维持了清代前期扬州的大运河中心城市地位。

~

扬州运河钞关遗址

02 运河商帮

伴随着运河商业的发展，到明清时期商品行业繁杂和数量增多，商人队伍日渐壮大，竞争日益激烈。商人利用天然的乡里、宗族关系联系起来，互相支持，和衷共济，于是就成为市场价格的接受者和市场价格的制定者和左右者。同时也需要有一个组织，来规避内部恶性竞争，增强外部竞争力。商帮就在这一特定经济、社会背景下应运而生。

明代产生了五大商帮，分别是晋商、徽商、浙商、鲁商、粤商。五大商帮中晋商出现最早，主要指山西及陕西的商人，他们以盐业、茶叶、票号为主，其中票号最为出名。在晋商称雄的过程中，一共树立了三座丰碑，分别是驼帮、船帮和票号。徽商即徽州商人，又称为“新安商人”，俗称“徽帮”，是旧时徽州府籍的商人的总称。徽商最兴盛的时期在明代，经营范围以盐、典当、茶、木材为最著，其次是米、谷、丝绸、纸、墨、瓷器等。浙商一般指的是浙江籍的商人。先后产生过湖州商帮、绍兴商帮、温州商帮、台州商帮、义乌商帮等。明代时，江浙一带是我国经济较为发达的地区之一，商品经济发达，也产生了我国早期的资本主义萌芽，后来到了清代，浙商成为我国民族工商业的中坚之一，为我国工商业的近代化起到了很大的推动作用。鲁商是明清时期山东的商业群体，他们以“德为本，义为先、义致利”的商业思想著称，具有深厚的历史渊源和强大的生命力。粤商主要指广东的商人。粤商主要从事贸易和运输。这五大商帮尽管形成和兴旺的时间并不相同，但他们先后支配了我国明代以来的民间贸易，并在一定程度上影响了全国的经济，构成中国民族商业的主干力量。其中与运河关系密切的有晋商、徽商和鲁商。

运河上还有一类特殊的商帮，即漕帮和盐帮。

漕帮因漕运而形成的一种特殊商帮，在雍正初年取得合法地位。漕帮是雍正四年间翁岩、钱坚及潘清三人所创。徒众过去都以运漕为业，故称粮船帮。明清两代依靠大运河南粮北调，供应京师和边防，维持漕运近六百年。因漕运汇集在一起的跺工、海员、纤夫构成了在大运河上讨生存的一个特别群体。在漕运中，各地的运军和漕船，按所属地域营卫划分为不同的“帮”，如德州帮、兴武三帮、凤中二帮、赣州帮等名目繁多，数以百计。每帮所具有漕船数目多少不一，多的有七八十艘，少的不外二十多艘。漕运停止后，漕帮发展成青帮，是清初以来流行最广、影响最深远的民间社团之一。漕帮各个帮派之间还有协约。山东临清发现的《协公济约碑记》记载：“合同议约，协运豫漕，山东德、临、平、任六帮，同事二百六十八人。曹晖等缘念乡里，有守望相助之谊，帮亲亦宜有休戚相关之道。”（李赛南《协公济约碑记与山东漕帮移聚临清初探》）

~

漕帮入会仪式

~

扬州盐宗庙供奉的三位盐宗

盐帮的由来，有其特殊的历史背景和意义。中国古代的盐，从开采到贩卖是由官府控制，私人是不准进入这一领域的。但有时国家缺钱时，如果有商贾主动捐款，甚至主动承包完成工程，政府就颁发其贩盐许可证，准许其贩卖运输官盐，甚至还可以减免徭役。因此逐步演变为私人贩盐，这就为盐帮形成提供了条件。

盐帮建立于汉朝的江淮流域，趁着汉武盛世的经济富足大行其道，四处贩盐得以蓬勃发展，因此最初的盐帮是正式得到官府认可的贩盐帮派。由于法制不完善，官盐管理部门和盐帮之间产生了千丝万缕的关系，于是就有了所谓的“私盐”。

盐帮贩运活动路线分南北和东西两线，南北线路一般沿大运河北上至漠北；东西线路一般沿长江直到西北青藏地区。自古以来，盐铁官营，在封建社会，官僚体系腐化堕落，他们往往利用垄断盐业贸易的特权牟取私利。江南一代的富商巨贾往往一起贩运私盐以图牟取私利，这些私人的贩运团伙就被称为“盐帮”。

盐帮成员也产生于为私盐业主产盐的盐丁及运输盐的船工中，元末明初的义军领袖张士诚曾是盐帮出身，至正十三年（1353年），因受不了盐警欺压，张士诚与其弟弟等18人率盐丁起兵反元，史称“十八条扁担起义”。

03 运河会馆、钱庄、当铺

北京市
(湖广会馆)
廊坊市
天津市
(闽粤会馆)
沧州市
衡水市
德州市
邢台市
聊城市
(山陕会馆)
邯郸市
泰安市
安阳市
鹤壁市
焦作市
济宁市
新乡市
枣庄市
洛阳市
郑州市
开封市
(山陕甘会馆)
商丘市
徐州市
淮北市
宿迁市
宿州市
淮安市
(润州会馆、江宁会馆)
扬州市
(岭南会馆、四岸公所、湖南会馆、山陕会馆)
镇江市
常州市
无锡市
苏州市
(全晋会馆、湖州会馆)
湖州市
嘉兴市
杭州市
(绸业会馆)
绍兴市
宁波市
(庆安会馆)

~
大运河沿线重要会馆遗存

（1）运河会馆

会馆是外来人口的民间组织，是地缘共生的乡土关系在异地的维系纽带。会馆原本有两个含义，一是指旅居异地的同乡人在一个城市共同设立的机构，建有馆所，供同乡同业聚会，寄寓之用的馆舍；二是指同业或同地域的商人相聚议事、交易的场所。在这个意义上会馆是同一地域的商贾交际聚会的重要场所。本书讨论的会馆是第二种含义的会馆，即商贾交际的场所。

~
扬州岭南会馆

作为古代中国最主要的商业线路之一，大运河沿线会馆的形成原因是河运发达带来的商业繁荣，商贸兴盛，商家云集，商事众多，同一地域或同一行业的商人需要一个载体在相聚议事、交易，在这种历史条件下，会馆应运而生。

大运河会馆有三个特点。

一是依水而建。运河边的城市水运发达，商业繁荣，做生意主要靠水运，因此，各地会馆主要是建在水边，与水运密切相关。如著名的运河边的聊城山陕会馆，扬州古运河边的南河下有个会馆群，现存10处会馆遗存，分别是岭南会馆、安徽会馆、湖北会馆、湖南会馆、浙绍会馆、四岸公所、钱业会馆、场盐会馆、盐务会馆、徽州会馆。苏州平江路作为大运河历史街区有个会馆弄，全晋会馆就坐落在这里。全晋会馆是旅居苏州的山西商人所建的会馆建筑，也是苏州原有百余处会馆、公所中保存最为典型、完整的一处。全晋会馆始建于清乾隆三十年（1765年）。光绪五年（1879年），山西商人重建新馆。占地面积约6000平方米，坐北朝南，分为中、东、西三路。

宁波的庆安会馆就建在中国大运河的入海口——三江口，同时又与海运文化相结合，供奉海运之神妈祖，成为妈祖庙。

聊城山陕会馆：会馆位于聊城城区的南部，始建于清乾隆八年（1743年），是山西、陕西的商人为“祀神明而联桑梓”集资兴建的。据说当时建了66年，共耗银9.2万多两。在全国现存的会馆中，聊城山陕会馆的建筑面积不算很大，但是其精妙绝伦的建筑雕刻和绘画艺术却是国内罕见。山陕会馆的戏台是最热闹的戏台，大大小小的戏班都来这里演出，每年春节、端午、中秋三节更要演戏娱神，让老百姓免费观看。 山陕会馆关帝大殿前有两只石狮子，雕琢之精美堪称绝世。建设会馆的过程本身就体现了晋商善于理财、严格管理的特点，会馆里有19块碑碣，不仅记载了会馆置地、建设、重修所用的银两开支数目，而且在8块石碑的背面刻上了所有商号的捐款数目，相当于现在的一个“财务公开栏”。这些都反映了山陕商人的特点：“精于管理，讲究信义，目光远大，既一掷千金，又朴诚勤俭。这也是晋商从明朝始迅速崛起的一个重要原因。”（《晋商会馆》）

临水而建的聊城山陕会馆

二是以地域而组。如上文所说，会馆大多数是同一个地域的商人出资公建，会馆的地域性特征十分明显。运河沿线很多城市都有山西会馆、全晋会馆、岭南会馆等，湖广会馆在北京、天津等运河城市都有。还有一种情况是多个地区商人共建一个会馆，山陕会馆作为山西和陕西商人的会馆，运河沿线多个城市都有，如聊城有山陕会馆，扬州有山陕会馆，开封还有一座山陕甘会馆，是山西、陕西加上甘肃的商人共建的会馆。扬州四岸公所则是指清、民国初期湘（湖南）、鄂（湖北）、赣（江西）、皖（安徽）四省盐务通商口岸联合办公之所。

扬州岭南会馆：会馆坐落于扬州市新仓巷4号至16号之间，是清代广东盐商们在扬州议事聚集的场所。岭南会馆建筑特色明显，是扬州规模最大、布局最完整的会馆建筑群。岭南会馆坐北朝南，会馆原占地面积近5000平方米、屋宇近百间，现尚存老屋50余间，原组群布局由东、中、西三路住宅并列，中间夹两道深巷相隔相通，现存中、西两条轴线。中轴线上，前有照壁，大门为砖雕牌坊门楼，入内有照厅、大厅、住宅楼。岭南会馆保存有“岭南会馆章程”等石刻、“岭南会馆界址”石额，具有很高的建筑艺术、历史价值。岭南会馆匾墙内的四组角花，堪称扬州遗存中的角花之最。2011年，岭南会馆按照建筑原有的形制、风格进行了全面维修，尽全力恢复岭南会馆昔日的风貌。

~
北京湖广会馆

扬州岭南会馆被改为民居客栈

岭南会馆与清代一位名人魏源有关，魏源故居与它相距不远。道光年间魏源辞去两江总督幕中职务后回到扬州，常入岭南会馆走动，以期胸怀时事，目连天下，与龚自珍、林则徐、包世臣等一帮“经世”之士纵论于会馆，这一切，为《海国图志》这一巨著的完成打下了基础。

三是以行业而聚。还有一些会馆不是某一地域的商人公建的，而是某个行业的商人出资公建。如扬州的盐务会馆、场盐会馆。扬州盐商分场商、运商、食商，分别从事产盐、运盐、销盐的业务，场盐会馆是产盐的盐商聚集的会馆。

天津有浙江的纸帮会馆、商船会馆；这里重点介绍杭州的绸业会馆。杭州素有“丝绸之府”之美称，随着杭州丝绸业的发展，一种为满足行业聚议和解决纠纷需要的组织——行会，及其建筑——行业会馆，也应运而生。杭州最早的丝绸行会，出现在清嘉庆二十二年（1817年），并于忠清巷建立了行会议事之所——观成堂。

扬州场盐会馆：又称淮南厂盐会馆，位于扬州市新大原巷62号，清代建筑，坐北朝南，前后六进，占地面积954平方米，建筑面积448平方米。依托大运河带来的交通之便，扬州作为淮南盐的集散地，自古以来盐业发达。 扬州盐商分场商、运商、窝商、总商等名目，他们在食盐流通过程中具有不同的职能，分别从事产盐、运盐、销盐等业务。总商，又称商总，清政府盐运使衙门在运商中选择家道殷实、资本雄厚者指名为总商，主要为盐运使衙门向盐商征收盐课。总商经济势力雄厚，与官府的关系最为密切，在盐商中势力最大。窝商，也称业商，有引窝的盐商因资本短缺，无力贩运，遂将引窝租予无窝之商运销食盐，便有了窝商、运商之分。窝商并不经营盐业，而靠垄断引窝，坐收巨利。运商也称租商，认引贩盐，先向窝商租取引窝，缴付“窝价”，后赴盐运使衙门纳课请引，凭盐引到指定产盐区向场商买进食盐，贩往指定的销盐区（即“引岸”）销售。运商在食盐流通过程中起着食盐产地与销售地之间的桥梁作用。场商是在指定的盐场向灶户收购食盐转卖给运商的中间商人，具有收购盐场全部产盐的垄断特权，并采取不等价交换的手法攫取商业利润。

清朝扬州的盐商会馆有上百家，不同的盐商有不同的聚会议事场所，因此扬州有场盐会馆、盐业会馆等众多会馆，而场盐会馆就是淮南盐场场商会聚的地方。扬州场盐会馆大门南向，前后六进，建筑西部花园已毁，为居民搭建房屋。现为扬州市级文物保护单位，扬州有关部门正在积极修缮，打造盐文化展示场所。

（2）运河钱庄

古代行商随身带着银两作为结算货币，随着生意越做越大，随身携带银两已很不方便，于是出现了为商人从事银钱兑换，存放款等业务的商业信用票号，即钱庄。当铺、钱庄、票号被称为“金融三姐妹”。在运河沿线也有众多的钱庄。

大运河畔的商业城镇南阳古镇就以钱庄出名。南阳古镇是微山湖上与古运河形成的一块孤岛，形成“岛在水中、河在岛上、镇在湖内”的独特景象。大运河从镇中间穿越，成为货物集散的重要商埠。南阳古镇兴旺昌盛达600余年，被称为明清时期运河四大名镇之一。

南阳现存的钱庄遗址为号称“运河第一钱庄”的胡氏钱庄。胡记钱庄创建于清朝中期，是南阳古镇最早也是现存唯一的钱庄建筑。它是由胡家典当生意发展而来，在运河上南来北往做生意的南北商贾也经常把贵重物品和多余银两存到胡记当铺。后来当铺慢慢地发展成钱庄，经营与票号相同的业务。由于胡家在大运河沿线的夏镇、济宁、徐州、镇江、扬州等设立了30多家分号，所以称为“运河第一钱庄”。

胡记钱庄为典型的四合院格局，由前厅、账房、银窖、银库、正房等几部分组成。墙上钱匾上写着“承诺守信”，还有四个大铜钱上分别写着“一本万利”“日进斗金”“汇通天下”“通财惠民”。目前钱庄整个院落保存完好。

南阳镇清代钱庄的匾额

（3）运河当铺

做生意在资金周转不灵时，有些商人会典当货物，获取周转资金，待有钱时再将货物赎回，这就产生了当铺。运河沿线因商业发达，当铺众多。在淮扬运河城市高邮，乾隆年间就有当铺6家，同治年间增至11家。其中规模最大的是北门大街的同兴当铺，相传为乾隆时的权臣和珅的私产。和珅倒台后，同兴当铺转为民当，并数易其主。2014年，在大运河申遗过程中，作为运河遗产的一部分，高邮当铺受到当地政府的重视，进行了整修，现作为当铺博物馆对外展出。同兴当铺为研究清代运河沿线的典当制度及民居建筑提供了实物资料。

~
高邮同兴当铺如今建成了运河当铺博物馆

~
高邮当铺

04 大运河与国际贸易

我国的国际贸易主要是依靠陆上和海上丝绸之路，陆海丝绸之路是古代中国与世界的陆海两条经贸文化交流的大动脉，大运河则是国内中东部区域间经贸文化交流的大动脉，对外的两条大动脉正是通过对内的大运河大动脉连接起来，连接点就是洛阳、扬州、明州等著名的运河城市。

到隋唐时期，随着南北大运河的开通，南北之间与关中地区成为一体，大运河成了陆海丝绸之路联结的纽带。并且，海上丝绸之路新辟了登州、扬州至朝鲜、日本，广州至西亚、欧洲的海上通道。于是，“自扬、益、湘南至交、广、闽中等州，公定运糟，私人商旅，舳舻相继”（《元和郡县志》卷5《河南道一》），对外经济文化的交流日益频繁起来，大量的外国商人从陆海丝绸之路尤其是中唐之后主要通过海上丝绸之路来到中国经商定居。唐玄宗开元二年（714年），唐朝始设市舶司，主管海外贸易，注重经济效益，为地方和中央开辟了可观的财政来源。中国与南洋和波斯湾地区就有6条定期航线，其中最著名的一条航线叫“广州通海夷道”，从广州起航，越南海、印度洋、波斯湾、东非和欧洲，途经100多个国家和地区，全长共14000千米，是当时世界上最长的国际航线。广州、泉州、明州、扬州等城市成为海上贸易大港，泉州在南宋后期更一跃成为世界第一大港。宋代航海技术的一大进步，是指南针的开始使用。

中唐以后，随着西北陆上丝绸之路的相对弱化和经济重心的南移，海上丝绸之路成为主要的对外经贸和文化交流通道，而且贸易的商品范围扩大，瓷器逐渐取代丝绸成为主要的贸易商品。这时陆海丝绸之路开始交汇。8世纪起，尤其是阿拉伯帝国的阿拔斯王朝定都马格达后，阿拉伯人日益注重从海上与印度及中国进行通商，使之进入了世界通商贸易舞台上最为活跃的时代。他们不仅将商船驶往广州等地，而且有许许多多的大食、波斯商人泛舟运河，在中国落户或通商贸易，其足迹遍及全国各地。这样，中国的丝绸、瓷器、纸张等得以源源不断地运销西亚、北非等地。运河两岸也多胡商，“商胡离别下扬州，忆上西陵故驿楼。为问淮南米贵贱，老夫乘兴欲东游。”这是唐代诗人杜甫看到商人东下扬州而写下的诗句，这里的“商胡”就是指的往来于唐朝的外国商人。

陆海丝绸之路在唐代后期交汇得益于大运河。唐代后期，受“安史之乱”的影响，黄河中下游地区社会生产遭到严重破坏，迫使唐朝政府在财政上更加倚重江南，于是不遗余力地整治南北大运河，而大运河的畅通，又有力地促进了运河沿岸经济文化的发展，使城市商业大大繁荣，从而为外国商人营造了经商的便利条件。从8世纪中叶到9世纪末，大批的波斯、大食商人从海上丝绸之路来到中国，在大运河两岸经商。大运河承载商品流通的功能越来越大，吸引了大批操着不同语言的异域客商会聚到运河沿线，运河区域渐趋成为各民族杂居最集中的地区，促进了各民族文化的交流。元稹《法曲》:“女为胡妇学胡妆”“五十年来竟纷泊”描写出在运河流域风靡胡妆、胡乐的情况。运河及其沿岸城市在促进国际商品交流的同时，也为各民族间的广泛接触和交流提供了渠道，促进了民族的融合和发展，成为各民族联系的纽带。

北宋时，大运河每年向北输运的物资，数量至为可观。除粮食外，运河每年北运的其他物资还有金、银、钱、帛、茶等多种军需品和生活用品以及用于边疆贸易的商品，数量十分巨大。提供这些物品的，主要是东南六路，经运河运至京师的物品，则以金、银、香药、犀角、象牙及百货为主。随着经济政治中心的南移，海外贸易更加发展，大运河与海上丝绸之路的联系更加密切，中外经济文化交流空前繁盛。中国与东亚、南亚和北非、欧洲的多个国家都进行着经济文

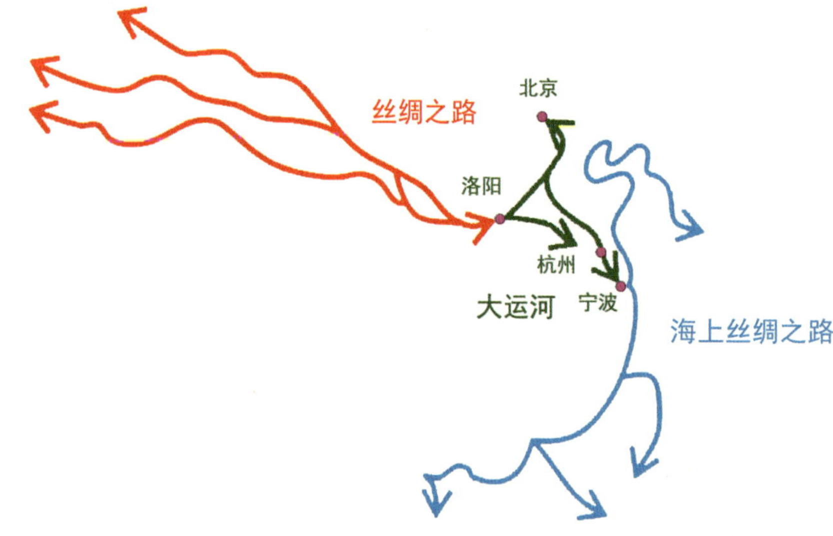

~

大运河与串联陆海丝绸之路示意图

化往来。宋朝先后在广州、临安府（杭州）、庆元府（明州，今宁波）、泉州等10多个沿海州县设立市舶司专门管理海外贸易。

南宋偏安江南达150年之久，空前重视运河交通和海外贸易。南宋时期，除了江南运河外，浙东运河的重要性与日俱增，浙东运河还是临安通往海外的唯一通道。临安濒钱塘江北岸，由于钱塘潮迅猛，江口泥沙壅塞，日本、朝鲜等国使臣往来和海商船舶的出入，均“不由大江。惟泛余杭小江，易舟而浮运河，达于杭越矣”（姚宽《西溪丛语》卷上《会稽论海潮碑》）。由于南宋重视对外贸易，从中抽取商税，以资国用。浙东运河作为唯一对外交往通道，其地位之重要，可以想见。1987年在广东阳江海域发现了一艘宋代沉船，后被命名为“南海一号”，这是一艘南宋初期由海上丝绸之路向外运送瓷器时失事沉没的木质古沉船，船上发现了众多陶瓷制品，出水文物共8万件，且有不少是价值连城的国宝级文物。当时这艘古船是从中国驶出，赴新加坡、印度等东南亚地区或中东地区进行海外贸易的。经过与运河沉船上的出土瓷器对比，发现南海一号上的瓷器就是由运河运往沿海港口的。

元代疆域广，气魄大，对内裁弯取直、重修大运河，对外重振陆海丝绸之路，出现了一片空前繁华的景象。由于蒙古帝国的建立使欧亚大陆交通畅通，大运河使中国与世界更为紧密地联系起来。丝织工艺、陶瓷制造术、建筑术、造纸印刷术、指南针以及各种文化书籍向海外传播，东南亚的优质木材、宝石、香料、象牙以及中亚的皮革、矿物颜料等进入中国并经由运河传遍全国。有资料记载，中国工匠甚至参与了中东灌溉工程的设计与建造。**《马可·波罗游记》中曾记载道：“中国与亚洲、西方的僧人、官员、商人、传教士、旅行家、使团等频繁由运河南来北往中国内地，并经由海上、陆上交通，形成了古代中国与亚洲、欧洲等广泛的政治、经济、文化联系，促进了古代世界的沟通与交流”。**元朝通过大运河和海上丝绸之路与东南亚、南亚、东非、欧洲等诸多国家保持着经贸文化往来。明代中后期，实行海禁政策，中国对外贸易逐步走向衰落。

运河促进了中国农业发达

大运河沿线的人们，一方面享受着运河舟楫、农田灌溉等恩惠；另一方面也承受着运河泛滥、修河运粮劳役等种种苦难。大运河开挖对农业生产产生了诸多正面的影响，方便了农田灌溉，促进了农业生产技术的交流和农产品的流通。

01

大运河方便农田灌溉

自古以来，大运河既是交通要道，同时也是水利工程，运河的水在满足舟楫之便的同时，也灌溉了农田，运河对农业生产的作用一直十分明显。东汉时，广陵太守陈登在扬州附近修的陈公塘就是既为运河补水，又方便农业灌溉的水利工程。浙东运河绍兴段也与水利工程密切相关。东汉永和五年（140年），会稽太守马臻发动民工，筑堤潴水，总纳山阴、会稽两县36源之水，史料记载“溉田九千余顷，民享其利甚巨，为江南古代最大的水利工程之一”。这条狭长的水道，就是后来的浙东运河的基础。东晋南北朝时期，开凿修治浙东运河，在浙东运河沿线设置了大量水利设施，主要由堰坝和闸门组成。

事实上，隋代的大运河本身也发挥了重要的灌溉作用。汉中地区的广通渠，主要用于漕运，一部分用于灌溉农田。后来又重开关中漕渠，恢复汉代与关东地区的漕运。怀州刺史卢贲，利用沁水修成利民渠和温润渠；蒲州刺史杨尚希筑河堤开稻田数十万亩；兖州刺史薛胄，兴修丰兖渠，《隋书·薛胄传》记载，这条渠除了“通转运，利尽淮海”外，而且通过它能倾泻积水，使附近沼泽“尽为良田，百姓赖之”。

~
浙东运河中的灌溉工程

唐朝时，政府将水利工程与运河工程建设交织在一起实施，在关中、关东、河北、江淮四大经济区形成的航运、灌溉网在支撑唐帝国的繁荣和军事上胜利的同时，大大方便了农业灌溉。关中较大的水利工程有姜师度开凿的敷水渠和韦坚开的漕渠，这些工程使关中地区形成了以泾水、洛水及漕渠为主干的灌溉网，促进了关中农业的发展。唐代的黄淮地区是通济渠流经地区，这里开凿的人工渠、陂、塘、堰等水利工程，一部分用于通漕，一部分用于农田灌溉。如武则天载初元年（689年）所开的湛渠，引汴河水注入白沟，以通漕运，也促进了农业生产。河北地区姜师度在贝州经城西南四十里开张甲河，这条河渠不仅用于泄洪灌溉，造福于民，也可以接上永济渠故道，便于通漕运。在安史之乱后，江淮地区的水利工程进入空前繁荣的历史时期。元和八年（823年）常州刺史孟简在武进、无锡两地开孟渎和泰伯渎，这两项工程都是灌溉工程。在江北的扬楚运河区域，与运河密切相关的水利工程则是李吉甫修的平津堰。他在高邮筑富人、固本二塘，灌溉良田万顷。因为扬楚运河漕渠蓄水能力不足，于是筑堤以防不足，泄有余，这座堤就叫平津堰。平津堰不但方便了漕运，而且灌溉粮田千余顷，至今淮扬运河边还有平津堰的遗址。

江南运河上古石塘工程则在方便船行的同时，使太湖东岸、运河堤西的大片沼泽洼地逐渐变成肥沃的良田。

宋代时，人们已注意到运河航运、水利灌溉以及养护水利设施的综合利用开发，建议“开修陂塘沟河，导引诸水，淤灌民田，或贴圩岸，疏决积涝，永除水害”。淮扬运河沿线为了调剂月河的水量，保证漕运的用水，在月河上开了一系列的水闸，如宝应段的朱马湾减水闸、长沙沟减水闸和刘堡减水闸。当水量太大时，水闸开启，将月河内多余的河水引入水闸东侧的里河，再由里河引入东西向的排河向东入海，沿途灌溉农田，造福百姓。当水量太少时，闸门紧闭，为月河储蓄水量，保障漕运舟船往来。

~
淮扬运河旁的子婴减河

02 大运河促进农业生产技术的交流

运河的开通，除了直接发挥调剂水资源，在排涝、灌溉等方面发挥作用外，对于农田改造、土壤改良、土地利用等方面的作用也十分明显。特别是促进了农业生产力的提高。宋元时期，经济重心由中原地区向南北两个方向移动，经济重心南移使得南方成为更富庶的地区，北移也促进了北方地区的经济繁荣。而大运河沟通南北，正是直接促进了南北方农业生产技术的交流，使整个社会的生产力水平显著提高。运河开发在促进水利建设的同时，提高了宋元时期运河地区的土地开垦技术，大片的土地被开垦成良田。历史上北方地区以种植粟麦为主，南方以种植水稻为主，但是宋元时期随着农业生产技术的交流，水稻向北方旱作农业区渗透，北宋时期，汴河、黄河、广济河以及河北的滹沱河沿岸都开辟了大量的水田用于种植水稻。尤其是顺安军以东濒海“广袤数百里，悉为稻田”(《宋史·何承矩传》)。据《宋史食货志》记载，宋太宗端拱年间就下诏江南、两浙、荆湖各地，劝百姓广种诸谷，老百姓有缺乏粟、麦、黍、豆等种子的，淮北州郡就提供给他们。到了南宋时期，朝廷更是屡次颁发诏旨，劝谕江南诸州人民种麦。因此，从两宋之际到元代，江南运河和浙东运河沿线就开始大面积发展稻麦两熟制。

运河贯通促进了农业生产技术的广泛交流，首先表现在农业生产工具的更新换代、生产技术的进步。随着南北种植制度的交流，各种农业生产工具也得到广泛传播。同时，灌溉技术、造肥施肥技术、选种育种及播种技术、田间管理技术也随着南北交流而传播交融，土地的耕翻技术作为改善土壤性能的重要技术得到推广，南方水田的耕耙耖耕作体系发展到相当程度，从而提高了农业的生产力水平，运河地区成为农业最发达的地区。生产环境的改善、生产技术的广泛交流而进步，农副业生产繁荣，耕作面积扩大，粮食产量提高，北方地区平均亩收1石，南方地区水田则“亩得二至三石”(秦观《淮海集》)。同时，蚕桑业、棉花种植等也在运河地区广泛推广。随着生产力水平的提高，运河地区的人口增长也最快，到南宋，运河地区已成为全国经济最强盛的地区。

03

运河促进了商品性农业的发展

运河带来的交通便利，方便了农产品的运输和流通，使运河沿线地区出现大批专业化的经济市镇，这就促进了运河地区商品性农业的发展。

运河带来了种植业结构的变化。由过去单纯种植粮食为主，转为植桑与种粮食并重，江南地区的秀水县在清康乾时“阡陌间强半植桑”，杭州府的海宁州农村“种桑者多，种稻者少”。绍兴府的山阴、嘉兴府的海盐等县，农家多以种植蓝草为业。山东等地运河地区则以种植棉花、烟草等经济作物为主，还有蔬菜、果树，如在武城县的运河沿线，当地农民沿运河东岸建起了桃园，成片种植桃树，还有梨枣等果树。江淮一带农民种上了荷藕、菱角等水生植物。开封城的市场上各种水果都有，不但有各种鲜果，还有各种干果。

运河促进农村多元经济的普遍发展。运河地区农村的产业结构出现了变化，农民在务农的同时，更加注重手工业生产，养蚕、缫丝、纺织成为江南地区运河沿线的重要产业。江南是棉布的主要产地，其中嘉定、常熟是集中产区，其销路大多数是沿着运河北销。丝绸是仅次于棉布的第二大外销商品，主要也是通过运河北销。其他随运河漕船或商船北上的大宗商货还有各种铁器、瓷器、纸张、木竹、茶叶等。杭州府的农村造纸业兴盛。此外，编织、烧造、榨油、酿酒等农村手工业也在运河沿线地区广泛发展。更多的农民以手工业、副业作为主要收入来源，农村经济结构向多样化、产业化、商品化的方向发展。

运河促进了农村资本主义开始萌芽。运河地区商品经济的发展，使部分农民移居市镇，成为商品经营者或手工业加工的产业工人，催生了一个个商业市镇。

江南运河沿线出现了专业化的市镇，如棉布业市镇新泾镇、罗店镇等，丝绸业市镇震泽镇、南浔镇、盛泽镇等。山东运河地区出现了阿城镇、张秋镇、安山镇、南旺镇等一个个小市镇。运河地区的多个产业出现了资本主义萌芽。纺纱织布是江南运河沿线的主要手工业生产，女子七八岁以上，即能纺絮，十二三岁即能织布。运河北端的通州地区出现了“家有机杼，户多篝火，一手所制，若布若带、若巾帨，易粟足活三口，三手事之则八口无虞”（乾隆《直隶通州志》卷17）的景象。烟草加工也是随着烟草种植发展起来的农村手工业，通过烟草的深加工，出现了大规模的烟草加工业，济宁地区就出现了6家上规模的烟草加工场，每年买卖达白金二百万两，工人四千余名，已形成资本家与雇佣工人的经营模式。同时，在丝织业、染踹业、锡箔制造业等行业中都出现了资本主义的萌芽。

~
养蚕业的发展

04 运河对农业生产的负面影响

当然大运河也给农业生产带来了负面影响，对农民造成了沉重负担，如修运河，农民服苦役，误了农时；长途运送漕粮，不但耽误农时，而且有生命危险。干旱时运河还与农民争水源，发洪水时官府为了保运堤可能放水毁庄稼，这些都会对农业生产造成破坏。

（1）修运河服苦役误了农时

古代要实施重大工程都是通过征用民力，开运河也不例外。隋炀帝在开通隋唐大运河时就动用了大量的民力。据《隋书·炀帝本纪上》记载：大业元年（605年），“发河南诸郡男女百余万，开通济渠，自西苑引谷、洛水达于河”。同时开建的邗沟，隋炀帝又征召了淮南的10多万民众开邗沟。同一年时间就征召了这么多民力。大业四年春，“正月乙巳，诏发河北诸郡男女百余万开永济渠，引沁水，南达于河，北通涿郡”。可见隋炀帝开大运河动用了上百万的民力，而隋炀帝大业五年（609年）官方统计的全国人口只有4685万，平均每7户中就有一户要服开运河的劳役，这还不算建东都、修长城堑道等的劳役。农民都忙于服官府的劳役，哪里还有时间与精力去种田。

（2）运漕粮耽误农时

漕粮是中国古代的赋税方式，是统治者向农民无偿索取的。每个朝代的农民不但要承担缴粮纳税的义务，而且还要承担运送漕粮的义务，其中修造船只长途运输的费用都要由农民承担。运送漕粮也常常误农时，春季从江南出发，如果顺利，秋季可以返回；如果遭遇不测，则要在北方受冻守冬。长时间在外运送漕粮，农民不但误农时，有时还有生命危险。老百姓不堪其扰，为逃避漕役，有的甚至不惜自毁其船。

（3）运河与农民种庄稼争水源

大运河的最高点在山东济宁的南旺，这里海拔52米，天津运河入海河处海拔为8米，扬州运河的入江口为5米，这样就造成山东运河沿线有一大段缺水严重。清代的山东运河地区，由于漕运的需要，将运河沿线水源引入运河水系，影响了灌溉用水；汛期又开坝保堤，使堤下民田淹没。而在山东会通河畔的缺水地区，为了保运河水源，严禁沿运地区开渠引水灌田，致使农田得不到及时灌溉，影响了农业生产。因此，农民种庄稼与保运道之间的矛盾十分尖锐，甚至引发了农民的反抗。

~
调节南四湖漕运与灌溉的节制闸

天津到山东临清的南运河于明代正统年间从馆陶引漳水入卫河以解运河浅阻后，因为漳水泥沙多，不断疏浚，才能保证行船。遇有水涨，就开闸放水，造成堤外良田成为沼泽之国，民众苦不堪言。淮扬运河在明代以后，由于承接淮河的入江水，则是常常造成洪水泛滥。明末和清代，运河是淮河的主要排洪道，一旦水位超过运河东大堤时，只能掘开运河堤分泄洪水，流入下河地区的洪水使里下河成为泽国，民不聊生，四处逃难。后来建成了南关坝等归海五坝和归江十坝等系列的泄洪建筑群。历代政府为了保证漕运通畅，在遇到大水时，常常不惜打开里运河东堤的“归海五坝”，分泄洪水，把里下河地区变为滞洪区，致使该地区水灾不断。运河洪水冲毁农民的田地，甚至房屋。

~
因淮河泄洪形成的扬州七河八岛地区

~
高邮南关坝遗址

运河人物：运河边走出来的伟岸男子

大运河历经2500年，
有许多历史名人与大运河关系密切，
他们有的作为统治者发动大运河的修建和贯通，
有的作为朝廷官员直接主持开凿修造大运河；
有的作为技术人员主持了重大水利工程的实施，
为大运河的开凿与发展发挥了重要的作用；
有的作为使用者修缮运河通漕运，完善漕运制度，
使运河更好地发挥作用；
有的作为体验者吟诗作词写小说歌咏运河，
传播运河文化，使大运河的故事永世流传。

运河开凿维修人物

01 夫差：大运河开凿第一人

春秋时的吴王夫差是最早开凿大运河的。夫差（约前528—前473年），是春秋时期吴国末代国君。吴王夫差为了北上争霸，利用长江、淮河之间的自然水系，开凿了一条人工渠道——邗沟，是大运河体系最早的一段，这也是中国有确切纪年的第一条大型运河。夫差开通邗沟的第二年，吴军便沿着新开的运河北伐。借助便捷的水上通道，吴军驾船如飞，势如破竹，陷陈国，败齐师，退楚兵，终于凯旋。前484年，夫差为了北上与晋国会盟，宣布自己的霸主地位，又开凿了一条沟通泗水和济水的水道，后人称为菏水。菏水联通了淮水和济水，再由济水通到黄河，加上先前开凿的邗沟，这样就串联起起江、淮、河、济四大水系，首次将长江流域、淮河流域与黄河流域联系在一起，江淮地区与中原地区联系起来。**组织邗沟、菏水开凿的吴王夫差因此成为大运河开凿历史上的第一人。**

吴王夫差

夫差是吴国最后一位国君，也是吴国最有作为的一位国君。

02 魏惠王：开鸿沟，成霸业

魏惠王是战国时魏国的国君，在前365年四月，他把国都从安邑东迁到梁，又称为大梁，魏惠王又被称为梁惠王。迁都大梁后，魏惠王为进一步争雄称霸，加强对东部国土的控制，联系淮河流域的诸侯，在前361年前后开始挖掘改造鸿沟。鸿沟连接济、濮、汳（获）、睢、涡、颍、汝、泗、菏等主要河道，形成了黄淮平原上以鸿沟为干线的水上交通网，对促进各地经济、文化的发展，起了巨大的作用。**鸿沟的开凿连接了黄河和淮河，中原地区形成了以鸿沟为干渠的水运交通网。**前343年，魏惠王率领战国七雄中的四个大国及一些中小国会盟朝天子，使魏国的霸业到达顶峰。

鸿沟水系的一部分成了通济渠

魏惠王通过实行政治改革，兴修水利，发展农业生产，使魏国很快走向强盛。

03 秦始皇：开创了漕运

~

秦始皇像

据传说，秦始皇还在春秋时百尺渎的基础上开凿了陵水道，这条陵水道后来成为杭嘉运河的前身。

秦始皇是中国第一个中央集权的封建国家秦帝国的建立者，秦朝时已经基本形成了覆盖全国的水运交通网络，通过水路运输粮食成为首选。秦始皇开始了最早的漕运。秦代的漕粮主要征集自鸿沟流域、济水泗水之间、临潼附近及黄淮下游一带，这一带有成熟的水路运输体系，方便运输。具体运输路线是从济水上溯入黄河，再由黄河上溯入渭水，最后到达位于渭水之滨的咸阳。这样，远至黄海之滨的关东地区的粮食，就可以源源不断地运到咸阳和关中地区，从而解决了关中的粮食短缺问题。由于黄河是条季节性河流，有时水位不够，有时又风高浪急，因此需要建立一个中转站，在黄河中游水运条件不具备时，暂时存放粮食，待水位升高时再转运。**为了储存和转运粮食，秦国在济水和鸿沟从黄河分流出来的地方建立了一座巨大的粮仓，即敖仓。**中原运来的粮食无论是西输关中，还是北运边塞，都可以在这里储存和转运。敖仓是中国历史上第一个用于漕运的粮仓。

04 刘濞开运盐河

刘濞（前215—前154）是西汉的诸侯王，高祖刘邦的侄子，前195年封为吴王，建都广陵。为了便利运盐，吴王刘濞于前179年至前141年始开邗沟的支流——上官运盐河，从扬州茱萸湾至海陵仓，再通海安到如皋，长98千米。运盐河的开凿，发展了扬州及东部的属地（今泰州、南通地区）的经济，利用东南沿海自然条件煮海为盐，奠定了盐业在扬州经济中的主导地位，为“吴地繁荣”乃至后世经济发展夯实了基础。吴国成为汉初诸侯国中最强盛的诸侯国。而运盐河也奠定了淮扬间运河南北主航道与东西运盐河道交织的空间格局，将海岸线与运河联系在一起。汉文帝时，刘濞的儿子吴国太子在京城与皇太子（后来的汉景帝）下棋时出现争执，吴太子无礼，被皇太子所杀。刘濞痛失爱子，于是在封国内大量铸钱、煮盐，以扩张割据势力，图谋篡夺帝位。汉景帝采取御史大夫晁错建议，削夺王国封地。刘濞以“清君侧，诛晁错”为名，联合楚、赵等七国，在景帝前元三年（前154年），公开叛乱，史称“吴楚七国之乱”。后被汉军主将周亚夫击败，刘濞兵败被杀。

~

邗沟大王庙吴王夫差、刘濞像

尽管刘濞结局不好，但他开凿的运盐河让扬州的繁盛延续了2000年。扬州百姓修建了“二王庙”，纪念他和夫差这两位大运河的始祖。

05 陈登穿沟

~

隋炀帝陵

陈登，字元龙，少年时有扶世济民之志，并且博览群书，学识渊博，东汉末期任广陵太守。东汉建安二年（197年），陈登因射阳湖风涛大，损坏船只，重开邗沟，将河线向西移动，不再经过博芝湖，而是由樊良湖北口穿过白马湖，再转向射阳湖入淮。因此原来的河线称为东道，改变后的被称为西道。这次重开的邗沟，裁弯取直，缩短了江淮之间的航运距离。这条线路也成为隋代大运河全线贯通时的邗沟线路。陈登任广陵太守期间还筑有捍淮堰（高家堰前身）、破釜塘、陈公塘等沿运水利设施，发展农田灌溉，使汉末迭遭破坏的江淮地区农业得到一定程度的恢复。如今仪征龙河一带有陈公塘，相传就是陈登所开用于运河补水及农业灌溉的。

06 曹操：开白沟

曹操，字孟德，沛国谯县（今安徽亳州）人。三国时政治家、军事家、诗人。曹操通过挟天子以令诸侯，取得了政治上的优势；同时，通过屯兵、开运河、兴水利，取得了经济上的优势。为征战北方，曹操利用黄河故道，开挖了白沟等运河，使运河向黄河以北延伸，抵达今天河北省的东部地区。汉建安七年至九年（202—204年），曹操先后修治睢阳渠至官渡，在淇水入黄河的入口黎阳，用大木枋作堰，让全部的淇水东流进入白沟，以通粮道。漕船由此可通今卫河上游和当时的黄河下游，向东北通今海河水系各河流。建安十一年，曹操为北征乌桓，又开凿平虏渠、泉州渠，沟通白沟、泒水、滹沱河、鲍丘水（东潞水）、濡水（今滦河）等。曹操开凿的白沟、平虏渠、泉州渠等，成为隋代永济渠的前身。一系列水利工程的实施，也使魏国成为三国当中最强盛的国家。

这段南运河的前身就是平虏渠

07 谢安筑埭

~

谢安广场的雕塑

邵伯人建了谢安广场，塑了谢安的雕塑，充分体现了邵伯人民对谢安的感激之情。谢安还将他在广陵的住宅舍为寺，就是后来的天宁寺。

谢安（320—385年），东晋政治家，孝武帝时，位至东晋宰相。年轻时隐居会稽郡山阴县之东山，与王羲之、许询等游山玩水，成语东山再起讲的就是他的故事。在淝水之战中，谢安作为东晋一方的总指挥，镇定自若，以八万兵力打败了号称百万的前秦军队，使晋室得以存续。战后因功名太盛而被孝武帝猜忌，被迫前往广陵避祸。385年，谢安出镇广陵（今扬州），疏浚邗沟，在今邵伯一带筑埭蓄水方便运河通航。正因为老百姓将谢安比为召伯，“召”通“邵”字，这个地方后来就称作邵伯镇。

08

隋炀帝：首通大运河

隋炀帝杨广是隋朝第二代皇帝。**隋炀帝为适应政治经济发展的需要，以洛阳为中心，先后组织开凿了通济渠，疏通修缮邗沟，开凿了江南运河和永济渠，第一次贯通了大运河，建立了以洛阳为中心，南至余杭，北达涿郡，横贯整个东部地区的内陆水上运输通道。**大运河南北蜿蜒2700多千米，将钱塘江、长江、淮河、黄河、海河五大水系连接起来。沟通了帝国的政治中心、经济中心和军事前线，解决了南粮北运和控制南方的问题，大运河的开通，促进了运河两岸城市的发展，江都、余杭、涿郡等城市很快繁荣起来。大运河对隋唐时期南北经济、文化交流，维护全国统一和加强中央集权制，都起了重要的促进作用。他还营建东都洛阳，开创科举制度，亲征吐谷浑，三征高句丽，造就了强大的隋帝国。作为贯通大运河的第一人，隋炀帝被后世传颂，称赞他“共禹论功不较多”。但因隋炀帝好大喜功，滥用权力，虐用民力，造成民怨太大。加上他的一系列举措触动了关陇集团的利益，造成统治阶级内部的分裂，进而起兵反对他，使隋炀帝成为独夫民贼，直接导致了隋朝的覆亡，自己也在江都被杀。

09 姜师度：开运河

姜师度是唐代著名水利学家。719年，姜师度在朝邑北，将洛水和黄河水引入通灵坡，周围的土地都得到灌溉，使荒弃田地两千顷成为上等田，设置十多屯，促进了关中地区的农业生产和漕运。后来，姜师度又在贝州经城西南四十里开张甲河。这条河渠不仅用于泄洪灌溉，造福于民，也可以接永济渠故渎，便于通漕运。姜师度还在沧州开凿人工河渠，成为河北地区较早的人工减河，减少了因永济渠堵塞滹沱水、漳水入海通道，而在沧州一带引发的水患。这些水利工程的实施，使河北地区成为富庶地区之一，特别是开元、天宝之际，得到了空前的繁荣和发展。他在华北地区开凿的系列运河成为以后元代南运河的基础。

~

现在的漳卫河

10 齐浣开伊娄河

齐浣，唐朝官员、水利学家。唐代的淮扬运河叫扬楚运河，两浙及江南以及荆楚的漕粮，必须经过扬楚运河入淮。唐代因长江泥沙淤积，瓜洲沙涨，渐渐与北岸连为一体，使长江北岸南移10多千米，横亘在运河扬子入江口前，致使漕船不得不绕行瓜洲，在长江风浪中损失严重。738年冬，润州刺史齐浣主持开凿了贯通瓜洲与扬子的伊娄河，使江南漕船渡江的距离从30千米缩短到10千米，“自是免漂损之灾，岁减脚钱数十万。又立伊娄埭，官收其课，迄今利济焉。”大运河入江口也因此向南推移至瓜洲渡口。从此，大运河有了两个江北通江口岸——瓜洲和仪征。后来，在担任汴州刺史时，因淮河、汴水之间的运路，从虹县到临淮的150里，水流迅急，漕运不安全。于是齐浣从虹县下开河30余里，入于清河，行百余里出清水，又开河至淮阴县北岸入淮，使漕运免受淮河湍急流水的危害。

伊娄河就是今天的瓜洲运河

11 沈括：治理汴河

沈括是宋代的官员兼科学家，像许多古代的科学家一样，他是一个通才，其著作《梦溪笔谈》中包含天文历法、地理建筑、政治经济、法律军事、宗教风俗、文学艺术等自然和人文科学方面的思想见闻。沈括对于水利也颇有研究，他的第一份工作为沭阳县（今属江苏）主簿。他曾因成功地治理了沭河而被当地百姓拥戴。熙宁五年（1072年），朝廷诏令沈括治理汴河。得益于自己在数学、地形测量等方面的知识和早年积累的治水经验，沈括对汴河的水流、两岸的地势、河床深浅进行了实地考察，整理了大量有价值的数据，并据此制订出详细而具体的疏浚方案。沈括的汴河治理工程可以分解成三个部分：**第一，全力疏通汴河，挖出沉积的淤泥；第二，将淤泥用于改造盐碱地；第三，截断黄河水，引洛水入汴河。**黄河水含沙量高而洛水清澈，这种换水源的方式可以有效防范淤积。沈括在治理过程中，精确地测量出从开封上善门到泗州淮口之间的距离为“八百四十里一百三十步”，约420千米。这在测绘方面是一个开创性的成果。沈括独创的“分段筑堰”法具有较高的测量精度，而且在此前世界上从无先例。

在治理汴河之后，宋神宗熙宁六年（1073年），朝廷又任沈括为两浙察访使，负责杭州地区的水利工程完善。沈括用了半年时间在两浙各地相考察民风民俗和农田水利建设情况。他以实地考察所取得的材料为基础，对地方管理中存在的诸多问题提出了整改措施，再次用水利工程造福了一方百姓。沈括在他的著作《梦溪笔谈》中还详细地记载了第一座复式船闸真州复闸的建造过程及功能。为了纪念他，1979年，中国科学院紫金山天文台将一颗小行星台名为“沈括星”。

12

郭守敬：大运河第二次大贯通

郭守敬是元朝著名的天文学家、数学家、水利专家。邢州龙冈（今河北省邢台市）人。郭守敬曾担任都水监，负责修治元大都至通州的运河。郭守敬第一次见元世祖，就当面提出了六条水利建议。第一条就是建议修复从当时的中都（今北京）到通州的漕运河道。元世祖任命他为提举诸路河渠和银符副河渠使。为了开凿会通河，郭守敬曾考察过山东济宁、东平、临清等地。根据他的测量，会通河于1289年凿通，水源来自汶河，由堽城坝把汶河水的三分之二河水经洸河引至济宁，在济宁建天井闸分水，使运河航运成为可能。元至元三十年（1293年），在郭守敬的建议和主持下，于昌平县白浮村引神山泉，汇入大都积水潭泊船港，而后大致循金国的运河故道至通州高丽庄接白河，长82千米，设闸24处。次年功成，赐名通惠河。自此，元代大运河全线贯通。1276年郭守敬修订新历法，经4年时间制订出《授时历》，通行360多年，是当时世界上最先进的一种历法。

~

郭守敬纪念馆

1981年，为纪念郭守敬诞辰750周年，国际天文学会以他的名字为月球上的一座环形山命名。

13

宋礼、白英：南旺枢纽工程

宋礼，字大本，河南省洛宁县人。宋礼自幼精于河渠水利之学，先后任礼部右侍郎、工部尚书。因治运有功，多次受到皇帝表彰，并为后人所传颂。明永乐九年（1411年），工部尚书宋礼等人奉命征调民工，疏浚会通河段。由于会通河缺乏水源，宋礼深入察看沿运水系、地形，在汶上县白家店村，遇见民间治水专家白英。白英建议把位于会通河道最高点的南旺镇作为分水点，称为“水脊”。他还建议在南旺修建分水闸门，利用天然地形，扩大会通河沿岸的南旺、安山、昭阳、马场等处的几个天然湖泊，修建成“水柜”，并且设置“斗门”，以便蓄滞和调节水量。同时，开挖河渠，把附近州县的几百处泉水引入沿河的各“水柜”。宋礼采纳白英的建议，引汶济运，挖引山泉，修建水柜，于东平东30千米筑戴村土坝，长约2.5千米，截断汶河，向西南开小汶河引汶水至南旺镇入运，使会通河得到了充足的水源。从此，沟通南北的大运河畅行无阻，漕运能力大大提高，每年从东南运粮米几百万石（最高达到500万石），接济京师。

宋公祠

14 潘季驯：『束水攻沙』

~

潘季驯修的高堰大坝工程

潘季驯，湖州府乌程县（今浙江省湖州市吴兴区）人。明朝中期官员、水利学家。从嘉靖四十四年（1565年）开始，到万历二十年（1592年）止，他先后四次出任总理河道都御史，主持治理黄河和运河，前后持续27年，为明代治河诸臣中任职时间最长的，著有《河防一览》《两河管见》《宸断大工录》《留余堂集》等著作。潘季驯在长期的治河实践中，总结并提出了“筑堤束水，以水攻沙”的治黄方略和“蓄清（淮河）刷浑（黄河）”以保漕运的治运方略，发明“束水冲沙法”。他提出的治黄通运的方略和“筑近堤（缕堤）以束河流，筑遥堤以防溃决”的治河工程思路，创立的相应的堤防体系和严格的修守制度，成为明中期直至清末治理运河及黄河的主导思想，为中国古代的治河事业做出了重大贡献。

15 康熙：亲自钻研水利理论

康熙帝，即爱新觉罗·玄烨，清圣祖皇帝。康熙早年在宫廷的柱子上写了三藩及河务、漕运三件大事。河务和漕运实际上是一件事情，三藩平定后，实际上他重视的就是治河一件事情，他穷毕生之力治河，并使河患大为降低。康熙十五年（1676年）夏，黄河倒灌洪泽湖，大堤决口34处，淮水冲入运河，运河大堤溃决300余丈。这时，康熙皇帝及时任命安徽巡抚靳辅为河道总督，每年拨银300万两，加紧治河，他自己亲自钻研水利理论，并从事广泛的实地调查。康熙帝六次南巡，治河、加强清朝对东南地区的统治，是康熙南巡的主要动因。他详细视察了黄河下游和江苏境内的运河，提出了具体的治理方案和要求，有力地促进了治水工作的开展。多次在淮安清口实地考察，指示机宜。后人将他的治水言论汇编成书，定名为《康熙帝治河方略》。康熙帝重视科学技术，他本人也精于水工测量。康熙三十八年（1699年）春，康熙帝第三次南巡。三月初一，康熙帝再次视察高家堰、归仁堤等处，亲自用水平仪测量水位的高低。四月二十七日，康熙帝乘船出清口，召桑额、于成龙等指示治河

~

康熙画像

方略，具体制定了新的治河方案：深浚河身；筑挑水坝；开陶庄引河；浚直河道；拆除拦黄坝。并亲自沿河勘察，在引河嘴上一里许，“订桩立基，谕建挑水坝。”此地当时名叫陈家庄，挑水坝也就叫陈家庄挑水坝。因是康熙亲自“订桩”，便在坝后盖了个亭子，叫御桩亭，陈家庄挑水坝也就改成了御坝。他巡行到扬州高邮，亲自测量出运河水比高邮湖水高4.8尺，便指示河道总督于成龙说：“湖水似不能越此堤而入运河。这段工程甚属紧要，应着差贤能官员作速查验修筑”（《帝王治河史》第四十一卷《清康熙》）。他亲自司仪测量出淮扬运河沿线清水潭运河水位高出运西诸湖水位1.39尺，及时指示官员“应加紧建造湖之石堤”。他在黄、淮、运交汇处进行水准测量，针对洪泽湖水位低于黄河水位的情况，当即提出了治理方案。

~

康熙南巡图（局部）

康熙巡河客观上推动了河务的治理，促进了东南社会安定，加快了社会生产的发展，对清代历史产生了良好的影响。

16

乾隆：六下江南巡河

乾隆是中国古代执政最久、年寿最高、影响较大的一位皇帝。从乾隆十六年至四十九年（1751—1784年）三十余年间，乾隆分别六次南巡。前四次是陪着母亲前往江南，母亲病逝后，乾隆又两次率领臣下南巡。乾隆历次南巡一般是正月从北京出发，陆路经直隶、山东到江苏的清口渡黄河，乘船沿运河南下，经扬州、镇江、丹阳、常州、苏州入浙江，再由嘉兴、石门抵杭州。回程时，绕道江宁，祭明太祖陵，检阅部队，于四月下旬或五月初返回北京，往返水路行程约2900千米。江南地区是明末清初抗清斗争较激烈的地区，乾隆南巡对外所说是奉母览胜，其实巩固清朝在东南地区的统治才是其真正目的。乾隆南巡主要有五个目的。一是蠲免积欠钱粮，扩大减免范围，向百姓昭示仁爱之心。二是优待文人，加恩江浙士绅，还通过祀典形式，从思想上、文化上来笼络读书人。三是阅视河务、海塘，六次南巡，五次视察河工，多次巡视海塘。四是巡视各地武装部队，加强对东南地区的军事统治。五是游览江南名胜，了解风土人情。乾隆六次南巡，对一向多事的东南地区的稳定起到了一定的积极作用。但是六次南巡对清朝社会产生了不良影响，浪费了大量人力、物力和财力，给民间带来了严重的灾难，也使吏治腐败不堪。据《扬州行宫名胜图》记载，两淮盐商为迎接乾隆南巡扬州，曾先后集资修建和再建宫殿楼廊5154间和亭台196座，并购置其中的陈设景物。

~

《乾隆南巡图》（局部）

乾隆南巡在大运河沿线留下了一批遗迹，特别是乾隆一路题词写诗，给运河各地留下了很多传说，这都成为今天开发运河旅游业的重要资源。

17 靳甫、陈潢与清口枢纽

靳辅，辽阳州（今辽宁辽阳）人，清代水利工程专家。康熙十六年（1677年）三月，靳辅被提升为河道总督，一直致力于治河。靳辅出任河道总督之日，正是黄河、淮河泛滥影响运河漕运之时。他上任后，采用了明代治河专家潘季驯的“束水攻沙”方法。清口是黄河与淮河交汇的地方，云梯关又是淮河、黄河的入海必经之路。靳辅实施了一系列治河工程，首开清口烂泥浅引河四道，疏浚清江浦至云梯关的河道，创筑束水堤一万八千余丈，堵塞王家冈、武家墩大决口十六处。又堵塞清水潭、大潭湾决口及翟家坝至武家墩一带决口。靳辅的治河提出了“欲使下流得治，必治好上流”的理论。改变运口是靳辅治河的一项重要内容。靳辅移清口的运口于烂泥浅之上。这个运口距黄、淮交会之处仅十里，从此再无淤淀之患，即使漕船重运过淮，扬帆直上，也如履平地。靳辅在宿迁、桃源、清河三县黄河北岸堤内开了一条新河，称为中河。中河修成后，漕船免去走黄河90公里的险路，大大地减少了漕船受风浪损坏的现象。

中河宿迁段

~

清口枢纽示意图

为了根除黄、淮两河水患，陈潢又打破自古以来“防河保运”的传统方法，提出了“彻首彻尾”治理黄河、淮河的意见，但未为朝廷采纳。

陈潢，秀水（今浙江嘉兴）人，清朝治河名臣。康熙十六年，河道总督靳辅看到陈潢的题壁诗，发现陈潢才学过人，于是召他入幕，协助治水。陈潢为制定治河工程计划，跋涉险阻，上下数百里。在治理方法上继承和发展了明代著名治河专家潘季驯“筑堤束水，以水攻沙”的治河理论，主张把“分流”和“合流”结合起来，把“分流杀势”作为河水暴涨时的应急措施，而以“合流攻沙”作为长远安排。在具体做法上，采用了建筑减水坝和开挖引河的方法。为了使正河保持一定的流速流量，发明了“测水法”，把“束水攻沙”的理论置于更加科学的基础上。由于陈潢指导有方，在他负责治河期间的黄河安澜无患。康熙二十六年经靳辅保奏，授陈潢佥事道衔。他的治河思想是“鉴于古而不泥于古”。并说：“有必当师古者，有必当酌今者。”“总以因势利导，随时制宜为主。”

贰

运河使用管理人物

01 〰 裴耀卿

裴耀卿，绛州稷山（今山西省稷山县）人 。唐朝时期宰相。他在拓展运河漕运方面作出了积极的贡献。在唐以前，朝廷的漕粮主要是山东、河北地区，还未尝远及江淮之地。唐代时，从东南地区运送漕粮供给京师，逐渐增多。开元二十一年（733年），关中地区长时间下雨，长安发生饥荒。唐玄宗准备移驾洛阳，特意召见时任京兆尹的裴耀卿，询问赈灾之策。裴耀卿分析当前形势，建议疏通漕运，征调江淮粮赋，以充实关中。唐玄宗对此非常赞同。十月，裴耀卿被任命为黄门侍郎、同中书门下平章事，并充任江淮转运使。裴耀卿总结前人的经验教训，健全了漕运制度，实行转般法和仓储制度的结合。对漕运进行了一系列的改革，提出“分段转运”的方法。为了方便东南地区漕粮的运输，他沿黄河建置河阴仓、集津仓、三门仓，征集天下租粮。过去漕运是由江淮地区直接运送到长安或洛阳，由于自然条件不同，各个河段适合通航的时间不一致，漕船运输过程中等待的时间较长。他精心设计了一条分段转运的线路，将江淮的粮食物资经过运河北上至河阴县，即纳入河阴仓。此后漕船就返航。而河阴仓的粮食安排其他船只重新运输，这样一来，减少了漕船等待的时间，漕运效率大大提高，三年时间便积存粮米700万石，省下运费30万缗。有人劝他将省下的钱财交给皇帝，以邀功请赏。裴耀卿却奏请唐玄宗，将这笔钱款充作官府的和市费用。

后人评价说：“江淮漕运，于斯称剧。顾始终三百年间，治漕称善者，前惟裴耀卿，后惟刘晏。”

02

刘晏

刘晏，曹州南华（今山东菏泽市东明县）人，是唐代著名经济改革家、理财家。安史之乱后，唐朝的经济处于崩溃边缘，刘晏受命于危难之际，走上了主管唐朝廷财政经济的岗位，他实施了一系列的财政改革措施：恢复漕运、改革盐政、重启常平法，为安史之乱后的唐朝经济发展做出了重要的贡献，在历史上产生了极其深远的影响。史学家将他与春秋时的管仲、战国时的商鞅、西汉的桑弘羊、宋朝的王安石、明朝的张居正并称为“中国古代六大经济改革家”。在漕运改革方面，刘晏将漕运由过去的民运改为官运，实行水路直达运输，而且将漕运全程重新分为四段，采用分段接运的办法，降低了漕运成本。刘晏还发明了“囊米法”，全面推行袋装运输。对造船工匠和漕运船工由无偿的徭役制改为有偿的雇佣制，按劳动量给付工钱。调动了劳动者的积极性，提高了造船和漕运的效率。同时，设计了适应江、淮、河、汴各条河流不同水文状况的漕船，既经久耐用，又能保证行船安全。他又将漕船编成人多势众的队伍，十船为纲，每纲300人，篙工50人，同时派军队护送，这样保护了漕运的沿途安全，恢复了遭受安史之乱破坏的运河漕运。

刘晏的改革，对恢复唐朝的漕运发挥了重要的作用，他是对运河管理和运河利用作出杰出贡献的古代能臣，堪称以运理财的第一人。

03

陈瑄

陈瑄，字彦纯，合肥（今属安徽）人，明代军事将领、水利专家，明清漕运制度的确立者。永乐十三年（1415年），明成祖因会通河全面通航，决定停止海运，改走内河漕运，由陈瑄负责。陈瑄建造浅船2000余艘，起初运输200万石，后逐渐增加到500万石，使得国用得以富足。当时，江南漕运沿运河抵达淮安后，须转陆运翻过河坝，再经淮河抵达清河，其过程损耗巨大。陈瑄采纳民间专家的建议，从淮安城西侧的管家湖起，开凿20里河渠，命名为清江浦，将湖水导入淮河，并修筑四座闸门，以方便泄洪。他还沿湖修筑十里长堤，以提高船只运输能力，使得漕船可以直达黄河，节省的费用不可计数。陈瑄督理漕运30年，针对漕运事务实行很多整改措施，精密而有远见，可谓“举无遗策”。

~

大运河淮安段的清江浦楼

运河与
文化名家

01 白居易：汴水流，泗水流，流到瓜洲古渡头

著名诗人白居易一生中几次沿着运河来往于洛阳和扬州、苏州、杭州之间，留下了众多诗作。其中最著名的是那首《长相思》："汴水流、泗水流，流到瓜洲古渡头，吴山点点愁。"形象地描述了沿唐代大运河旅行的线路。白居易出生在隋唐运河边的河南新郑，父亲在徐州等地做官，他十一二岁时就漫游吴越。他曾在杭州做官，在西湖主持修建了白公堤，还留下了"江南好，风景旧曾谙，日出江花红胜火，春来江水绿如蓝"名句。他离开杭州回洛阳时，走的还是运河，在《自余杭归宿淮口作》一诗中他写下道："舟行明月下，夜泊清淮北"（《全唐诗》卷431《自余杭归宿淮口作》）。宝历元年（825年），他又受诏为苏州刺史，又一次沿着运河旅行。在苏州他带领百姓建起了七里山塘，就是今天从苏州城内直到虎丘云岩寺的山塘河的前身。白居易的《赋得古原草送别》"离离原上草，一岁一枯荣。野火烧不尽，春风吹又生。远芳侵古道，晴翠接荒城。又送王孙去，萋萋满别情。"也是在通济渠畔的安徽宿州所作。白居易在大运河城市扬州还有一个与刘禹锡以诗唱和的故事。唐敬宗宝历二年（826年），刘禹锡罢和州刺史任返洛阳，同时白居易从苏州归洛，两位好友都走的是运河，在扬州他们喜相逢。两人同登栖灵塔，共话离别情。白居易在筵席上写了一首诗相赠，刘禹锡便写了《酬乐天扬州初逢席上见赠》来酬答他："巴山楚水凄凉地，二十三年弃置身。怀旧空吟闻笛赋，到乡翻似烂柯人。沉舟侧畔千帆过，病树前头万木春。今日听君歌一曲，暂凭杯酒长精神。"刘禹锡的名句"沉舟侧畔千帆过，病树前头万木春"成为千古名句。

苏州山塘河

~

栖灵塔

02 杜牧：十年一觉扬州梦

唐朝著名诗人杜牧与运河结下了不解情缘。杜牧曾为淮南节度府掌书记，淮南道的治所设立在扬州。这也就决定了杜牧和扬州的不解之缘。他在这里写下的关于扬州的诗篇，到今天依然为人们所津津乐道。《唐阙史》有一则写杜牧的故事说：杜牧年轻时，丞相牛僧孺出镇扬州，任他为节度使府掌书记，“牧供职之外，唯以宴游为事。扬州，胜地也，每重城向夕，倡楼之上，常有绛纱灯万数，辉罗耀烈空中，九里三十步街中，珠翠填咽，邈若仙境。牧常出没驰逐其间，无虚夕。”杜牧曾结识一位红颜知己，写下了著名的《赠别》诗：“娉娉袅袅十三余，豆蔻梢头二月初。春风十里扬州路，卷上珠帘总不如。”对扬州的了解和热爱，使杜牧离开扬州后，还写下了那首《寄扬州韩绰判官》：“青山隐隐水迢迢，秋尽江南草未凋。二十四桥明月夜，玉人何处教吹箫”。一直到晚年，杜牧还深情地追忆他在扬州度过的这段梦幻般美好的生活，他写道：“落魄江湖载酒行，楚腰纤细掌中情。十年一觉扬州梦，赢得青楼薄幸名。”折射出杜牧对扬州的痴情。

~
杜牧在诗中描写过的扬州二十四桥景区

03 张继：夜半钟声到客船

~
苏州寒山寺

写运河旅行的有一首很出名的唐诗叫《枫桥夜泊》，这就是唐代学子张继落第后沿运河旅行所作。他曾沿运河赴洛阳赶考，写出了《洛阳作》："洛阳天子县，金谷石崇乡。草色侵官道，花枝出苑墙。书成休逐客，赋罢遂为郎。贫贱非吾事，西游思自强。"根据《唐才子传》卷三记载，张继于"天宝十二年（753年）礼部侍郎杨浚下及第"，张继虽然进士及第，但在随后吏部组织的铨试中不幸落第。而就在天宝十四年（755年）一月爆发了安史之乱，天宝十五年（756年）六月，唐玄宗李隆基仓皇奔蜀。因为当时江南政局比较安定，所以不少文士纷纷逃到今江苏、浙江一带避乱。张继也避战乱回湖北襄阳老家，当时走的是水路。经过汴河到淮扬运河时写下了《晚次淮阳》："微凉风叶下，楚俗转清闲。候馆临秋水，郊扉掩暮山。月明潮渐近，露湿雁初还。浮客了无定，萍流淮海间。"反映了他寂寥的心情。到了苏州，正值秋夜，诗人泊舟苏州城外的枫桥。枫桥其实就在大运河苏州段的一处小洲上，枫桥便横跨在沙洲与河岸较窄一侧河面。江南水乡秋夜幽美的景色，吸引着这位怀着旅愁的客子，使他领略到一种情味隽永的诗意美，于是他信笔写下了这首意境清远的小诗："月落乌啼霜满天，江枫渔火对愁眠。姑苏城外寒山寺，夜半钟声到客船。"成为千古传颂的佳作。

04 范仲淹：先天下之忧而忧

~

北宋文学家范仲淹塑像

而他在《岳阳楼》中所写的“先天下之忧而忧，后天下之乐而乐”的名句，则一直为后世志士仁人所推崇。

古之文人，诗文中有一两句流传千古便是幸事，北宋文学家范仲淹以一句“先天下之忧而忧，后天下之乐而乐”而使岳阳楼屹立千载，其先忧后乐、忧国忧民的情怀为后世廉吏奉为圭臬。范仲淹是江苏吴县人，宋真宗时进士。仁宗时任吏部员外郎。庆历元年为陕西经略副使，庆历三年授参知政事。针对北宋积弊，与欧阳修等人推行“庆历新政”，为权贵不容。范仲淹中进士不久，即被任命为苏北东台的盐官，他建议重修捍海堰，受朝廷重用，任为兴化县令，他征集通州、海州、楚州、泰州四地4万民夫兴工筑堤，甚至捐出自己的官俸作为经费。这期间，因自然灾害，有不少民夫在灾害中死去，范仲淹因此被弹劾调离。但海边民众继续此事业，终于在天圣六年春完工，人们为了纪念范仲淹，将该堤命名为“范公堤”。1034年，范仲淹移官故乡苏州，正值苏州暴雨成灾，他主持建闸挡潮，提出“修圩、浚河、置闸”三种治理太湖流域水利的主张，为历代水网圩区的治理者继承。

05

苏轼：大运河城市的不解情结

苏轼曾写过一首关于大运河的诗《自河北放舟归江南》："晓来铜雀东风起，春风凌乱漳河水。郎官惊起解归舟，一日风帆可千里。侵晨鼓舵发临清，薄暮乘流下济宁。南宫先生先我去，花时想达瓜洲步。寻君何处典春衫，杏花烟雨大江南。"这首诗与他先后在运河畔的徐州、扬州、常州、杭州等地为官有密切的关系。在徐州任太守时，他曾带领人民抗洪，他的诗作《百步洪》就记载了这段经历："长洪斗落生跳波，轻舟南下如投梭。水师绝响凫雁起，乱石一线争磋磨。有如兔走鹰隼落，骏马下注千丈坡。断弦离柱箭脱手，飞电过隙珠翻荷。"苏轼在杭州时还有修西湖苏堤的故事，还写了《饮湖上初晴后雨二首》："水光潋滟晴方好，山色空蒙雨亦奇。欲把西湖比西子，淡妆浓抹总相宜"成为歌咏西湖的千古名句。

宋朝初年，汴河上便出现运卒、艄工利用漕船贩运私货和替商人搭载货物的现象。政府即默认了这种贩运活动，宋政府多次下令，禁止沿河税务机构拦检漕船。但到元丰年间，一些机构为了扩大商税收入，严查过往漕船，对私货征收过税。同时，又设置专船承运客商货物，断绝运输者揽运途径。这一新法的实行，减少了运输者的收入，引起了他们

~

平山堂

的激烈反抗，“虽加刀锯，亦不能禁其攘窃”；而且每盘查一船，全纲其余二十九船“皆须住岸伺候”，严重地影响了漕船航行。《宋史论稿》记载，元祐七年，扬州知州苏轼上奏激烈地批评盘检漕船之弊，要求恢复旧制。宋政府采纳了苏轼的建议，但对漕船所带私货的数量却明确加以限制，限定每船携带一分私货。从此，运输者利用漕船运销私货的权力，得到了公开认可。

苏轼与老师欧阳修都曾在运河城市扬州做文章太守，为向老师致敬，在欧阳修建的平山堂旁建了一座谷林堂。在扬州的运河古镇邵伯，苏轼与秦观、孙觉、苏辙、黄庭坚、张耒、晁补之等“七贤”在运河之畔的斗野亭作诗，使斗野亭成为文坛圣地。目前，斗野园内集苏（轼）、黄（庭坚）、米（芾）、蔡（襄）宋代四大书法家字迹的“七贤”诗镌刻在碑壁上。苏轼最后终老在常州，今天常州还建有东坡园，纪念这位文坛泰斗。

~
常州的东坡舣舟半月岛

~

秦观塑像

06 秦观：吾乡如覆盂

秦少游这位运河之子就出生在古邗沟旁，他曾号称邗沟处士。他在家乡的运河边留下了众多的诗词，秦少游在《咏乡》诗中写道："吾乡如覆盂，地处扬楚脊。环以万顷湖，粘天四无壁。"说这高邮的地势中间特别高而突出，而四周却是十分低洼，就像一只倒扣过来的水盂。他和老师苏轼在大运河沿线城市游历，留下了许多美丽诗词和运河佳话。苏轼曾到高邮看望秦少游，他们二人与孙觉、王巩会集于东岳庙附近，饮酒论文。后人就建了文游台的贺词而纪念这次四名士的雅聚。秦观在官场并不顺利，卒于贬谪途中。但他是一位杰出的词人，善写优美的抒情词，是北宋婉约词派的重要作家。他在作品中创造了许多深于情、专于情的优美女性的艺术形象，传达出词人的真挚情感，发展了词的技巧，如《鹊桥仙》《浣溪沙》等词。《千秋岁·谪处州日作》等词则写出了他屡遭贬谪、飘零潦倒的经历与生活，极度凄婉动人。现在，高邮仍建有秦少游纪念馆——文游台。

07

陆游：楼船夜雪瓜洲渡

陆游是南宋时期的爱国诗人，他一生都想着收复中原，无奈却只能寄情诗词。他位卑未敢忘忧国，曾向朝廷献计北伐，后又亲上边境战场。在《诉衷情·当年万里觅封侯》他记叙了这段经历："当年万里觅封侯，匹马戍梁州。关河梦断何处？尘暗旧貂裘。"在《书愤》中他写道："早岁哪知世事艰，中原北望气如山。楼船夜雪瓜洲渡，铁马秋风大散关。塞上长城空自许，镜中衰鬓已先斑。出师一表真名世，千载谁堪伯仲间！"《示儿》诗则将陆游始终不渝的爱国之志表现得淋漓尽致："死去元知万事空，但悲不见九州同。王师北定中原日，家祭无忘告乃翁。"

~
绍兴的沈园留下了陆游的爱情故事

08 李清照：生当作人杰，死亦为鬼雄

李清照与陆游一样，也是南渡人士，金兵入侵，李清照被迫南下，一家人开始过漂泊无定的生活。南渡第二年，丈夫赵明诚被任为京城建康的知府，不想就在这时发生了一件既是国耻又蒙家羞的事。一天深夜，城里发生叛乱，身为地方长官的赵明诚不是身先士卒指挥戡乱，而是偷偷用绳子缒城逃走。事定之后，他被朝廷撤职。

李清照这个柔弱女子，在这件事上却表现出大节大义，很为丈夫临阵脱逃而羞愧。赵被撤职后夫妇二人继续沿长江而上向江西方向流亡，一路难免有点别扭，略失往昔的鱼水之和。当行至乌江镇时，李清照得知这就是当年项羽兵败自刎之处，不觉心潮起伏，面对浩浩江面，吟下了这首千古绝唱："生当作人杰，死亦为鬼雄。至今思项羽，不肯过江东。"后来还写下"愿奉天地灵，愿奉宗庙威。径持紫泥诏，直入黄龙城。"的诗句。作为南渡人士，她始终不忘家乡，不忘复国，写下了诗句："子孙南渡今几年，飘零遂与流人伍。欲将血泪寄山河，去洒东山一抔土。"

09

文天祥：人生自古谁无死 留取丹心照汗青

南宋的民族英雄文天祥与运河结下了不解之缘，在南宋理宗宝祐四年（1256年）春，他曾经和弟弟文天璧一起沿运河赶赴临安参加科举，途经无锡黄埠墩时，面对小溪山峰美丽的风光，发出“君子进而在朝，则行其道；退而在野，则乐其志”的感慨。考试结束，在601名进士中，他名列第一，成了状元。后来因为他抗元的英勇事迹，人们称他为状元中的状元。文天祥第二次来到黄埠墩时，正是国事日下、元军大举南攻之际。元将伯颜率二十万大军南下，1275年三月，元兵攻陷无锡。到了十月，伯颜将攻常州，时任平江知府的文天祥率部将前去增援，经过无锡。文天祥第三次到无锡是在德祐二年（1276年）春。由于战败被俘，文天祥被元军押解去大都，路过无锡时，为防止被人劫夺，元兵将

~

无锡段运河中的黄埠墩

~
黄埠墩

船停泊在四面环水的黄埠墩上。当时正是农历二月，无锡百姓闻知文丞相经过，不顾元军阻挠鞭打，在运河两边排得密密麻麻，持香跪送，哭成一片。文天祥感动得热泪盈眶，吟诗一首《过无锡》:“金山冉冉波涛雨，锡水茫茫草木春。二十年前曾去路，三千里外作行人。英雄未死心先碎，父老相从鼻欲辛。夜读程婴存国事，一回惆怅一沾巾。”他回想起二十年前赶考时经过这里的情形感慨万千。由于黄埠墩四面环水，难以逃脱，文天祥被继续押送往北。谁知到了镇江后，他就被反元义士在半夜时分解救了出来，逃到福州继续领兵抵抗。今天的黄埠墩上，建有“正气楼”，来纪念这位民族英雄。后来文天祥再次被俘，面对敌人的屠刀，英勇就义，留下了“人生自古谁无死，留取丹心照汗青”的壮怀激越。

大运河两岸的风土人情

中国大运河的南北大贯通和迅速开发，
对运河区域的政治、经济、文化、社会、生活都产生了巨大的影响。
中国大运河不仅仅对流域内的经济兴盛与繁荣起到了重要的推动作用，
同时还改变了生活在运河周边的百姓的居住方式、
饮食习惯、服饰、交通出行、风俗习惯、信仰，
客观上也加速了中国南北文化和东西文化的融合发展。
这不仅为运河区域文化事业的发展提供了雄厚的物质基础，
而且也促进了国内文化和国外文化的大交流，
使各种地域文化和外来文化相互接触、融会、整合，
形成了独具特色的运河文化。运河文化以其博大的包容性和统一性、
广阔的扩散性和开放性、强大的凝聚力和向心力，
使各个区域文化融合为中华民族的多元一体的大一统文化，
对中国历史乃至世界历史都有着广泛而深远的影响。

运河让更多人傍水而居

河流是人类古代文明的摇篮，古代人逐水而居，几乎所有人类族群都聚居在河流旁。河流影响了人们的聚落，促进了城市的发展，也奠定了城市街道的格局。运河城镇形成了独特的居住形式，在北方表现为临水高地而居，而在南方则表现为“枕水人家”居住模式。大运河催生了一座座运河名宅、运河官署、运河名园，也形成了一条条运河名街，成为揭示运河文化内涵的重要物质载体。

~

枕水人家

大运河的贯通，极大促进了运河区域社会、经济、文化的大发展，人群聚集和交通的需求，催生出各种不同类型的与运河直接或间接相关的建筑。

01 运河居住风俗

人们常说“十里不同风，百里不同俗”，运河沿线的建筑风格就是这种不同风俗的表现形式。不同的自然条件，不同的地理环境，使运河区域形成了各具特色的居住风俗，在房屋形制和建房、搬迁礼仪上表现的尤为明显。

（1）住房

隋唐时，运河沿线民间建筑都是中轴线和左右对称的庭院布局，在宅内两座主要房屋之间，用带有直棂窗的回廊连接成四合院。明清时期，运河两岸居民住房多为砖木结构，方向大多数是坐北朝南，封闭式院落。直隶、山东一带大多是主屋3间，两头做卧室，中间是堂屋，堂屋主要用于接待宾客和全家人就餐等活动。房间前面开一个小窗户，透气采光。江苏、浙江一带住房则多为临河而居，将住房建在水边，部分延建到水面上，以石条柱砌柱脚，上面铺上石板，再在上面砌墙。这种房子称为水阁。南方住房还讲究明灶暗室，厨房要明亮，早晚可以节省灯油。卧室则要暗，隐蔽且有安全感。

苏州一带人家喜欢在庭院内种植桂花、玉兰及牡丹，忌栽桑槐。有“前不栽桑，后不栽槐”的说法，避“望门丧”“坏”的讳。而在山东临清、德州一带则喜欢在门前两侧栽槐树，长起来既遮阳又能有于打家具。因此有“姥姥门口大槐树”的童谣。

~

枕水人家的居住模式

~

上梁仪式

（2）建房

运河两岸建房时有许多仪式，首先建房要请阴阳先生看风水，定方向，确定建房日期。方向一般为坐北朝南，略偏西一点，称为“太平向”。隋唐时，人们在盖房时于破土动工前要宣读一篇《建宅文》，以祝福主人幸福吉祥。在上梁前，要唱《上梁文》。房屋建成后，还要举行镇宅仪式。房屋建成后，搬进新居之前，江苏一带要先在灶上烧发禄火，连续烧水直到把灶烘干。第一次点火要炒蚕豆，称为头头利市。进宅要祭祖宗，然后将祖宗牌位搬到堂屋，有的是挂在后门顶上。祖宗牌位安置好再祭宅神，然后才能搬家具进新房。

（3）迁居

运河沿线各地迁新居时都要择吉日，浙江一带乔迁时还要先搬梯子、竹竿等，取其步步高、节节高的吉祥之意。迁居后亲友送糕、元宝等，祝贺发财。山东运河沿线的人们迁居完成后还要准备酒菜，招待四方邻居，名为“喝邻酒”。

02 运河建筑特色

因为生活离不开水，古代人都喜欢逐水而居，有河流的地方必有人居住，纵贯南北11个纬度的大运河流域，形成了南北不同的建筑风格和营造体系。以三合院、四合院为基本平面结构单元的各类组合形式是运河北方地区房屋的形制和模式，其中以北京四合院为代表。而南方枕河而居的运河人家，沿着运河建房，基于南方的气候特征，当地居民建筑厅井多为横长边形，三合院、四合院共存。大户人家多以纵轴为经，层层铺展，形成了几进的建筑群，有的多至九进（九进为最高形制）。南方、北方沿运河地区因为经济发展迅速，都有不少世家建筑，逐步在运河沿线形成了一批名宅，有以扬州的盐商大宅为代表的南方风格，有以河南的康百万庄园为代表的北方风格，他们之间又相互影响。

大运河沿线的民居住宅可以分为四种类型。第一类是京津民居，以北京四合院和天津院落式民居为代表，都是合院式建筑，以青色为主，砖雕、木刻装饰考究。第二类是黄淮民居，以豫东、鲁西南、皖东北、苏北等地民居为代表，这些地方的民居以合院式建筑组合为主，同中求异，体现了融汇多地工艺的特点，具有南雄北秀的审美意向。第三类江淮

~
运河边的廊道

民居主要是指扬州、泰州等地的范围，也包括南京、镇江的一部分。横长的天井是这类民居的特征之一，形成于清末的扬州旧城区的民居，以院落串联房屋，大体分为入口院落、厅堂院落、内宅院落及服务用房院落几部分。扬州民居的厅堂有正、偏之分，方位上东为上，西为下。第四类为江南民居，特点是以水系为脉络，形成水陆相邻、河街并行的水陆双棋盘格局。因邻水，为防潮湿，大多数为楼居，底层檐廊多为开敞式，而且沿运河边都有廊道。大型住宅大门正对处多设有影壁。

尽管这四种民居特点各异，但在发展过程中也互有交流传承，大运河沿线的建筑艺术正是在相互影响中不断走向成熟的。扬州的吴道台府就是仿照浙派建筑建造的。吴道台府是光绪年间浙江宁绍道台吴引孙退休返乡后，聘请浙江工匠仿造宁绍道台府，在扬州修建的一座私人宅府，是扬州唯一一处浙派古住宅建筑群，也是扬州最大的官宅建筑。整个宅第为长方形大院落，建筑面积2950平方米，原有房99.5间，今天只剩86间。宅第规模宏大，结构精巧，雕工精致，保存完好，以浙江建造法则为基础，又糅合了扬州传统的建筑风格，为扬州古建筑中独具一格的住宅建筑群。特别是宅第东北角的藏书阁测海楼，几乎照搬了宁波天一阁的建筑风格，前后重檐，两山墙砌高耸“五岳朝天”防火墙，构架格调完全和天一阁相似。原有藏书8020种，247759卷。扬州街南书屋的小玲珑山馆与天津的古建筑水西庄有相互影响。天津水西庄与扬州小玲珑山馆、杭州小山堂被并称为清代中期三大著名私家园林，水西庄在建造过程中对扬州小玲珑山馆也多有借鉴。

~

街南书屋中的小玲珑山馆

03 大运河园林

运河离不开水，大运河沿线城市一般都位于水网密布的水乡，水系发达，无论是扬州、无锡、常州，还是苏州，古城水系都是大运河的支流水系，不仅承载着运输功能，也是城市居民的生活水源。大运河沿线的古城地形，一般都是西北高东南低，运河水由西北角注入古城，通过城市水网流经全城，再由东南角流出，为整个古城提供鲜活的生活、生产用水。扬州古城无论是唐宋时代运河穿城而过，还是明清时代运河绕城而行，大运河都是城市的主要水源和运输通道。而中国的园林总是离不开水，历史上扬州曾有“园林多是宅，车马少于船”之说。这一方面说明了扬州这座运河古城水系的发达，另一方面也充分说明扬州古代园林的兴盛。

大运河沿线城市园林的历史十分悠久。春秋时，吴国就开始建姑苏台、馆娃宫，这是苏州园林建筑的开始；东晋顾辟疆所筑的辟疆园是江南最早的私家园林。南园及现在的沧浪亭始建于五代，当时，钱元轩在苏州以“好治园林”而出名。北宋末年，宋徽宗好奇花异石，在苏州广为采运。到了明清两代，许多退隐官员都在苏州建造了园林。清末，有记载可查的大小园林有270多处，至今保存尚好的仍有69处。其中著名的有宋代的沧浪亭、元代的狮子林、明代的拙政园、清代的留园，称为苏州四大名园。这些园林模拟自然景色，利用水面、奇石和花木，吸收了文学、国画、书法、雕刻、工艺美术等技巧手法，通过理水、叠山、绿化、建筑、陈设、装饰等形成建筑为中心的综合艺术，创造诗情画意的城市咫尺山林意境，具有独特风格，集中表现出我国南方园林建筑艺术的精华。

大运河园林的整体特征主要体现在四个方面。

一是师法自然。在造园的总体布局、形象组合上都合乎自然。山与水以及假山中的各种景象要素的组合要符合自然界中山水生成的客观规律。每一处山水景象之中要素的形象组合要合乎自然规律。如水池常作自然曲折、高低起伏状。

二是融于自然。运河园林用种种办法来分隔空间，其中主要是用建筑来围蔽和分隔空间。分隔空间力求从视角上突破园林实体的有限空间的局限性，使之与自然融合。因此必须处理好形与神、景与情、意与境、虚与实、动与静等种种关系，把园内空间与自然空间融合起来。比如漏窗的运用，使空间流畅，视觉流畅，因而隔而不绝，在空间上起相互渗透的作用。

三是讲究亭台轩榭的布局和假山池沼的配合。亭台轩榭在布局上“绝不讲究对称”，充满自然之趣的布局美。假山的堆叠有自然之趣，池沼大多引用活水，石岸总是高低屈曲任其自然，还布置几块石头或种上花草，使得运河园林中的假山与池沼虽出自人工，却能宛如天成。

四是讲究花草树木的映衬和近景远景的层次。花草树木的映衬同样着眼在画意：既讲究树木的错落有致，又照顾到季节的变换，修剪技巧上取法自然。巧妙运用花墙和廊子，使大运河园林显得层次多，景致深，景物不是一览无余地展现在游览者的面前，而是逐次展露，游览者可以领略到移步换景的乐趣，获得的审美享受也更为深长。

~

俯瞰大运河苏州城区段

苏州是一座由大运河及其城区水系形成的水陆双棋盘格局的城市，运河与古城水系融为一体，大运河通过山塘河、上塘河、胥江汇入苏州护城河，并与苏州城内的水网河道相连。大运河水系造就了古城水陆并行、河街相邻的城市布局，并直接促成了享誉世界的苏州园林。

扬州瘦西湖航拍

（1）扬州园林

扬州园林久负盛名，早在西汉时的藩国吴国、江都国、广陵国就开始在今天的扬州城建成了宫室林苑。著名诗人鲍照在《芜城赋》中就描述过吴王刘濞时宫室林苑的场景。扬州历史上有计划的造园活动可以追溯到南朝宋文帝元嘉二十四年（447年），《宋书·徐湛之传》记载：南兖州刺史徐湛之于广陵蜀冈之“宫城东北角池侧”“更起风亭、月观、吹台、琴室，果竹繁盛，花药成行”。如今瘦西湖小金山的“月观”“吹台”等景点即是仿此遗意构筑而成。到了隋代，隋炀帝屡次巡游扬州，为了他纵情享乐的需要，地方官员在扬州大造离宫别馆，既有崇殿峻阁，复道重楼，又有风轩水榭，曲径芳林，将皇家建筑与山水园林巧妙地结合起来。可以说，扬州的园林发迹于宫廷苑囿。清代康熙、乾隆皇帝的数次南巡均以扬州为主要驻跸之地。两淮盐商为接待帝王南巡，大建宫室、园池、台榭，城内园林名胜，甲于天下。据记载：清康熙南巡驻跸扬州，扬州先后建有八大名园，其中七座园林移到连缀历代城濠而成的瘦西湖两岸兴建，形成湖上园林。乾隆六次南巡驻跸扬州，“官商穷尽物力以供宸赏”，名园比比皆是，形成了瘦西湖二十四景，并形成了完整的水上游览线路。（吴晓敏等：《扬州园林初探》）

~
何园水心亭——华灯初上
现存扬州园林主要由湖上园林瘦西湖及城区的盐商私家园林何园、个园、汪氏小苑、小盘谷、二分明月楼等组成。

~
秋天的何园水心亭

（2）杭州西湖

杭州西湖，旧称钱塘湖、西子湖，自宋代开始通称西湖。610年以后，江南运河开通并与长江以北的运河相连，便利了杭州的交通，促进了杭州经济的发展，对西湖产生了巨大的影响。西湖的基本布局形成于吴越王朝和南宋时期这两个朝代。五代十国时期，吴越王国建都杭州，在湖区周围修建了大量的寺庙、宝塔、神龛和石窟。扩建了灵隐寺、六和塔、雷峰塔、白塔等。这个地区因此被称为“佛教国家”。（历史小树：《西湖的五次重要历史变迁》）由于其地质特征，淤泥在西湖中迅速沉积，疏浚成为一项日常维护工作，927年，吴越王钱柳建立了一支1000人的清淤大队，负责割草、深泉，并保存了湖的水体。清朝的康熙皇帝和乾隆皇帝沿大运河到南方巡游，多次在杭州停留，加快了西湖的改造和修复。康熙皇帝曾五次访问杭州，并写下了南宋“西湖十景”的名字。此后，“双峰穿云”“秋月映湖”等景点便固定了位置供观赏。乾隆皇帝曾六次巡游杭州，创作诗歌，为“十景”立碑。他还为“龙井八景”题名。现在的杭州西湖三面环山，湖体呈椭圆形，水面面积5.06平方千米，岸周长15千米。湖面由白、苏两堤分成外湖、里湖、岳湖、西里湖、小南湖五个部分。湖中有孤山、小瀛洲、湖山亭、阮公墩四岛。在这个区域内既有形成于南宋，闻名于清代康熙年间的西湖十景；又有于1985年经杭州市民与专家评选确定的新西湖十景；同时还有分布在这新旧十景间的形成于清代的西湖十八景。

西湖风光

~

颐和园对江南造园艺术的借鉴

颐和园亭台、长廊、殿堂、庙宇和小桥等人工景观与自然山峦和开阔的湖面相互和谐、艺术地融为一体，整个园林艺术构思巧妙，在中外园林艺术史上地位显著。

（3）北京颐和园

颐和园既是北京的地标，是北京水利系统的重要节点，更是园林文化的集大成者。颐和园集中国传统造园艺术之大成，万寿山、昆明湖构成其基本框架，借景周围的山水环境，饱含中国皇家园林的恢弘富丽气势，又充满自然之趣，充分体现了“虽由人作，宛自天开”的造园准则。其效法自然的布局、诗情画意的构思、因地制宜的处理、建筑为主的组景、园中有园的手法等造园艺术都分别在各个景点中有所体现。

04 运河古镇

在大运河沿线，人们沿着大运河逐水而居，在沿运河而兴起的古镇中，有着鲜明的运河烙印。在北方，古代的运河催生了一批古镇的繁荣；在南方，至今运河水系与古镇水系仍旧巧妙连接，形成了独特的“枕水人家”居住模式，形成了一批历史城镇的运河街区，甚至一些大户人家的豪宅大院也沿运河而建，生动地展现了大运河对生活方式的塑造。

~

运河古镇

大运河沿线有一批临水古镇，如天津杨柳青镇、扬州邵伯镇、湖州南浔镇、杭州塘栖镇、河南道口镇、徐州的窑湾镇、微山湖中的南阳镇等，它们的形成与发展都与大运河有着密切的关系。

（1）南浔古镇

南浔镇位于頔塘东端，是頔塘故道上最知名的运河古镇。南浔镇原为一村落，于南宋时期发展扩大，成为市镇。15～19世纪由于蚕桑业、手工缫丝业而发展繁荣，并依靠大运河支线——頔塘运河的交通便利，发展形成了基于頔塘运河的独特十字港架构格局。20世纪初，南浔古镇依托大运河及周边地区发达的蚕桑与农耕经济，作为名甲天下的南浔辑里丝的主要产地和集散地，成长为国内最大的丝商群体，南浔也因此一跃而成为江南重要商业城镇。

南浔镇区内保留着明清历史风貌，较完整地体现了清末民初南浔古镇的街区格局和历史风貌。镇区内相关建筑遗产保存完好，重要保护建筑作为博物馆向公众开放，其余民居建筑基本保持了原有的居住功能。南浔古镇是因大运河（頔塘）而起源、发展、兴旺的市镇的典型例证。

南浔是中国近代史上罕见的一个巨富之镇。孙中山就职临时大总统的第二天，就曾正式宣布南浔镇升级为市。

~

南浔古镇

在这个熙熙攘攘的古镇上，有着号称“四象”的江南四大首富。又有类如《红楼梦》中宁国府、荣国府那样八家公爵似的，号称“八牯牛”的大富之户，以及拥有充满了民间嘲讽意味的，号称“七十二只金黄狗”的豪门、财主。

（2）邵伯古镇

古镇邵伯，南北航运要道，商铺鳞次栉比，是大运河闻名遐迩的繁华商埠。

邵伯镇位于扬州市江都区。邵伯还有一别称，名叫“甘棠”和“邵伯埭”，因东晋太元十年（385年）著名政治家、军事家谢安于此筑埭造福于民而得名。邵伯古镇钟灵毓秀，人杰地灵，古往今来，隋炀帝、孙觉、苏轼、苏辙、黄庭坚等众多文人墨客都在这里留下了足迹，邵伯镇还有斗野亭，镇水铁牛、谢公祠、云川阁、大码头、条石街、甘棠古树等十多处古迹。

邵伯镇有众多的大运河遗产。邵伯明清大运河故道位于邵伯镇西，北至邵伯节制闸，南至南塘，长约2000米，宽约30米。该河道目前功能已废弃，但河道整体走向、河岸护堤及码头仍然得以保留。邵伯明清大运河的前身是邗沟的一部分。1600年，为避免湖面的风浪影响漕运，在邵伯湖东侧修建堤坝，使大运河的主航道与邵伯湖彻底分开，成为独立的航道。在清朝曾经有过两次大的维修，并留下“金堤永固”“甘棠保障”两块石刻铭记。近年来，邵伯明清大运河故道经过清淤、绿化等修缮整治，铺设栈道和亲水平台。

邵伯古堤是位于邵伯明清大运河故道东岸的一段古运河河堤。邵伯古堤始建于宋代，用于防止邵伯湖湖水外泄，保持运河水位。明代以后，运河成为淮河的入江通道，河床逐年淤垫升高，运河逐渐成为悬河，对运河以东地势低洼的里下河地区形成巨大威胁，此段大堤作为防洪屏障被不断加高加固。邵伯古堤的修筑，使邵伯段大运河脱离湖面，成为独立航道。同时，古堤也是抵御淮河洪水，保障邵伯镇安全的重要屏障。古堤上有邵伯铁犀，是清朝康熙三十八年运河决堤以后，古人为了镇水于康熙四十年（1701年）而浇铸的，当时分两次一共浇铸了十六头，也是人们常提起的“九牛二虎一只鸡”，这些镇水异兽分别置于大运河弯道水流湍急之处。

邵伯码头是一个码头群，目前可见的有四个，而保存最完整，也是气势最恢弘的就是俗称的“邵伯大码头”，据专家考证，明清以来该码头至少有三次以上的修缮，“大马头”二个字据说是乾隆所题。

在邵伯镇西的大运河上还有一个建于民国年间的老船闸。老船闸位于今邵伯船闸东侧的高水河边，民国二十五年（1936年）建成并投入使用。当时的国民政府治淮委员

～
邵伯三线船闸
目前，苏北运河航务管理处建了一个船闸博物馆，来展示运河上各个历史时期的船闸。

会为了改善运河状况，以求灌溉船运之发展，利用“庚子赔款”的冲免部分兴建了这座船闸。这座由蒋介石题写名称的船闸为钢制闸门，附有启动机械，以四人之力摇把启闭，节时省力。**邵伯船闸是中国最早的现代化船闸，是中国运河水运史上的杰作。**在邵伯，早在东晋太元年间，就有谢安筑埭的记载。从唐代的“斗门单闸”，宋代的“二斗门式船闸”，清代的“邵伯船闸”，解放前的“新式船闸”，直到今天的邵伯三线船闸，邵伯已成为我国船闸演变历史的见证。

（3）微山湖中的南阳古镇

南阳古镇位于山东省济宁市微山县境内，位于南四湖北侧的南阳湖中，由于大运河穿湖而过，所以，在这狭长的湖面上伴河形成了一个曾经显赫一时的运河名镇——南阳古镇。它是由东西长3500米，南北宽500米的主岛和多个自然的小岛组成的，周围碧水环抱、运河从中间穿过、小巧玲珑，犹如一幅美丽的水墨画。

南阳古镇是微山湖中运河线上最有特色的历史城镇。在古代，城镇依运河而建。元朝至顺二年（1331年），这里建起南阳闸，开始建镇。明代隆庆元年（1567年）漕运新渠竣工，南阳成了运送货物的码头。其后明清两代，南阳“渔船、酒船、商船、米面船，往来相接，群聚檐樯林立如街市”。繁盛之时，南阳镇有皇宫所（现存）、皇粮殿、二爷庙、古运河闸、魁星楼、文公祠、大禹庙、杨家牌坊、不沾地旗杆等十多处名胜古迹，清政府曾在此设守备及管河主簿。乾隆皇帝下江南也曾在镇上逗留，并为马家店题写匾额，他走过的门槛被珍藏了230年之久。

南阳街有史以来就是以商贸交易繁华而著称的，至今仍然经久不衰。老街上分布着大大小小的店铺商号，现在仍可以查询出旧时的老字号名。

（4）窑湾古镇

窑湾古镇坐落于徐州新沂市窑湾镇境内，位于徐州与宿迁交界处，窑湾古镇素有“东望于海，西顾彭城，南瞰淮泗，北瞻泰岱”之说，号称“黄金水道金三角”，有“小上海”之称。随着明清漕运和盐业的兴盛，窑湾商肆栉比，商贾云集，街上行人如织，水上舟楫连绵。清末民国初期，窑湾镇有商号、工厂、作坊等360多家，其中钱庄就有13家。货物经窑湾远销南洋、日本等地。英国、法国、荷兰等国家的商人、传教士来窑湾经商传教，当年镇上设有美孚石油公司、亚西亚石油公司和五洋百货等外国公司。

徐州窑湾镇

曾经这里外国的汽艇、国内的小货轮在窑湾码头来往穿梭，河面桅樯林立，街道人流如织。民国时有商铺、宅院、教堂、庙宇8000多间。

（5）瓜洲古镇

从交通枢纽的角度看，运河古镇中最出名的要数因渡成镇的瓜洲古镇。瓜洲镇位于扬州市最南端，处于古运河入江口处，作为大运河南下入江的交通要冲，从唐代开始，要沿运河行船北上，绝大多数要经过长江边的瓜洲古镇。自唐末，瓜洲渐有城垒；南宋乾道四年，瓜洲开始筑城；明代瓜洲城周长一千五百四十三丈九尺，高二丈一尺。元代设置行省于此，明代设同知署，清代设巡检行署、漕运府、都督府等。瓜洲从唐代直到清代都是文人荟萃之地。唐代的李白、白居易，宋代的王安石、陆游，明代的郑成功，清代的郑板桥等，都曾在瓜洲寻幽探胜，并留下了大量吟赋瓜洲的篇章。

~

瓜洲运河

瓜洲有“江淮第一雄镇”和“千年古渡”之称。

~

杭州塘栖古镇

因大运河的滋润，塘栖以其独特的地理环境，形成了一个著名的水路码头。四邻八乡的物产都顺着河流到这里来贸易。塘栖古镇还有着深厚的文化积淀，文化遗产众多，广济长桥、乾隆御碑……默默向人们细数当年的风采。

（6）塘栖古镇

杭州塘栖古镇历史悠久，始建于北宋，自元代商贾云集，明清时成为“江南十大名镇”之首。塘栖镇位于杭州市北部，大运河穿镇而过，使其成为苏、沪、嘉、湖的水路要津。据胡玄敬《栖溪风土志》记载：塘栖“财货聚集，徽杭大贾视为利之渊薮。开典、囤米、贸丝、开车者，骈臻辐辏，望之莫不称财富之地”。明代，塘栖古镇店铺林立，百货充盈；其中以枇杷、甘蔗、荸荠、鲜鱼为大宗。清代至民国，镇内集市贸易尤为兴旺，朝市、晚市、香市、庙会支撑起半壁江山，成为江南水乡著名的水路码头。

（7）张家湾古镇

与瓜洲一样因交通枢纽成镇的还有北京通州的张家湾古镇。张家湾镇位于北京市通州区东南部，是因航运而繁荣起来的运河码头。辽代萧太后运粮河的河口即在此处港湾，海船至此，易小船驳运，此湾成为朝廷漕运码头。元世祖建立大都城，粮用依赖江南。至元二十二年（1285年），万户侯张瑄首次指挥海船运输漕粮自渤海溯海河而上，再沿潞河（时称白河）逆流至此湾，然后调用大车陆运到大都城。此处用作码头，一直到清嘉庆七年（1802年）潞河（北运河）改道才停止使用，用作大运河北端码头达700多年。这里因而形成巨大的村落，因张瑄督海运到此而命名为张家湾。明清时城内商号林立，有"大运河第一码头"之称。现存的通运桥坐落在张家湾古城墙边。

（8）杨柳青古镇

因年画成镇的杨柳青古镇位于天津市西青区的杨柳青镇，因杨柳青木版年画产自这里而名扬天下。明代永乐年间，大运河的全线贯通以及天津漕运的兴起，使杨柳青镇成为南北商品交易的重要集散地，周边地区的木版年画艺人先后迁居杨柳青镇。后来，人们发现杨柳青镇外盛产的杜梨木非常适宜雕版，杨柳青木版年画随即兴起，出现了"家家绘点染，户户擅丹青"的繁荣之势。天津杨柳青木版年画与苏州桃花坞并称中国版画的"南桃北柳"。 现存有明万历四年（1576年）所建的文昌阁，该建筑是国内保存最完好明代楼阁式建筑。建于130年前的安家大院也名闻遐迩。

~

《潞河督运图卷》（局部）

运河沿岸形成了独特的美食

吃是运河文化中最生活化的一面，大运河与饮食文化关系十分密切，大运河沿线物产富饶，经济发达，饮食也十分丰富。随着横贯南北的大运河的开通，南方的稻作区和北方的产麦区紧密联系在一起，大运河成了饮食文化交流的主要通道。因为运河的传播交流，运河沿线城市的饮食文化都相互渗透影响，互有交流传承，在大运河沿线形成了一条香飘万里的美食带。运河沿线独特的饮食文化，成为沿线人民共同的情感、共同的乡愁，从而影响着运河沿线人们的饮食行为和习惯。

01 运河沿线日常饮食

中国人的日常饮食分为主食和菜肴两类。一方水土养一方人，运河沿线人们的主食按粮食产区可分为两大类：秦岭-淮河以北的地区因盛产小麦、杂粮，人们以面食为主；而以南地区则因盛产稻米，以米饭为主。大运河淮安以北地区的苏北、皖北、河南、山东、河北、天津、北京等运河北部地区的代表性主食有窝窝头、菜团子、饺子、包子、面条、煎饼等。淮安以南的苏中、苏南、浙江等南方地区的代表性主食则有米饭、米粥、泡饭粥等。

运河沿线日常佐餐的菜肴也与各地的出产紧密相关。运河各地的菜肴原料大都以全国常见的鸡、鸭、鱼、猪肉、蔬菜为主，但南北两地做法上又各有特色。江南运河两岸的苏南地区家常菜中，青菜是最主要的蔬菜，家常佐餐必备一个汤。春季竹笋上市时，主要有用笋、鲜蹄髈或咸肉做的“腌笃鲜”；夏季是咸菜豆瓣汤、咸菜冬瓜汤、番茄汤唱主角，也用鸡、鸭、鱼、排骨、虾米做汤。苏南人还喜欢自制咸鸭蛋、皮蛋、咸菜、咸肉等。而淮扬运河边的淮安一带以传统腌制的咸菜、红白萝卜、大头菜、蒜头为佐餐菜肴，农村地区则以一种用粮食发酵后晒制的豆酱、甜面酱、酱豆等为佐餐菜肴，一般待客的菜肴是百页、粉丝、豆腐等，宴席上的菜肴有鸡、鱼、猪肉、蛋等。

而扬州等地则因盐商带来的精致生活，善做江鲜和家禽，江鲜中的长江三鲜：刀鱼、鲥鱼、鮰鱼被奉为上等鱼。在扬州，以鸭肉为原材料的食品就有板鸭、咸鸭、脱骨八宝鸭、糟鸭、黄焖鸭等，还有著名的三套鸭：将家鸭、野鸭和鸽子分别整料出骨，将鸽子由野鸭刀口处套入腹内，再将野鸭套入家鸭腹内烧制而成。通济渠边的开封则有一道菜叫“套四宝”，与“三套鸭”差不多。是用家鸡、鸭、鸽、鹌鹑层层相套制作而成。这些饮食习惯从古代至今都一直保持着。有一道菜运河沿线很多地方都喜欢做，尽管味道不尽相同，但食材基本都离不开鱼丸、肉丸、肉皮、蛋饺、鹌鹑蛋、河虾等荤菜，再配上山药、香菇、木耳、青菜头、豆制品等素菜，有的地方还加上鲍鱼、鱿鱼等海鲜。这道菜有一个吉祥好听的名字：全家福，又称大杂烩。

~

运河地区人普遍喜爱的菜全家福

~

运河地区人们用家禽蛋制作的变蛋

在浙东运河沿线的绍兴一带，则喜欢吃经过“霉”制或腌制过，带有异味的菜肴，如霉豆腐（腐乳）、霉干菜、霉毛豆、霉千张、霉苋菜梗、臭豆腐干等。绍兴菜的特点就是霉臭、糟醉、酱卤、河鲜。这些做法与当地的气候有关，与运河也有密切的关系。问起绍兴的地道餐馆，人们都说到河埠头，这个河埠头就是靠近运河码头附近的饭店。饭店的当家菜则是蒸臭豆腐、霉千张蒸肉糜、干菜焖肉、鱼鲞蒸肉饼、酱鸭、白切鸡、素卤什锦、酱香肠等。运河地区人们还普遍喜欢用家禽蛋做菜：有的白煮，有的盐焗，有的热炒，有的做汤，更有将家禽蛋制作成松花蛋，俗称“变蛋”。

02 运河地标名菜

中国有句俗话："靠山吃山，靠海吃海"，由于气候、物产和人们生活习俗的差异，中国南北各地产生了丰富多彩的饮食文化。

运河沿线的城市，不仅美景天下闻名，美食更是流传千古，因各地的出产不一，形成了一批独具特色的地标名菜，成为运河美食文化的巅峰之作。有人将大运河地标名菜、名点总结为活、精、雅三个特点。扬州的清炖蟹粉狮子头、盱眙的龙虾、洛阳的锅贴、宿迁的黄狗猪头肉、宿州的萧县羊肉、天津的银鱼紫蟹锅等，体现了大运河地标名菜名点的"活"字，选材均源于运河沿线老百姓的生活中的普通食材，通过采用活态地标美食，呈现人们对美好生活的向往。而扬州的淮扬细点、镇江的宴春三丁包、徐州的骆马湖鱼头饺子、苏州的松鼠鳜鱼等则体现了运河名菜名点的"精"字，特点是做工精细、精致、精美。无锡的酱排骨、扬州的三套鸭、浙江的莫干笋编情等则体现大运河美食的"雅"字。

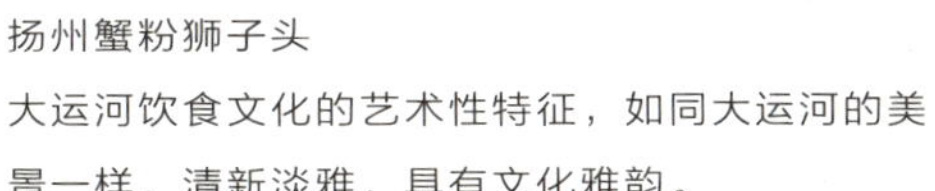

扬州蟹粉狮子头

大运河饮食文化的艺术性特征，如同大运河的美景一样，清新淡雅，具有文化雅韵。

无锡糖醋排骨

03 运河名特小吃

运河两岸的人们在日常生活中也创造出种类繁多的名特小吃，这最能反映饮食风俗。运河北端的天津地方风味很多，有杨村糕干、贴饽饽熬小鱼；山东则有德州五香脱骨扒鸡，临清有徐家煎包、财神庙小娘们儿水饺、油酥火烧、豆沫、豆汁、清平凉粉等，济宁有托板豆腐，微山湖湖中运河旁的南阳古镇则有烧野鸭、挎包火烧。江南运河最南端的杭州小吃也多，有清明狗儿，一种用糯米拌青蒿，捏成小狗形状的清明团子，据说小孩吃了就不"疰夏"。还有桂花鲜栗糕、虾爆鳝面、片儿川、猫耳朵等。通济渠畔的开封灌汤包子是一道著名的运河小吃，来到开封的人，大多数都会去品尝。开封人形容这种包子"提起来像灯笼，放下像菊花。"这种包子在《东京梦华录》中就记载过，据说北宋时的灌浆馒头就是这种薄皮大馅、灌汤流油、软嫩鲜香、肥而不腻的小笼包子。

随着运河的传播，许多名小吃已成为世代传承的饮食非遗项目，成了运河美食文化的活化石。非遗小吃中天津的张氏十八街麻花、北京的驴打滚、常州的麻饼、苏州的豆腐干等，都久负盛名；沧州的河间驴肉火烧、德州的空心琉璃丸子、泰安的三美豆腐、苏州的枣泥拉糕、湖州的烂糊鳝丝、杭州塘栖的粢毛肉等也名传四方。大运河沿线代表性的饮食非遗还有扬州的扬州炒饭、千层油糕、文思豆腐、宝应捶藕，常州的网油卷，镇江的锅盖面跳面，淮安的李三吉钦工肉圆，河北的背手捏制小笼灌汤包，泰州的靖江蟹黄汤包，苏州白玉方糕等。

运河小吃制作图

04 运河特色名宴

大运河沿线自古以来就是鱼米之乡、交通要冲，隋炀帝三下江都，唐宋两代文人墨客来往于运河之上，明代士子们游学于运河两岸，清代康熙、乾隆祖孙俩多次沿着大运河巡幸江南，各地争相进贡美食，运河沿线形成了一批饕餮盛宴。大运河地方名宴是运河美食文化的集大成者，运河各地因生产情况不同、文化传统不同，又形成了千差万别的宴席菜系，总体上有两大类，即北方类型的鲁菜和南方类型的淮扬菜。具体做法上又分为四大类。

大运河名宴表

名菜	城市	河段	特点
三头宴 冶春早茶宴	扬州	淮扬运河	反映了运河沿线浓浓的生活气息，生生不息的人间烟火味道
雅厨和风宴 阳羡生态宴	苏州 无锡	江南运河	代表了运河美食传承方向、绿色发展理念
盛世牡丹春江宴 津沽溯源宴 游子文化宴	北京 天津 杭州	通惠河 南北运河 江南运河	诠释了大运河美食源于传统，提炼经典、服务百姓消费新需求
孟府家宴 彭祖宴	济宁 徐州	会通河 中河	体现了传统饮食文化与现代文明交相辉映的特点

这里面，扬州三头宴是流传较广的。所谓“三头”是指扬州菜中最负盛名的清蒸蟹粉狮子头、扒烧整猪头、拆烩鲢鱼头，合称扬州“三头”。

（1）拆烩鲢鱼头

必须用大头鲢鱼的头作为原材料，烹调后上桌时，要不带鱼骨。

~

扬州三头宴中的拆烩鲢鱼头

这道菜的功夫全在于拆骨后鱼头形状依然基本完整，做到这一步需要相当的功夫。

（2）清蒸蟹粉狮子头

一是要求肉中不掺淀粉而加拍碎的荸荠来增加爽脆口感，同时减少纯猪肉的紧结发硬；二是四成肥、六成瘦的肉需经过细切粗斩处理，也就是从整块肉切到肉丝、肉粒的过程要多刀细细切来，而从肉粒到肉糜的过程，不能用机器；三是必须要加上蟹粉；四是必须是清炖的，不能红烧。

~

清炖狮子头

（3）扒烧整猪头

这是三头宴中最难做的，将新鲜的猪头去除骨头、毛，从中间切开后洗净，放入锅中加入酱油、盐、冰糖等调味料煮烂即可食用。这道菜的特殊之处就在于所有骨头都已在烹调过程中剥离了。这道菜上桌时是要将猪舌头放在大圆盘中间，头肉面部朝上盖住舌头，再将腮肉、猪耳、眼球按猪头的原来部位装好，成整猪头形，浇上原汁，缀上香菜叶即成。

扬州三头宴中的扒烧整猪头
这道菜传说最早是小山和尚在坛子中闷成的，需要加工8小时以上，因此一般饭店没有预订是无法上桌的。

如今三头宴又出了改良版，随着自驾游的人群增多，两三个人就餐的多了，三头宴全部上桌吃不完，扬州人为了让外地客人尽可能多地尝到三头宴的风味，发明了鱼头加狮子头的双头烩，有时为了好看，还加上鸡蛋同烧一锅。另外猪头肉也不上整的了，而是切成片，用面饼夹着吃，有点像北方的肉夹馍，这也是运河南北饮食文化相互影响的结果吧。

除了上表的宴席，大运河沿线还有两个著名的宴席，即反映民族文化融合的宫廷宴席满汉全席、融入诗书情怀的文人宴席红楼宴。

（4）满汉全席

这是一种集合中国满族和汉族饮食特色的巨型筵席，包括蒙古亲藩宴、廷臣宴、万寿宴、千叟宴、九白宴、节令宴6类宴席。清朝初年，宫廷内宴会，满汉席是分开的，先吃满菜席，再上汉菜席，称作“翻台”。康熙皇帝66岁大寿举办宴席时，为了化解满汉不和，将两席的馔肴融合成一席，由满人的厨师和汉人的厨师合作做一桌菜，称作满汉全席。后来沿袭这个传统，形成了宫廷菜肴特色与地方风味精华兼具、满族菜点风味与汉族烹调特色交融的满汉全席。作为中华菜系文化的瑰宝，满汉全席取材广泛，用料精细，山珍海味无所不包，一席菜一般至少108种（南菜54道和北菜54道），分三天吃完。

乾隆甲申年间李斗所著的《扬州画舫录》记载了乾隆年间运河城市扬州数十家酒楼名称、菜肴及扬州食风。该书所记的一份满汉全席食单，是关于满汉全席的最早记载。从这份食单可以看出，满汉全席其实并非源于宫廷，而是源于运河沿线江南的官场菜。

（5）红楼宴

红楼宴是根据文学名著《红楼梦》而设计的。作为中国古典文学四大名著，《红楼梦》是满汉文化、南北文化相互碰撞、吸收融合的典范，是明末清初时期运河沿线贵族生活的真实历史画卷。在小说中，曹雪芹用大量的篇幅，描述了大运河边的人们丰富多彩的饮食文化活动。红楼宴的设计是立足于红楼文化进行再创造，以发扬光大《红楼梦》所代表的饮食文化的传统、审美意识。设计者根据《红楼梦》所描写的菜肴、点心的名称，用料和烹调方法，同时，查阅运河沿线明清时代的民间饮食习俗的典故，在淮扬菜的基础上，进行再创作，将红楼饮食文化在现实生活中再现和发展。

~

红楼宴

红楼宴通过对餐厅、音乐、餐具、服饰、菜点、茶饮等的综合设计，让所有菜肴以其美味、丰盛、精致为特点，给享用者以高层次饮食文化艺术的享受。文学作品和饮食文化的巧妙结合，使红楼宴名扬海内外。

05 大运河对沿线饮食文化的传播与交流

大运河的开通，促进了沿途商贸行业的发展，也催生了沿线城市的餐饮业。大运河沿线城市，形成了一条饮食文化链条。依托于漕运和商业的发展，沿线的饮食文化显现出交流互通、传播渗透的运河因素。随着运河航运的发达，南北商品物资的交流，使南北饮食交流越来越频繁，大小麦在南方广泛种植，水稻在北方普遍种植，加上漕运带来的方便，北方人稻米的食用越来越普遍。如在元代的大都城，由于有运河从江南调运大米入京，因此大都居民的食物构成中稻米占有大量的比例。元政府在大都城内设米铺供应给居民，为照顾贫困户，还低价售卖“红贴粮”给他们。朝廷还指定江南某些地区专贡良种米给宫廷食用。小麦也在南方运河区域占有较高地位，《至顺镇江志》记载的当地土产中就有面粉，称面粉为“土人承造，精粗不一，货于他郡”。面粉加工成的食品仅面条就有10多种，今天镇江的锅盖面名扬天下，也许与元代时镇江人就喜食面条的习惯也有关系。南宋临安城内的居民因从开封来的移民较多，因此饮食既有南方习俗，又具北方特色。

（1）民间小吃与大运河

运河两岸很多饮食文化的形成都与运河有关。如天津的杨村糕干，便是明朝永乐年间从浙江绍兴余姚县北迁来到天津定居的杜家兄弟，看到杨村镇漕运繁忙，往来船夫与客商都是以米为食的南方人居多，吃不惯北方的面食，于是灵机一动，参照南方人的饮食习惯，把米碾成面，和以白糖蒸成糕干，沿街叫卖，果然成为南方来的船夫、纤夫爱吃的食品。

与此类似的还有山东张秋小吃壮馍。明清时期，张秋镇作为运河九大商埠之一，商贩往来，行船、经商的人都需要方便携带和存放的食品，于是有心人便琢磨出张秋壮馍，这种手工制作的小吃用发酵白面与未发酵面混合，揉成饼状，用特制三层平底锅烙烤，三十分钟才能烙熟一张，表面撒以芝麻，熟后味道香醇，可以存数月而不变质，最适合长途行船的人携带，食用时香酥可口，再配上北方常用的鱼汤、羊汤一泡，更是人间美味。还有一种在鲁南、苏北运河沿岸非常受欢迎的小吃——石头大饼。这种大饼用面粉加上适当比例的黄豆粉和小米粉，裹上蛋液，撒上瓜子仁和芝麻，摊成饼，然后在烧热的鹅卵石上烙熟。因为饼是在石头上烙好的，所以称为石头大饼，又这种饼在运河上的跑船人那特别受欢迎，又循着运河一路流传到南方。

作为大运河沿线的重要城市，本来移民就特别多的天津形成了融汇众家所长的饮食文化，由于大运河的沟通作用，天津从饭店的宴席到民间的小吃和家常饮食都受到沿线城市的影响。天津饭店里的宴席菜主要受到运河沿线的鲁菜和淮扬菜的影响。受山东菜系的影响表现在讲究爆、炒、烧、炸、塌、扒，一般口味比较重，而且多用葱段为佐料。过去天津的名菜“八大碗”“四大扒”等，基本上是山东菜的做法。德州扒鸡、葱烧海参、四喜丸子、松鼠鱼、油焖大虾等山东名菜，至今还是天津人待客时餐桌上必备的菜肴。淮扬菜主要是对天津上流社会饮食文化有影响。上流社会的人饮食口味上追求鲜、淡、滑、嫩，这正是淮扬菜的特点，淮扬菜中大煮干丝、清炖狮子头、拆烩鲢鱼头、水晶肴蹄，包括无锡的酱汁排骨等，都成为天津上流社会食客们最爱的菜肴。大运河对天津饮食文化影响更大的还是大众饮食和民间小吃。靠近海边的天津人喜欢吃海货，做法与习惯与运河沿线的浙江和山东很相似，现在天津的家庭主妇都能做出好多样的鱼菜，如家常熬鱼、贴饽饽熬鱼、鱼头泡饼、虾丝咕嘟豆腐、炒麻蛤等，这些做法在山东、江苏、浙江等运河沿线城市中都能找出影子。很多运河沿岸的民间小吃，在运河的沟通作用下，深刻地影响了天津小吃，使天津成为运河民间小吃的集大成者。淮安的茶馓被天津人做成了远近出名的天津大麻花，成为民间小吃中的精品。山东人的煎饼卷大葱被天津人改为用豆面摊煎饼，加上鸡蛋、葱花、面酱，卷成美味的煎饼馃子。天津的狗不理包子也是在综合了运河沿线城市如扬州的富春包子、开封的灌汤包子、临清煎包的长处的基础上，而再创造成的包子中的精品。

大运河还影响了沿线城市人们的饮食习惯，如北方本不产茶叶，但大运河运来了南方茶叶，茶叶逐渐成为河运贸易的大宗物资。运河地区的名茶有湖州的顾渚茶、常州的阳羡茶、绍兴的日铸茶。随着茶叶的普及，北方人也开始有了喝茶的习俗，不但酒饭后饮茶已经成为习惯，而且泡茶馆的风气也在北方流传开来。据记载，清代临清人就有一日三茶的习惯，在

天津大麻花

运河经济兴旺时，北方的运河重镇如临清、聊城、济宁的茶馆很多，成为人们谈生意和解决问题的公共场所。

大运河也促进了各大菜系的形成，在扬州菜中，千层油糕是从河南的千层馒头演变而来的。大汤包与饺面是从淮安传来的，肴肉与拆烩鲢鱼头是从镇江学来的，这就是大运河交流带来的饮食文化传播的结果。

中国“四大名鸡”中的山东德州扒鸡、河南道口烧鸡、安徽符离集烧鸡不仅都诞生在运河沿线城市，起源发展与运河关系密切，而且他们相互之间也因运河产生了传承关系。

（2）运河三大名鸡

德州扒鸡起源于运河码头。交通要道历来是美食走红的一大要素，德州扒鸡就是随着漕运的繁忙而传遍全国，成为名吃的。德州五香脱骨扒鸡，被誉为“天下第一鸡”。它的产生源于大运河，元末明初，随着漕运繁忙，德州成为京都通达九省的御路，经济开始呈现繁荣，市面上出现了烧鸡。挎篮叫卖烧鸡的老人，经常出现在运河码头、水陆驿站附近。这烧鸡形态侧卧，色红味香，肉嫩可口，作为后来扒鸡的原型，初露头角。到了清代，随着运河经济的发展，这时的德州城进入鼎盛时期，出现了“南来北往客如云，饭馆客栈多如林”的局面。烧鸡已不仅仅见于餐桌，而且步入社会。臂挎提盒叫卖和开门面设店铺的都有，出名的有做“徐烧鸡”的徐恩荣家。有一位烧鸡店老板叫贾建才，他的伙计因睡着没有及时关火，而把烧鸡炖烂了，哪知歪打正着，这种鸡反而特别受欢迎，于是扒鸡就产生了。贾老板无意间“研制”成功特制烧鸡，即用大火煮，再小火焖，直到骨肉酥软为止。贾老板委托一位姓马的秀才朋友命名，这位马秀才脑洞大开，起了一个“五香脱骨扒鸡”的名字，德州扒鸡的特点是形色兼优、五香脱骨、肉嫩味纯、清淡高雅、味透骨髓、鲜奇滋补。造型上两腿盘起，爪入鸡膛，双翅经脖颈由嘴中交差而出，全鸡呈卧体，色泽金黄，黄中透红，远远望去似鸭浮水，口衔羽翎，十分美观，是上等的美食艺术珍品。

道口烧鸡依托运河扬名。道口烧鸡是特色传统名菜之一，由河南省安阳市滑县道口镇“义兴张”世家烧鸡店所制。产生于清代，兴盛于乾隆、嘉庆年间，与大运河关系密切，而且与德州扒鸡有传承关系，因为卫河经过德州连通了道口与天津，道口镇历史上因航运带来繁华，被称为“小天津”。传说一次嘉庆皇帝沿运河巡游经过道口，忽闻奇香而振奋，问左右人道：“何物发出此香?”左右答道：“烧鸡”。随从将烧鸡献上，嘉庆尝后大喜说道：“色、香、味三绝。”从此以后，道口烧鸡成了清廷的贡品。道口烧鸡具有五味俱佳、酥香软烂、咸淡适口、肥而不腻的特点。食用不需要刀切，用手一抖，骨肉即自行分离，无论冷热吃，都余香满口。

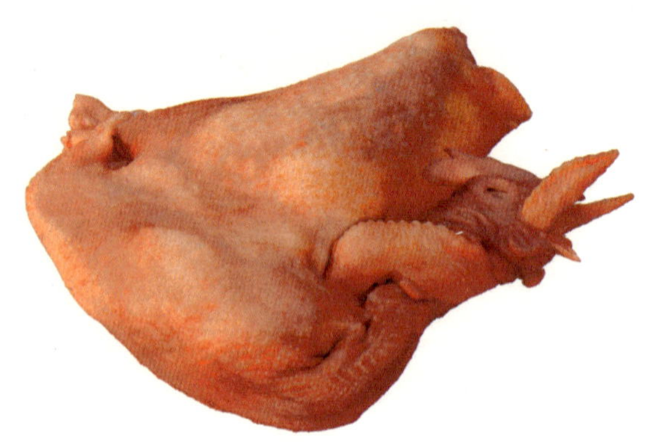

~
道口烧鸡
与德州扒鸡既有相似之处，又各有千秋。随着运河的传播，道口烧鸡香遍了卫河两岸的河南、河北各地。

符离集烧鸡传承于德州扒鸡。符离集烧鸡是隋唐运河边的安徽省宿州市埇桥区的特色传统名菜，因原产于符离镇而得名。现代意义上的符离集烧鸡，其制作技术形成于20世纪初，源于运河的影响，传承于德州扒鸡。1910年，原在山东德州经营“五香扒鸡”的管再州，因其独生女儿嫁到符离集，而迁居符离集，继续经营“五香扒鸡”。后在制作工艺上做了改进，成了当时有名的“管家红曲鸡”，兴盛一时。1915年，江苏丰县人魏广明来符离集经营烧鸡。他在管再州制作的“红曲鸡”的基础上，增加配料，美化造型，初步形成了具有地方特色的符离烧鸡。1952年，符离人韩景玉吸取管、魏两家制作的优点和特长，在配料上力求齐全，在技艺上精益求精，逐步发展成为色、香、味、型俱佳的名特产品。正宗的符离集烧鸡原汁老卤，鸡香肉烂，烂而连丝，一抖就散（热鸡），肉烂脱骨，肥而不腻，鲜味醇厚，齿颊留香，与德州扒鸡、道口烧鸡有异曲同工之妙。

这三大名鸡均产生于大运河，因为运河的交流使它们产生了传承关系，而且特点基本相似，适应运河上行船人的饮食习惯。三大名鸡既有相似之处，又各有千秋，形成了大运河上远近闻名的烧鸡文化，浓浓鸡香，飘逸运河沿线。

（3）运河影响下成长的淮扬菜

民以食为天，大运河造就了两岸热闹的运河城市，也就使这些城市有了自己的美味。通过流淌的运河，这些美味得以四处传扬，成为名满天下的佳肴。有的菜系的形成与发展都与运河都市的繁荣息息相关。

淮扬菜与鲁菜、川菜、粤菜并称为中国四大菜系。淮扬地区是从隋代开始就因运河而繁盛的地区，所以淮扬菜系与大运河的关联也就最多。淮安与扬州都是运河上的中心城市，淮安是漕运的中心，扬州是盐运的中心，两地在运河时代均十分繁荣。尤其是扬州，盐商财力雄厚还特别讲究享乐，所以对美食的要求也就很高，这在客观上促进了淮扬菜的发展。

活水鱼鲜是淮扬菜的最大特色，口味清鲜平和，南北齐宜。著名的有清炖蟹粉狮子头、软兜长鱼、淮安茶馓、大煮干丝、水晶肴肉等。到乾隆年间，淮扬菜系已经成为全国四大菜系之一。淮扬菜讲究应时，不时不食，有所谓“醉蟹不看灯（正月十五），风鸡不过灯”之类的讲究。中国文人菜中的许多讲究都可以在淮扬菜中看到，这也从侧面反映淮扬地区对中国文化的影响。淮扬菜在上海、南京和北京的餐饮市场均占有一定的份额，并有相当多的消费群体。1949年10月1日晚，中华人民共和国开国大典之后，在北京饭店举行的“开国第一宴”的菜点烹调即由淮扬菜厨师一力承担完成，因此开国第一宴就是淮扬菜。

扬州炒饭是淮扬菜中知名度最高的一道经典菜，又名“三香碎金炒饭”。有的研究专家说扬州炒饭的发明者是隋炀帝的叔叔、越国公杨素，依据是隋炀帝的尚食直长（官名，供奉皇帝膳食）谢讽写的一本御宴食谱，名叫《食经》，书中有这六个字：“越国公碎金饭”。越国公杨素把这道菜献给了沿大运河来到扬州的隋炀帝。这种饭菜合一的“碎金饭”让炀帝食欲大增，隋炀帝下江都时一路“带货”，传至运河沿线各地，扬州炒饭的香味弥漫于运河全线。

~
如今扬州还专门开发了运河船宴

~
扬州炒饭
号称天下第一菜的扬州炒饭来源于运河带来的文化交流，又通过运河传播到运河沿线，并走向世界各地。

运河改变了人们的服饰

在长期的生产、生活中形成的服饰是社会文化的组成部分，所谓百里之外，衣饰装束不同。运河地区经过多年的文化交流，形成了一些共同的服饰习惯。

01

先秦到南北朝时期的衣物

春秋战国时期，人们的服饰主要的是深衣和胡服。深衣是将过去不相连的衣和裳连在一起，可以更加有效地遮掩身体。胡服则是赵武灵王引进胡人的衣着。秦汉时运河区域人们的服饰主要是袍服和短衣两大类。袍服源于春秋时的深衣，短衣则主要有单内衫、夹内衣等。到了东汉时，由于裤子的普及，人们已很少穿袍服。

汉代人的服饰

战国秦汉时期运河区域的纺织业就非常发达，战国时齐地生产的服装行销天下，享有“冠带衣履天下”的美名。西汉时，官营纺织业除长安外，设在运河沿线的襄邑（今天的河南睢县）、临淄的服宫，都是规模较大的官营丝织业作坊，制造各种精美的丝织服装。在运河区域经济发达的城市里，也有富商大贾经营的规模较大的丝织业手工作坊，种桑、养蚕、缫丝、织帛，已是运河地区农户普遍的家庭手工业。在山东临沂出土的西汉制画上已有单锭纺车的图像。徐州铜山出土了一个刻有几个人在调丝、纺纱、织布的石刻画像，生动反映了汉代纺织业生产的场景。

到了汉宣帝时，民间丝织业家陈宝光的妻子创造出一种高级提花机，这种提花机用120蹑，能织成各式各样花纹的绫绵，“六十日成匹，匹值万钱”。（《西京杂记》卷1）西汉时日常生活中的服装、窗帘和地毯都是纺织和印染技术的产物。中国最著名的纺织品莫过于丝绸，丝绸的交易带动了东西方文化的交流与交通的发展，而丝绸的最主要产区就是运河沿线。

与北方黄河中下游地区的纺织业相比，南方运河区域的纺织业发展起步稍晚，但经过东晋六朝的提倡，以及北方移民的大量南迁，很快呈现出强劲的发展势头。孙权割据江东后，为满足军需，曾令民间增产蚕丝，发展丝绸生产。自孙权到孙皓的30多年间，宫廷织女就激增数倍，纺织业生产的规模迅速扩大。东晋以后，南来的北方移民将中原先进的纺织技术带到江南，使运河南部的纺织业生产更加兴盛。刘宋时“丝锦布帛之饶，衣复天下”（《宋书 · 孔季恭传》）。在南方的纺织业中，麻织业比丝织业更为发达，所以南朝的户调多征收麻布，与田租合称租布。

丝绸面料

02

隋唐时期的衣饰变化

隋唐时期，运河沿线妇女的日常服装和今天差不多，大体是上身着襦、袄，下身束裙子。男子的服装则与今天不一样，大体上由幞头和圆领袍衫组成。此外，男子还穿半臂，戴各种胡帽。当时的纺织业以锦绣缯帛等丝织品和麻织品为主。

隋炀帝三下江都，随行船队上千艘，用彩锦作帆，绵延200多里。唐代诗人李商隐《隋宫》一诗中写道："春风举国裁宫锦，半作障泥半作帆。锦帆百幅风力满，连天展尽金芙蓉。"既反映了隋炀帝的穷奢极侈，也说明了隋朝时纺织业的发达。隋唐时丝织业发达的地区，大多数在通济渠和永济渠沿线。除了大量的普通纺织品外，运河流域也出产高端的丝织品。一等绢产地是通济渠边的宋州（今河南商丘），二等绢产地是汴州，四等绢产地是深州（今河北衡水）。

~

舞台上呈现的隋炀帝下江都时皇后的服饰

~

西安大明宫展示的唐代女性服装

唐朝时，南方的纺织业也开始强盛起来。天宝年间，韦坚举办广运潭盛会时，将江南轻货置于上百艘船上展示，其中有广陵郡（今江苏扬州）的锦、丹阳郡（今江苏镇江）的京口绫衫缎，晋陵郡（今江苏常州）的织造官绵绫绣，会稽郡（今浙江绍兴）的罗、吴绫、绛纱，吴郡（今苏州）的方文绫。这些丝织品都是江南的上品，说明唐玄宗时，三吴地区的高级丝织品已经赶上了当时北方的水平。

安史之乱后，大量的北方人口南迁，北方的纺织业衰落，而南方的纺织业得到了更快的发展，并超过了北方。浙东地区“机杼耕稼，提封七州，其间茧税鱼盐，衣食半天下”，江南成为唐王朝的主要支撑。(《全唐诗》卷748，杜牧《李纳除浙东观察史兼御史大夫制》）江南上贡的丝织品超过了黄河流域，润州一次就贡绫1000匹。其中包括专供皇帝使用的天鹅、天马、掬豹、盘绫等文彩珍奇的织物。

江南丝织品的主要产地是三吴和越州，为满足皇室、官僚的奢侈需求，当时人们对创新丝织品十分重视，“布素豪家定不看，若无文彩入时难”。除了绫纱等精美的高级丝织品，江南运河沿线普通丝织品也很发达，丝绸制品也成为平民的服装面料。

03

元朝黄道婆带动运河区域棉纺织业发展

古代织布图

宋元时期运河区域纺织业十分发达，宋以前作为家庭副业的纺织业和脱离农业的个体纺织手工业者，逐渐从农业中分离出来，并形成规模经营，出现了机户。机户主要分布在汴城以东、河北、江浙等运河区域。元初马可·波罗沿运河南下游历时，就对运河区域的纺织业大加赞赏。他说“大都出产大量丝织物，涿州居民织造金织物和生产一种最精美的绫罗，哈寒府（今河北正定）居民用丝线和金线织成锦丝罗，苏州居民大量生产绸缎。”（《马可·波罗游记》）

元代运河区域服装上最大的进步是棉纺织业的发展。松江府乌泥泾（今属上海市）人黄道婆，是宋末元初著名的棉纺织家。她在崖州（今海南省三亚市崖州区）居住了约40年，向黎族妇女学习棉纺织技艺并加以改进，总结出“错纱、配色、综线、挈花”的织造技术。元朝元贞年间（1295～1297年），返回故乡，教乡人改进纺织工具，制造擀、弹、纺、织等专用机具，织成各种花纹的棉织品。黄道婆改变了元代、明代江南运河沿线地区种植业和手工业的生产结构，发展了产业经济，对促进运河南部棉纺织业和棉花种植业的迅速发展起了重要作用，后人称之为“衣被天下”的“女纺织技术家”。

棉纺织工具和技术的提高，大大促进了棉纺织生产的发展。到了元代，因为黄道婆的引进，松江地区成为著名的棉纺织中心，棉织品不仅数量多，而且质量好。苏州府的棉纺织生产也很发达，商品化程度已相当高。位于常熟、嘉定之间的太仓、昆山等地，皆为“产布之地”，以出产药斑布、棋花布著称。药斑布就是用药（染料）涂在布上，将布染成青色，干了后将药去掉，布就成了青白相间，上面有花卉、人物、楼台的造型，实际上就是后来风靡运河沿线的蓝印花布。至元年间元政府每年就从民间征收棉布10万匹，棉纺织业成为民间纺织业的重要组成部分。

04

明清时期运河区域丝织业资本主义萌芽

明代江南运河沿线的苏州、杭州、嘉兴及湖州等纺织业发达的地区出现了资本主义的萌芽。当时苏州从事织业的工人多达数千，以织造为业者的机房主要集中在城东。随着丝织业的发展，内部两极分化现象十分明显，以雇佣劳动为手段的资本主义生产关系已十分明显。在杭州，从事丝织业的机户主要集中在西城运河畔。明中期后，出现了拥有20余张织机，“富至数万金”的工场主。

清代，运河地区纺织业中的生产关系出现了实质性的变化。随着生产力的发展，丝织生产内部分工很细，需要多名工匠分别在不同工序进行生产。当时丝织与染踹是规模最大的两大手工行业，染踹业主要是对织成的棉坯布进行染色与加踹，整平压光。大量的原棉坯布运到苏州加工，从而促进了染踹业的兴盛。康熙年间，苏州城内有字号的染布作坊就有64家，雍正年间，踹坊达到四五百家，踹匠不下万余。这些踹匠都是外来务工的，是依靠出卖劳动力为生的被雇用工人，这已表现为典型的资本主义生产关系。在苏州丝织业中出现了“类多雇人工织，机户出（资）经营，机匠计工受值”的雇佣劳动的生产关系。

清代纺织业中的雇佣关系已由明代的大户呼织，小户趁织，这一比较松散的雇佣关系变为比较固定的雇佣关系。康熙年间，苏州“工匠各有专能，匠有常主，计日受值”。（康熙《苏州府志》卷21《风俗》）在经营形式上，清代丝织业中出现由商人资本控制家庭劳动的资本主义生产因素。即由丝绸商人经营的账房利用承揽机户，雇佣织工，采用放料代织的形式进行生产。这些账房通过发料收货的形式，把分散的个体丝织业户控制起来，并使从事丝织各工序的劳动者变成由账房所支配的雇佣工人，手工业者成为在自己家中被资本家雇用的雇佣工人。这些账房就成为带有资本家性质的商人，账房商业资本直接支配了丝织业的生产。再后来，账房以单纯的放料代织变为自行设机督织，由商业资本向工业资本转变，成为真正的资本主义生产关系。

明代市民阶层主要穿着棉织的服装

05

清代运河区域人们穿戴风格

~
清代扬州八怪（部分）的服装

清代运河地区服装最大的特点还是旗袍的出现。清初旗袍有几大特点：无领、箭袖、四开衩、束腰。这种装着主要是适应满人骑射的生活习惯。后来生活安定了，旗袍就渐渐变得宽肥了。满族旗袍一般会在旗袍外套上坎肩，穿上坎肩骑马驰骋显得十分精干利落。在满族南迁的过程中，与汉族的交流增加，受汉族大领大袖的服饰影响，旗袍由箭袖变成了喇叭袖，四开衩演变为左右开衩。运河区域女子的旗袍多为白色，随着旗女、汉女服饰之间的交流，旗袍的装饰繁缛到了极点。

除旗袍外，运河区域还有一些独特的服装，如运河中段的山东微山一带，船家妇女为防止幼儿落水，专门设计了一种装束——虎头袢子，用黄色士林布为底色面料，后面做一层衬布，当中则夹一层做鞋帮用的革巴，剪成虎头形状。袢带上再连两条六七尺长的布带，末端做一个似猫的饰物，碎布拼成，内充棉花，饱满可爱。行船时，把这样的虎头袢子戴在小孩的胸部，把连着袢子的长带拴在船尾或将军柱上，就成为孩子的安全带。

运河两岸的独特环境也形成了不同的鞋子，山东临清的黄布鞋每年的端午节，七岁以下的儿童必穿黄布鞋。用黄布做鞋帮，白布做鞋底，在鞋子前头和两边鞋帮处，用毛笔画蝎子等五毒，传说这样可以杀死五毒。妇女则穿油靴，用麻绳衲底，布帮线衲，衲得又密又坚，坚固结实，外涂桐油，可以防水。运河地区雨水多，人们还使用蓑衣防雨，蓑衣用野生的蓑草编成，雨天配草帽可防雨。

蓝印花布成为广泛流行于江南运河地区间的手工印花织物。传统的扎染、蜡染、夹染和灰染大多以蓝靛为染料，虽然防染的方法不同，但成品都是蓝白相间的花布，统称为蓝印花布。共同特点是以布（或手织布）为材料，以植物蓝靛为染料。狭义的蓝印花布上指以植物蓝草为染料，用黄豆粉和石灰粉为染浆，刻纸为版，滤浆漏印的灰染蓝白花布。在资本主义萌芽的明清之际，药斑布已普遍流行于民间，成为运河沿线人们衣服、床单的通用面料。

运河孕育了新的交通方式

大运河的开通，拉近了南北方的距离，大大方便了坐船出行，也改变了人们的交通方式。

01 运河上的旅客

隋炀帝下江都图（局部）

三次下江都，隋炀帝都是从洛阳出发，乘船沿运河前行，经过通济渠和邗沟，到达江都。

因为大运河是由封建国家的最高统治者控制的，自然而然地，大运河也成了皇帝出行的专用通道。最早在大运河上旅行的皇帝可能要算隋炀帝了。大业元年（605年），大运河刚贯通，为了加强国家的统治，稳固政权，隋炀帝就从洛阳乘船到江都（今天的扬州），这是一下江都，后来还有二下江都、三下江都。二下江都期间，隋炀帝还直接从江都乘龙船，沿着大运河直达涿郡，亲自指挥征讨高句丽的战争。

后来沿大运河旅行较出名的皇帝是康熙和乾隆祖孙两人，他们一共沿着大运河下江南12次，留下了许多治水故事和奇闻趣事，特别是乾隆皇帝还处处题碑写诗，今天运河沿线还有乾隆皇帝留下的众多遗迹。

隋唐时期，随着大运河的开凿，水上交通迅速发展，船的使用更为广泛，人们出行更倾向于选择水上行船，而贯通南北又无大风浪的运河成为水上旅行的首选。唐代就有大量的官员、学者、文人墨客从长安或洛阳出发，经过通济渠、邗沟来到扬州，或渡过长江沿江南运河到达苏州、杭州。也有从扬州往北返回洛阳、长安的。他们或赴任、或游学、或参加科考，或游历名山大川。只要有运河可用，他们多数还是选择水上交通。运河将他们输送到南北各地，他们又将各地文化带到新的地方，成为南北文化交流融合的使者。著名诗人白居易一生中几次沿着运河来往于洛阳和扬州、苏州、杭州之间，留下了众多诗作。

古代普通百姓也在运河上旅行。我们从明代通俗小说“三言二拍”中可以看到不少在运河上旅行的故事。明代小说家冯梦龙编纂的小说集《醒世恒言》中《卖油郎独占花魁》的故事，讲述了才貌双全、名噪京城、被称为“花魁娘子”的名妓王美娘（莘瑶琴）与卖油郎秦重之间的爱情故事。故事中的两位主人公秦重和王美娘都是北宋首都汴梁人，都是因为靖康之难后沿着大运河逃难到了南宋的首都临安，在临安两人演绎了一道与才子佳人故事不一样的爱情故事。

杜十娘则是冯梦龙所著《警世通言·杜十娘怒沉百宝箱》中的女主人公。杜十娘是明朝时京城的名妓，与绍兴府富家公子李甲相爱。在随李甲沿大运河南下回家乡绍兴经过瓜洲时，李甲背信弃义，将其卖于富家少爷孙富。万念俱灰之下，杜十娘怒骂孙富，痛斥李甲，把多年珍藏的百宝箱中的一件件宝物抛向江中，最后纵身跃入滚滚波涛之中。后来，人们在这则故事的发生地瓜洲古镇建起了沉箱亭，以纪念杜十娘怒沉百宝箱这一文学故事。

从清代沈复的小说《浮生六记》中更能清晰地看到当时水上交通已成为人们主要的交通出行方式，居住运河地区苏州的小吏沈复无论是新婚后去会稽学馆读书，还是后来到扬州上任，都是经过大运河往返。

扬州古运河上的演艺船

02 运河上的船

当运河作为漕运的载体后，运河上的船以运送粮食的漕船为主，那是要长时间航行在运河上的。当运河成为人们旅行的通道时，运河上是万舟骈集，除漕船外，还有公务用船、商船、民船、贡船，还有载客的客船，甚至有皇帝的龙舟。

皇帝的龙舟最出名的还得数隋炀帝下江南乘坐的龙舟。当时，随着大运河的贯通，漕运的兴起，水上快速运输的发展，使江南造船业进入一个新发展时期，不论是官府还是民间，造船的规模、数量、种类都有大的发展，造船技术更是得到不断创新。这就给隋炀帝下江都的船队提供了技术上的支撑。隋炀帝第一次下江都的船队气势非凡。《资治通鉴》卷180有一段叙述：大业元年（605年）八月十五日，炀帝巡幸江都。他从显仁宫出发，王弘派龙舟来迎接。乙巳（十八日），炀帝乘坐小朱航，从漕渠出洛口，乘坐龙舟。龙舟上有四重建筑，高四十五尺，长二百尺。龙舟最上层是正殿、内殿、东西朝堂；中间两层有一百二十个房间，都用金玉装饰；下层是宫内侍臣住的地方。皇后萧氏乘坐的翔螭舟规制比炀帝乘坐的龙舟要小一些，但装饰没什么不同。另有浮景船九艘，船上建筑有三重，都是水上宫殿。还有漾彩、朱鸟、苍螭、白虎、玄武、飞羽、青凫、凌波、玄坛等几千艘船，供后宫、诸王、公主、百官、僧尼、道士、蕃客乘坐，并装载朝廷内外各机构部门进献的物品。又有平乘、青龙、艨艟、艚艟、八棹、艇舸等几千艘船供十二卫士兵乘坐，并装载兵器帐幕。舟船首尾相接二百余里，灯火照耀江河陆地，骑兵在两岸护卫行进，旌旗蔽野。

文艺演出中的隋炀帝下江都龙舟

~

浙江的摇橹船

在以船为车，以楫为马的水乡，船是最主要的交通工具。宋代，是人们沿运河旅行较多的年代。从张择端的《清明上河图》我们可以看出，汴河中的船有货船、客船，还有游船。客船上设有一间间的舱室，四周有窗户，就像岸上的房屋。里面有桌椅床铺、茶水饮食，客人乘坐得很舒服，随时可以打开窗户欣赏两岸风景。宋代运河上的客船规模还是很大的，有的货船也搭乘客人。

货船运输是运河的固有功能，除了漕运粮食的货船。到了唐宋时期，运河上还有很多装载其他货物的船。在宋代有的货船的功能是运载香货杂色物件等。货船的舱室一般不开窗，船形制圆短，如三间大屋，户出其背，上下船要靠梯子。从《清明上河图》虹桥部分，我们可以看到水面上许多载重货船一艘紧接一艘沿汴河溯流而上，其中一艘正待穿过桥洞。明代货船运送的物资逐步增多，有丝织品、瓷器、鲜活食品、建筑材料，还有木材和生产资料。此外，还有药材、茶叶、荸荠、竹笋、荔枝、葡萄等时令鲜果和鲜鱼鲜肉、野味、香油、调料等。占代运河上也为皇宫和地方官府运送生鲜物品，在明代，仅是为皇帝运送鲜活物资的船就有160艘。到了明代，已采用了在船上用冰保鲜的技术。清代在京城就设有4处18座冰窖。依靠沿线的冰窖提供冰块保鲜，南方的生鲜物资可以通过运河送到京城，让皇宫里的人和贵族们享用到新鲜的水产、时令果品等。

~
运河游览船

古代在运河上就有游船。汴河上的游船并不多，可见北宋时，运河用于旅游还不是太多的。到了南宋时，江南运河沿线的游船才多起来，“西湖画舫尽开，苏堤游人，来往如蚁。”（《梦游录》）明清时代，运河上的游船就更多了，沈复在《浮生六记》中就多次描写到运河上的游船。此外还有各种用于游艺的船，如苏州的灯船，每逢清明、七月十五、十月一日出会日，画舫悬灯结彩在河中缓慢而行，船上备有船菜、船点，还有艺人表演。

到了清代，运河上还有专门的公务船。朝鲜使臣姜时永在《輶轩三录》中对通州运河上的公务船进行了描述：“诸帆簇立，各悬一旗，旗皆彩缎，有内阁侍读，有刑部主政，有某县知县。其称不一，而既是湖浙士夫之率眷供仕者，故家眷在船内，身则赴公供职，而下班则还为来住矣。”这里描写的是朝廷和南方各地负责漕运的官员，在每年南方各地漕粮运抵通州期间，在通州办理公务的公务船。

03

运河上的纤夫和运河号子

在没有机械动力的古代，行船主要靠风，顺风行船可以扯上风帆，但逆风行船时，就要拉纤。拉纤有专门的纤路，就是河边上没有阻碍纤绳的树木和其他障碍物的专用道路。因为大运河既是漕运通道，还是历代皇帝下江南的必经之路，所以大运河上有标准的纤道。拉纤的时候，必须在桅眼里竖起一根两三米高的竹竿（或木棍），纤绳就系在杆顶上，那根竹竿俗名叫溜子。拉纤的人胸前有一块约50厘米的纤板，那样做是为了防止纤绳勒进皮肉里，受力的胸脯会舒服些。

说到运河拉纤的纤夫，有的读者会想到为隋炀帝拉纤的殿脚女。那么历史上隋炀帝是否真的使用过殿脚女呢？客观地说，殿脚女是有可能存在的，因为隋炀帝时光开通济渠就动用了百万民力，再加上开永济渠和修东都洛阳宫殿的，动用民力何止百万。而当时隋朝全国的人口才几千万，征用民力肯定是男女并用。古代已婚的女子称为妇，未婚的称为女，因此殿脚女应该是未婚的女子。运河开通后，隋炀帝下江都的船队需要大批拉纤的民夫，这些民夫有男有女，这些人统称“殿脚”，而牵挽龙舟的女子称为“殿脚女”。

船民在长途摇橹、拉纤常高唱“船歌”，以解乏解闷，宣泄情绪，也使得船头、船尾两人配合更默契，唱船歌成为船民的主要娱乐方式。这些唱词通顺生动，音调节奏流畅的船歌号子，也成了运河纤夫们拉纤时步调一致、提高劳动效率的劳动号子。船歌号子有起锚号、摇橹号、拉纤号等十余种。除起锚号子是大家齐声唱外，其余的号子都是一人领唱众人和。船工号子节奏急促，领、和呼应紧凑，声调高亢、激昂，多为上下句结构和比较简单的咳、哎、嗨、哟、嗖等呼和词。

运河纤夫在表演纤夫号子

南宋杨万里所作《诚斋集》中收录有一首《纤夫之歌》:

张哥哥，李哥哥，大家着力一齐拖；一休休，二休休，月子弯弯照九州。

月子弯弯照九州，几家欢乐几家愁，几家夫妇同罗帐，几家飘散在他州?

这两首《月子弯弯照九州》，作为古代“舟师”“纤夫”的劳作之歌，其音乐个性既具“吴歌”柔婉之风，又饱含劳动歌曲的内在力度，自有它难以替代的历史价值和感人至深的艺术价值。

通州运河号子，专指北京通州到天津段，即北运河的船工号子。这段运河人工挖掘，水流宽阔平稳，不如长江黄河那般风急浪大，因此北运河的船工号子“水稳号不急”，而且是通州的方言、南方的调儿，嚎起来别有风味。船从天津逆流而上，船工一路拉纤，得4天时间，鼓劲提神、劳逸结合的运河船工号子由此产生。那时候人穷，衣服舍不得下水，前面缅裆裤一裹，从后面看就是一群裸着屁股的爷们。远远听见“嘿呦！嘿呦！”的号子，运河边劳作的女性赶紧远远避开。

大运河畔的河北武城也有运河船工号子，明清两代武城段运河上来往船只络绎不绝，船工号子此起彼伏，打蓬、拉纤、摇橹、撑篙各种号子声响彻云霄，武城运河船工号子就是在这运河上被船工们世代传唱下来的。

据专家介绍，武城运河船工号子大体分为11种：打篷号、打锚号、拉冲号、撑篙号、摔篙号、摇橹号、警戒号、联络号、出舱号。武城运河船工号子高亢豪迈，乐谱简练，歌词朴实，旋律上口，充分表现出了运河船工们不畏艰险战胜困难的信心和乐观主义精神。

为了方便纤夫拉纤，运河沿线还有专门的纤道，在弯道处还有纤石。在高邮明清大运河故道的东岸，有两根石柱，上面布满一道道勒痕，这就是耿庙纤道石柱。这两根石柱原是耿庙前的灯柱，起到引导湖上船只的作用，同时也是古代纤夫们在船到弯道时借力拉纤的纤石。石柱呈方形，现存可见地面高度3.05米。因石柱位于运河拐弯处，千百年来，纤夫们每每经过，需要借纤石柱之力改变船的航向，因此纤绳总要在石柱上摩擦几下，天长日久，在它躯干上留下了道道纤痕。

~

高邮明清运河故道边的耿庙石柱

伍

运河催生了人们的风俗习惯

人们常说“十里不同风，百里不同俗”，但大运河的沟通交流作用将不同地区的人联系在一起，在长时间相处的过程中，各地的风俗经过相互交流影响，形成了一批极具特色的运河民俗。

01 节日民俗

随着运河的交流作用的发挥，到了宋代，在岁时节日及信仰习俗方面，从北往南沿运河地区逐渐形成许多共同的特点。特别是随着运河文化的昌盛，城镇经济的繁荣，岁时节日尤其频繁，并且均伴有丰富多彩的民俗活动。每年农历的除夕、正月、五月、八月等是运河地区民间比较集中的节日娱乐时节。

（1）除夕与春节

除夕是运河沿线隆重的节日，人们十分重视，要祭祖、守岁、燃爆竹、挂桃符等。除夕之夜，全家相聚守岁，一起恭迎新年的到来。子夜时，燃放爆竹，以驱除年兽。江南运河沿线的人们要于农历正月初一这天饮屠苏酒以避瘟疫。所以有诗“爆竹声中一岁除，春风送暖入屠苏”。镇江一带的沙田户有秤江水的习俗，即用一只瓿取水秤重，来测年景丰欠，水重则来年江水大，水轻则来年江水小。春节即大年初一，亲朋好友要相互拜年，相聚欢宴。晚辈要向长辈磕头拜年，长辈要给晚辈压岁钱。给压岁钱的习俗被传承下来，在互联网时代发展成为全民抢微信红包。

古代运河沿线地区春节还有一项民俗活动，那就是驱傩。在汉代春节就有驱傩仪式，大傩选在腊日的前一日（即除夕前）举行，称为“逐疫”。到了宋代，这种大傩就演变为一种傩舞，宋画《大傩图》上画了十二个农民，身着奇装异服，头戴假面具，手持各种道具，在跳舞。随着时代的发展，这种仪式也更加娱乐化，宋代的儿童也戴着傩面具玩耍，很像今天西方的万圣节。

~
元宵节的一组灯

（2）元宵节

正月的元宵节，又称上元节、灯节，从正月十三到十八日，无论南北城乡，家家张灯结彩，爆竹烟火，彻夜不息。隋炀帝时，每年正月十五都要调集全国的戏班到洛阳演出。宋代运河沿线的元宵节家家户户都要放灯，杭州从正月十四到正月十八，连续放灯五天。放灯期间，灯品至多，精妙绝伦。为了鼓励民间放灯，临安官府还给市民发放蜡烛和灯油。江南的苏州，明嘉靖《姑苏志》记载：正月“上元作灯市，采松竹叶结棚于通衢，下缀华灯……其悬剪纸人马，以火运之，曰走马灯。竹游五日而罢，十三试灯，十八收灯”。太湖一带则盛行“元宵扎竹为灯龙，有长二十节者，遇广场则数龙盘绕，蜿蜒生动，富家或构灯台，奏竹肉凭栏赏玩”。（《具区志 · 风俗》）在长江以北的运河地区，民间的上元灯节娱乐不输于江南，有些娱乐更为火爆。如在扬州“远近村镇，相传入市观灯，街巷填溢，自相蹂践”“每夜爆竹振荡，彻夜不休”。（万历《扬州府志 · 风俗志》）现在运河沿线地区都有元宵灯会，就是传承的古代的习俗。

（3）清明节

清明节时家家都以柳条插于门上，名曰明眼。清明日祭祀扫墓，都去郊外，形成清明踏青的习俗。在宋代以前，扫墓上坟都是在寒食节，宋代改为清明节。据专家研究，张择端的《清明上河图》的第一部分就反映了当时人们清明扫墓的场景。《东京梦华录》卷七《清明节》条记载：“凡新坟皆用此日拜扫。都城人出郊，四野如市，往往就芳树之下，或园囿之间，罗列杯盘，互相劝酬。都城之歌儿舞女，遍满园亭，抵暮而归。”清明节过成了游乐节，今天运河沿线的人们清明节仍然有踏青郊游的风俗。

~

戴上鸭蛋兜的小孩子

（4）端午节

端午是与运河关系最密切的节日，端午节的来源有说是南方吴越先民创立用于拜祭龙祖的节日，有说是纪念楚国诗人屈原的节日，也有说是纪念吴国大夫伍子胥的，浙东运河沿线说是纪念曹娥的，北方也有纪念介子推的说法。划龙舟与食粽子是端午节的两大礼俗，这两大礼俗在运河沿线自古传承，至今没有中断。宋朝时，杭州西湖以赛龙舟为盛事。湖中画舫齐开，游人如织。竞赛时，湖中立一根标杆，上面挂满彩缎、银碗等，用以奖赏获胜者。竞赛中，龙舟奋勇争先，人场鼎沸，热闹异常。端午节运河沿线各地也有共同的风俗。人们要在门上插艾草、菖蒲，身上佩戴符袋、香袋等以祈福禳灾。同时举行各种娱乐活动。运河沿线城市，人们的娱乐活动有斗百草等。范成大《四时田园杂兴》诗中就有“青枝满地花狼藉，知是儿孙斗草来”之句。因地域文化的影响，运河沿线各地也呈现不同的端午民间习俗。

古时无锡，女婿在端午节前还要给老丈人送咸鸭蛋。端午节当天午饭菜十分丰盛，要宰杀新鹅，准备佳肴，名为“赏午”。端午节无锡民间家家户户要裹大量的粽子，一次性煮熟。主要是端午节时，农民要忙于抢收小麦，抢栽稻秧，没时间做饭，可以用作劳作时的点心，俗称忙食、冷食。

苏州端午还有一个习俗就是药店施药。端午前后，正是栽插时节，人们在田间劳作，常常会被毒虫咬伤。每到端午节，苏州各地的药店都会向市民施舍苍术、白芷、大黄等治疗毒虫咬伤的常用药。古代神话传说《白蛇传》中就有这样的场景。

扬州的端午习俗最重。端午节扬州的孩子们穿戴上虎衫、虎兜、虎鞋，背着布老虎，鞋底还绣有“五毒”踩在脚下，脸上涂着雄黄酒，额上有大人蘸雄黄、朱砂写的一个“王”字，借助虎威来驱邪避恶；颈项和小手腕上戴着红、黄、青、白、黑五色丝线“百岁索”，传说代表阴阳五行的五色丝也能避邪驱恶。还有将煮熟的鸭蛋放在五色丝线做成的鸭蛋兜中。人们在衣襟上挂上一串五色丝缠绕的香袋，香袋里一般装着配制的白芷、苍术等芳香类中药。女子逢端午节时作兴戴应时的鲜花，妇女们戴上艾叶和正在开放的石榴花、“端午花”。也有在花瓶里插上石榴花、端午花、菖蒲、艾草等，称为“端午景”。扬州人端午宴的菜谱里必须要有十二红，就是十二种红的菜，如烧仔鸡、红烧肉、烧老鹅、烧黄鱼、炒长鱼、炒虾子、炒苋菜、炒蚕豆瓣、拌黄瓜、拌凉粉、咸鸭蛋……预示今后的生活红红火火。

绍兴人将端午节称为孝女节。据说绍兴人过端午，实际上纪念的是救父投江的东汉孝女曹娥，上虞的曹娥江因其而得名。相传曹娥父亲溺于江中，数日不见尸体，当时年仅14岁的曹娥，昼夜沿江号哭，在五月初五那天投江，5天后抱着父亲尸首浮出水面。这件事传到县府后，知事“令度尚为之立碑”，让邯郸淳作诔辞颂扬。将这一天叫作“曹娥日”，即绍兴人的“孝女节”。在绍兴乡间，端午节也叫“女儿节”，因为这个节日，外嫁的女儿女婿必须举家归来。看望老爸老妈，同时携上一大堆礼物，如桃子、粽子等。娘家人把这些果实分给左邻右舍，向人炫耀女儿女婿有多孝顺云云。

端午节还是美食节，周作人在《端午》一诗中就有描述：“端午须当吃五黄，枇杷石首（黄鱼又称石首鱼）得新尝；黄瓜好配黄梅子，更有雄黄烧酒香。”山东运河沿线的人们在端午节还有吃艾叶煮鸡蛋的习俗。这天一大早，家人便将新鲜的艾草放在锅里煮鸡蛋。鸡蛋熟时，蛋皮变成微绿色，还带着微微的艾草香。端午这一天，小孩子要戴“五毒兜”，上有绣织的五毒图（蛇、蝎、蜈蚣、壁虎、蟾蜍），寓意以毒攻毒，确保健康。妈妈或奶奶会在兜里放一个温热的鸡蛋，或用温热的鸡蛋在小肚儿上滚几滚，边做边说“一年不会肚子痛”一类的话。

~
端午粽子

（5）七夕和重阳

七夕节在农历七月初七，这一天，男女老少坐在院子里，将酒脯时果放在面前，吃着瓜果，奏着琴筝，述说牛郎织女的故事。而重阳节这一天的风俗则是登高望远。说是为了登高，实则是秋游。重阳节还有佩戴茱萸，赏菊的习俗。王维的诗《九月九日忆山东兄弟》清楚地描写出了重阳习俗：“遥知兄弟登高处，遍插茱萸少一人。”

运河两岸是商品经济最发达的地区，沿线的集市贸易十分繁荣，而人们逛庙会、赶集市都有不同的风俗。

（1）庙会

又称赶庙会、赶会。原是祭奠寺庙神佛而举行的集会，地址一般设在寺庙所在地附近，会间往往要唱大戏，供民众娱乐。后来逐渐有商人加入，便形成了祭神、游乐、贸易三合一的形式。运河两岸各地都有庙会，像运河北端的直隶通州，一年中有里二泗娘娘庙会、北坝菩萨主庙会、东岳庙会等多次庙会。而运河南端的扬州在清代有数以百计的都天庙，每年5月都要为都天迎会，人们抬着都天塑像在大街小巷游行，并开展各种民间娱乐、商业活动。徐艺乙在《江南水乡的民俗与旅游》中描写道："都天会连续三天，最后一天五月十八为出驾日，四乡八镇的农民和大江南北的客商都云集而来，都天会达到高潮。除娱神、娱人外，还有展览、贸易等多种功能。迎会之时，商家大做生意，各种面点师、工艺师大显身手。各类玲珑玉器、竹木制品、土偶漆雕、布匹绸缎、花粉胭脂、古玩字画等都有出售。"在河南滑县的道口古镇还有一个火神庙会，每年的农历正月二十七、二十八、二十九三天，这里都要举办"火神庙会"。

~

道口古镇的火神庙会

~
徐州窑湾古镇
一般集市上分行设市、行，各市、行都有固定的集中营业区域，如粮食市、草（柴）市、骡马市、蔬菜水果市、鱼市、鸡蛋市、破烂市、木器市、铁器市、缸瓦市、杂货市等。在便于管理的同时，也方便赶集的人们选购。

（2）集市

古代因商品贸易还没有达到每天交易的程度，运河沿线的集市有约定俗成的日期，或单日，或双日，或逢五，或逢十。这天又叫逢集，一般大集全天，小集半天，到午即散。也有早市、夜市。中运河畔的窑湾古镇则有一种凌晨开市，天亮即散的鬼市。因地处大运河与骆马湖的交汇处，历史上，南来北往的货船往往会在窑湾停泊一夜。而在清晨开船前，船工们需要准备好下一段航程的货物和补给。因此，每天三更半夜，四面八方的小商小贩和镇里居民不约而同地来到窑湾街市，做起小买卖小生意。久而久之，便形成了一个独特的市场：店铺半夜开门，灯下营业。天一亮，人群散去，这里复归平静。时至今日，窑湾古镇还保留着这个“半夜开张，天明罢市”的特色集市，称为“鬼市”。成为吸引游客的一个独特品牌。

03 行船习俗

常年生活在船上的群体被称作船民或船户。大运河上的船民作为一个特殊的群体，养成了独特的生活习俗和生产习俗，形成了一种船民文化。他们有自己的语言习惯和语言禁忌，行船时也有特殊的禁忌。运河船民习俗代表着这一特殊群体的文化传统，反映了古代运河上船民真实的生产生活状况，承载着深厚的历史文化信息。

船民以船为家，他们在船上生儿育女。生小孩后，就用温水洗身，三天后再洗一次，与岸上人家的洗三差不多。能走路后，用绳索缚住幼儿小女的腰身，连在船上，以防不慎落水，故有“船家的儿女——成串”的歇后语。船家新生的孩子初次去外婆家时，要给小孩舔一舔划桨上的水，寓意小孩从此就不怕水了。船尾放上小盆，种些万年青或葱之类的盆景，象征兴旺昌盛，往往还挂个鸭笼，养一二只鸭，象征着船民后代有“尾”，香火不断。

船民在船上生活有些特殊的习俗。船民的婚嫁大多在内部进行，船家青年男女长大后，多数找同样的船民成亲，久而久之便形成了独特的婚嫁习俗。船上结婚的程序大致和岸上相同。若是娶亲，则先要提亲，订下来后要见面、下通书、下小启、下大启，下启时女方还要回启。接着开生辰，定日子准备成亲。船楼子就是新房，贴上双喜、对联。上联写“九曲三弯随船转”，下联为“五湖四海任舟行”，横批“百年好合”。婚嫁那天，两个亲家的船都停靠在河岸边，新娘戴凤冠、披红袄、坐小船到对岸男家的船上。男家船舱在船头搭上喜棚，新人不仅要交拜天地，还要拜船头菩萨。喜宴也在船上进行，几条大船拴在一起，这样既牢固又宽敞。当然船民们还有一些特殊的婚嫁习俗。

船民航运在外，客死他乡者，因船需要送货暂时不能回家发丧，便上岸找合适的地方先扶柩下埋，用芦席盖上，或在当地雇人看护，等船回程时再运回乡。如果给别人使船，便要高价雇船运回来。若是恰好遇到专门拉灵柩的船，则便可顺路运回。一般运货船和粮米船不会运送死者。等灵柩运回，在船头搭灵棚，发丧场地也是在船上进行，几条大船拴在一起。举行完丧葬仪式，然后就到风水先生事先选好的林地，挖好墓穴下葬，有老林就埋进老林。有的船民家在岸上没有坟地，就另买一块坟地埋葬。

以船为交通工具，有关船运的习俗和禁忌很多，如浙江杭州、绍兴一带乌篷船船头雕有状如虎头的“鹢”，用以镇蛟龙求吉祥。古时在船的桅杆上贴上“大王”“老牌”，或者吉祥动物图案，在船头挂红灯笼等，以求一路顺风。逢年过节时，要在桅杆上贴“大将军威风八面，二将军得力先行”的对联，摆“三牲”，船头“挂红”等。

~
船头装饰

船民行船时有特殊的语言禁忌。“帆”，是船在运输行船过程中，竖起在桅杆上的一条大布，乘顺风方向，借助外力给船加速。在没有机械动力的年代，大船的动力一般都靠“帆”，但是“帆”，读音同“翻”，所以船工都忌讳的一件事就是把“帆”读作“翻”，他们都一般习惯于叫作“篷”。乘客和与送行者忌讲“翻身”“搁置”“死”等不吉利的话。淮安一带人们乘船出行前，家中妇女早起不能说死、罪犯等不吉利的话，如出门时遇见死人、寡妇或老鸦叫都认为是不祥之兆。听到喜鹊叫则是吉兆。在无锡、常州等地，行船的人讲东西翻身只能叫涨身。在船上吃饭，盛饭叫“装饭”，碗不准扣在桌上，吃鱼只吃半边，忌将鱼翻转。吃鱼要先吃头，意思“一头顺风”。剩饭菜不能说“倒掉”，要说“卖掉”或“过鲜”，以忌“船倒翻”。船上的餐具也各有特殊的称呼：筷子叫“撑篙”，羹匙叫“掏子”，菜盘叫“羹搭”，饭锅叫“锅子”。行船遇到浮尸，则称“元宝”，不能称“死尸”。绍兴有哑子船的习惯，当船过桥洞时，船工不得出声，以免冒犯桥神。扬州对船主不称老板，而称“老大”。由于“老板”与“捞板”谐音，人们称通常船体被大风打成碎块以后，打捞船体碎片的行为为“捞板”。

大运河是借水行船的，千百年来，由于对水的神秘性的恐惧，逐水而行的船民和枕水而居的沿岸居民形成了与水相关的水神信仰，这些运河水神大多数是从治水英雄和道德模范转化而来，妈祖信俗、天妃信仰、曹娥女、露筋女、金龙四大王等在运河沿线留下了许多动人的传说和历史遗迹，并通过运河这一广阔的平台进行传播和发展。

01 运河水神

禹王宫供奉的大禹

有哪些水神曾在大运河上接受沿岸百姓和水上人家祭祀呢？笔者经过研究，发现运河水神信仰主要有三个来源。

（1）治水名人演变

治水名人最早的要上溯到神话时代的共工和大禹。禹总结了父亲鲧治水未成的教训，采用开山辟谷疏导洪水的方法，建立起了疏川导滞的河网和初期的农田排灌工程体系，奠定了四百年夏朝的基础，后人将大禹奉为水神。在浙东运河沿线的绍兴会稽山建有禹陵纪念这位治水英雄。

（2）道德典范演变

运河沿线供奉的最多的金龙四大王谢绪即是道德典范演变而来。谢绪是南宋灭亡时期自杀殉国的杭州人士，之后演化为“金龙四大王”。“金龙四大王”信仰最初兴起于民间，后来逐渐由民间护佑漕运的水神上升为国家祭祀的黄河和运河之神。淮扬运河沿线的露筋女也是道德典范化身的水神。传说露筋女生于唐代末年，一年夏天，她与嫂嫂二人步行沿运河去高邮，行至露筋，电闪雷鸣，大雨滂沱。就在两人四处寻找避雨处时，只见河堤旁有一茅草棚，嫂嫂就上前要求借宿，里面的单身男子，特地将自己的床腾出来，自己用一张芦席睡在地上。姑娘恪守“男女授受不亲”的古训，坚决不肯进屋投宿。嫂嫂也劝她不过，只好由她去了。姑娘疲惫不堪地独自睡在门外，身上嘬叮着黑压压的大片麻蚊。东方既白，嫂嫂开门一看，姑子耷拉着脑袋，停止了呼吸，身上的每一根筋都像一条条蚯蚓般地暴起。后来，当

~
宿迁龙王庙供奉的“金龙四大王”

地人为颂扬她的贞节，在她死去的地方兴建了露筋祠，称她为露筋女，并立碑刻石，以昭后人。后人将露筋女作为运河女神供奉，凝聚着渔民们祈求平安的心愿。

（3）宗教信仰或人物演变

在淮扬运河沿线就有从道教演变而来的“九牛二虎一只鸡”镇水神兽信仰。传说道教始祖老子炼丹得道后，骑一头青牛升天而去。在人间留下九头牛，二只虎和一只鸡，保护着山林湖泊不再遭灾。明代就有刘伯温设“九牛二虎一只鸡”镇洪水的传说。根据这些传说，1701年，为镇住洪水，康熙皇帝命人用生铁铸造了“九牛二虎一只鸡”，将它们分别放置在高良涧、高堰坝、清江浦、马棚湾、邵伯更楼等淮扬运河的险要河段上。有人说，这“九牛二虎一只鸡”的组合，也表明了康熙皇帝要使出“九牛二虎”之力消除运河水患的决心。300多年来，运河沿线的镇水铁牛成为老百姓祈求平安，避免洪水侵扰的崇拜偶像，有的老百姓还让孩子认铁牛为干妈，有点生病小灾、孩子考学都要去拜铁牛妈妈。

02 大运河沿线水神信仰遗迹

大运河水神信仰在运河沿线广泛传播，进而产生了诸多供奉水神的大王庙、龙王庙和天妃（妈祖）庙等，今天，这些水神信仰遗迹，成为大运河经由漕运活动对沿线区域社会文化产生影响的重要实物见证。

（1）宿迁龙王庙

宿迁龙王庙位于大运河中河宿迁段皂河镇附近的运河南岸，原名为“敕建安澜龙王庙”。供奉的水神是金龙四大王。龙王庙行宫始建于17世纪末（清康熙年间），雍正五年（1727年）和嘉庆十八年（1813年）两次重修，形成了现在占地36亩，周围红墙，三院九进封闭式合院的北方宫式建筑群。自清代以来，每年的农历正月初八、初九、初十这三天，为皂河安澜龙王庙庙会之日。届时众多善男信女，前来烧香拜佛，祈福求祥。附近山东、河南、安徽几省的坐贾行商、民间艺人也纷至沓来，云集皂河。因正月初九为庙会“正日子”，故当地又习惯称之为“初九会”。

宿迁龙王庙中的龙王殿

（2）天津天妃宫

始建于元代延祐年间（1314—1320年）的直沽天妃宫（东庙），是海上漕运进入鼎盛时期的产物。该庙建成后于泰定三年（1326年）改为天妃宫。至正十一年（1351年）第二次重建天后宫，明万历六年（1578年）又重修圣像殿宇。光绪二十六年（1900年），天妃宫被战火烧毁。直沽天妃宫不仅是元代海上漕运进入鼎盛时期的产物，也是北运河漕运遗迹的重要补充和完善。在历史上，凡是由直沽海口经海河进入北运河的海运漕粮，都经由直沽天妃宫。在此祭祀妈祖，既标志海漕的终结，又标志河漕的开始。

（3）上虞曹娥庙

曹娥庙又叫灵孝庙、孝女庙，是为彰扬东汉上虞孝女曹娥而建的一处纪念性建筑。曹娥孝行感动乡里，迅速传扬开去，轰动朝野。元嘉元年（151年）上虞县令度尚改葬曹娥于“江南道旁”，并报奏朝廷表为孝女，为其立碑建庙。因此，曹娥庙，又叫灵孝庙、孝女庙。曹娥庙坐西朝东，背依凤凰山，面向曹娥江，占地6000平方米，建筑面积达3840平方米。

~
曹娥庙

（4）淮扬运河上的镇水铁牛

关于铸铁牛可以抵御洪水的说法大概始于唐朝，古人认为，牛是大地的象征和载体，自古就有用铁牛镇水的传统。雄鸡，据说可以抵御水患。古人认为洪水属阴性，而雄鸡报晓，可以驱鬼除阴。壁虎，也被古人视作驱除水患的神兽。清代，人们用生铁在淮扬运河沿线铸造了“九牛二虎一只鸡”，用于镇水防洪。如今淮扬运河沿线的“九牛二虎一只鸡”只剩下六头铁牛和一只石壁虎。铁牛分别位于淮安的高家堰、高邮的马棚湾和邵伯古镇等地，在古运河茱萸湾的壁虎坝还有一只石壁虎。如今，这些镇水神兽仍旧享受着附近百姓的香火，人们为了升学生子，祈求祛病除灾仍然来祭拜这些镇水神兽。

（5）泰安禹王庙

泰安禹王庙位于宁阳伏山镇堽城坝村北，大汶河的南岸，坐北朝南，占地16132平方米，是供奉治水英雄大禹的。堽城坝为古代著名的水利建筑工程，这项工程在历史上为繁荣南北水路交通、灌溉鲁西南广袤的农田，发挥过巨大的作用。庙内立有“同立堽城堰记”碑，记载着明成化十年（1474年）堽城坝重建的原由、选址、用料及施工工艺等。庙中有一株被称为大禹化身的古桧柏，直径达1.52米的，号称“齐鲁第一柏”，还有一株柏树被誉为“虬枝歧柏”，是宁阳八景之一。

~
高堰铁牛

~
泰安禹王庙

扬州古运河畔的大王庙

（6）邗沟大王庙

邗沟大王庙坐落在扬州古运河由东西向转向南的拐弯处，这里是古邗沟与宋代运河的交汇处。供奉的是两位与大运河有关的“大王”。一是春秋时的吴王夫差，开凿邗沟的第一人。另一位“大王”便是汉初吴王刘濞。他开山铸钱、煮海为盐，使吴国成为西汉初期各诸侯国中最富强的一个，开通了扬州向东的运盐河，造就了扬州的盐业经济。夫差和刘濞对大运河的贡献，扬州人民没有忘记，历代建庙祭祀，供奉香火。其南门上方悬一匾额，上书“恩被于吴”四个金色大字。殿前的四根抱柱上，两副木刻楹联尤为醒目：“曾以恩威遗德泽，不因成败论英雄”；“遗爱成神乡俗流传借元宝，降康祈福世风和顺享太平”，充分表达了扬州人民对两位吴王的景仰感恩之情。

~

滑县大王庙供奉的除谢绪外的四位凡人

~

南旺分水龙王庙

（7）滑县大王庙

位于道口镇的滑县大王庙建于明万历十八年（1590年）。供奉的“王”是谢、黄、张、李、朱五位治水先贤，即南宋谢绪，明代黄守才、张居正，战国李冰，清代朱之锡，以祈求保护卫河安澜、水运通畅，人们安居乐业。现仅留存大王庙。大王庙坐东朝西，俯瞰卫河。该殿面宽五间，进深十二架像，为“一殿一卷”式建筑。殿内梁架分主殿梁架和拜殿梁架两部分。如今，大王庙的依然受到运河边人民的祭拜。

（8）南旺分水龙王庙

为纪念明代著名水利专家、工部尚书宋礼和著名农民水利专家白英等创修南旺枢纽工程，人们在南旺汶、运交汇处建造了“分水龙王庙”。明永乐年间（1403—1424年）开始修建分水龙王庙，有龙王殿、戏楼及钟楼等建筑。明正德七年（1512年）建宋公祠、白公祠和潘公祠。清康熙十九年（1680年）建禹王殿，其后相继增建了莫公祠、关帝庙、文公祠、蚂蚱神庙、观音阁等建筑，规模持续扩大，到清朝末年已经形成一座结构和功能完备的大型建筑群落。目前，地面尚存关帝庙、禹王殿、观音阁等砖木建筑，其他建筑为遗址状态。

（9）露筋娘娘庙

露筋娘娘庙位于大运河边的古镇邵伯镇东风渔业村，是为纪念露筋女而建立的。当地人为颂扬她的贞节，在她死去的地方兴建了露筋祠，称她为露筋女，并立碑刻石，以昭后人。石碑上立着一只石雕的振翅欲飞的大蚊子，长长的嘴叮在石头上，似乎在用力地吮吸着什么，这种碑的造型在全国尚属少见。据说，碑文是宋代大书法家米芾的手笔。而今古碑不复存，碑刻仍存高邮文游台内。后人将露筋女作为运河女神供奉，凝聚着渔民们祈求平安的心愿。在封建社会，露筋女的贞洁观受到了统治者的提倡。从宋代开始，有人题诗赞美露筋娘娘，如欧阳修写过《憎蚊诗》，王士祯写过《再过露筋祠》等，宋四书家之一的米芾为礼赞露筋祠曾题写过《露筋之碑》。但也有人对此事提出责疑。乾隆皇帝曾两次游览露筋祠，题诗写道："蚊嘬安能至命亡？露筋事半属荒唐。虽然事可风巾帼，善行何妨思欲长。"

淮扬运河上的露筋祠

03 运河龙舟赛和舞龙风俗

龙舟赛是一种古老的中国民俗活动，主要盛行于吴、越、楚一带。据传战国时楚国大夫屈原含恨投江自杀，有许多人划船追赶拯救，他们争先恐后，追至岳阳洞庭湖时不见踪迹，以后每年五月五日划龙舟以纪念他。吴越地区则传闻龙舟赛起源于纪念伍子胥。《清嘉录》中记载："吴地（江苏浙江一带）竞渡，是源于纪念伍子胥，苏州因此有端午祭伍子胥之旧习，并于水上举行竞渡以示纪念。"

古代典籍有关龙舟起源的记载，最早是出现在东汉。事实上，运河南端的吴越一带直到东汉时才开发，端午的习俗最初只在长江下游吴越民族中流行，后来随着运河的开通，吴越文化逐渐和中原文化交流融合，这种习俗才传到长江上游和北方地区。汉代赵晔《吴越春秋》也认为，龙舟的起源"起于勾践，盖悯子胥之忠作"。至今专家公认的中国最早的"龙舟竞渡"的图形，发现于浙江宁波市鄞州区云龙镇甲村。因此赛龙舟是起源于运河地区，也一直在运河沿线流行。

运河名城扬州举办的龙舟大赛

通州龙灯会

每到过年过节，通州运河龙灯会就会舞起蓝色的龙，这种祈福方式，其源头可追溯到道光年间。过去一般在年、节、庆典、祭祀或灾年时，运河龙灯都要起会。春节的正月初二至十五为节日欢庆起会，主要为烘托节日气氛；二月二龙抬头、三月三娘娘庙会为祭祀起会，祈求赐福百姓、风调雨顺、五谷丰登；如遇旱、涝、病虫等灾害更要起会，祈求减少灾害、拯救生灵。

其他地区的龙以红色为主，而通州运河边所舞的两条蛟龙为什么是蓝色的？据通州区文化委负责人介绍，蓝色龙在北京地区极少见，蓝色代表“水”，带有鲜明的运河文化特色。目前只有南、北二通州舞蓝色龙，也说明了运河之水沟通南北文化的功能。蓝色双龙，通常男女各舞一条，龙皮用白布缝制，用蓝色染料描画出龙身和龙尾，用细麻制作龙须，龙骨架分别用白松木条和竹篾制作。舞动起来时，两条方头蓝身金鳞的巨龙，做着双跳龙把、串花篱笆、龙翻身、二龙绞、闹江舟、龙盘窝等一个个颇有难度的套路动作，或如腾云驾雾，或如翻腾水中，奔腾舞动，神武飞扬，展现了独具一格的“风采”。两条蛟龙的舞动，承载着老百姓美好的期望。

大运河孕育的丰富文化

大运河是一条文化的河流。发达的经济，
迷人的风光，五光十色的民族风俗使大运河成为文学艺术的摇篮。
中国的「唐诗之路」就是基于隋唐大运河背景之下的文化之路，
唐诗宋词以及它们的作者都与大运河结下了不解之缘；
明清白话小说更是运河商业文化的产物，
运河催生了中国古典文学四大名著。
明清时期戏曲沿着大运河传播，
催生了国剧京剧；书法、绘画艺术随着大运河的开通而发展壮大，
并在大运河沿线得到了充分交流；
藏书文化也盛行大运河沿线，
出现了《四库全书》藏书阁和一批私人藏书楼。
大运河也是一个非物质文化遗产的宝库，
运河沿线国家级非遗占了全国的三分之一。

运河与书画艺术

隋唐时期，书法艺术、绘画艺术快速发展，这离不开大运河的作用。科举考试制度的推行，书法作为一项基本的应试项目，极大地促进了读书人学习和练习书法的热情。随着大运河的贯通，书法艺术得到广泛的交流，造成了隋唐时期中国书法史上的空前繁荣，出现了许多书法大师，如隋代的智永和尚，唐代的贺知章、张旭、欧阳询、褚遂良、颜真卿、李邕、徐浩、怀素、孙过庭、柳公权，以及五代的杨凝式等。盛唐时期，扬州、苏州等地依运河之便，经济发达，文化昌盛，除张旭、怀素外，留名书法界的还有扬州江都的李邕，苏州人孙过庭，扬州泰州的张怀瓘。张怀瓘将中国书法字体分类为十体，是现今将汉字分为真、行、草、隶、篆五体的重要基础。颜真卿曾在运河边的德州平原任太守，故称“颜平原”。

01 《清明上河图》与大运河

《清明上河图》是现存最出名的反映运河主题的名画，为中国十大传世名画，是北宋画家张择端仅见的存世精品图。

张择端是山东诸城人，生活于北宋末期，其生平历史仅见于画卷后张著题跋。他在跋时写道："翰林张择端，字正道。东武人。幼读书，游学于京师，后习绘事，本工其界画，尤嗜于舟车、市桥郭FEATURE径，别成家数也。"

《清明上河图》场面宏大，人物众多，是众多研究者公认的，关于画里究竟有多少人，有的研究者认为有515人，有的说有1100人，最多的说有1500人，比《三国演义》中的人物还要多，《三国演义》中先后出场的人物才有一千出头，可见《清明上河图》场面的壮观。

学者罗青认为："清明上河图"这一画题，取的是政治清明和平，天下"海晏河清"之意。这也是宋徽宗亲书亲题的原因。《清明上河图》是宣和元年（1119年），徽宗为庆祝改元，令张择端绘制的。而画作的时空顺序参照的是当时流行的赋的写法。赋的写法介乎叙事与抒情之间，在空间次序上讲究以对照的手法描写地理方位，以东对西，以南对北。在时间顺序上，也讲究对比手法，以春对秋，寒对暑，以春秋代表一年。

自从宋代张择端创作了《清明上河图》卷之后，围绕着这幅作品仿本摹本不断，直至清朝。明清两代制作了很多的《清明上河图》，尽管和现藏故宫的《清明上河图》有诸多不同之处，但整体而言，它们具有明显的共性。这也正是《清明上河图》本身的魅力所在。随着《清明上河图》原作的重新发现和其在20世纪50年代的出版，涌现出大量《清明上河图》的仿制品。最出名的当属于明代仇英的《清明上河图》系列。

《清明上河图》不仅是我国古代绘画艺术中最杰出的现实主义作品，同时，对研究大运河两岸的历史学、社会学以及古代建筑具有重要的价值。

~

北宋张择端《清明上河图》（汴河虹桥局部）

《清明上河图》画的是北宋首都汴京（今开封市）的东南一角。有研究者认为，清明上河图反映的是“清明时节的上河”这一主题，把民俗节日、市民生活、市场盛况与滔滔运河结合起来，绘出这一传世名作。

（1）宋四家

“宋四家”是指苏东坡、黄庭坚、米芾、蔡襄。也有一些人认为宋四家中的“蔡”原本应该是蔡京，后人因不齿其为人，所以把蔡京换为蔡襄，并认为蔡襄的艺术成就在蔡京之上。这四个人大致可以代表宋代的书法风格，而且成就最高，故称“宋四家”。苏、黄、米、蔡中苏东坡长期在运河沿岸任职，足迹遍及江南运河边多个城市。米芾居住在镇江时创作了《甘露帖》，把运河边米芾住宅的境况描写得生动传神。

（2）元四家

元代，人物画、花鸟画走向低潮，而山水画却达到高峰，著名的为“元四家”，这是元代山水画的四位代表画家的合称。指赵孟頫、黄公望、王蒙、吴镇四人。他们都生活在运河边。

赵孟頫为浙江吴兴人，是宋画向元画过渡时期的画家，具有开风之功。他精通诗、书、画、经。传世画作有《三马图》等。书法作品更为后人推崇，世称“赵体”。

黄公望曾为道士，寄情山水，故山水画的造诣极高。其画笔势雄伟，苍茫简远，传世作品有《富春山居图》和《九峰雪霁图》等。

王蒙亦为浙江吴兴人，他的山水画，融各家之法独创一格，取景多山重水复，屋宇人物点缀得宜，被明人董其昌誉为“天下第一”。

吴镇为嘉兴人，善画山水竹木，笔力劲爽。代表作有《渔父图》，在山水墨色的深沉中，渔父高士的宁静与平淡溢于画作。

~
纪念苏东坡、秦观等人的文游台

贰

运河与诗词歌赋

大运河诗歌中最早的是隋代的诗歌，有虞世南的《奉和出颍至淮应令》：“良晨喜利涉，解缆入淮浔。寒流泛鹢首，霜吹响哀吟。潜鳞波里跃，水鸟浪前沉。邗沟非复远，怅望悦宸襟。”隋炀帝杨广也有两首写大运河的诗。出名的是《泛龙舟》：“舳舻千里泛归舟，言旋旧镇下扬州。借问扬州在何处，淮南江北海西头。六辔聊停御百丈，暂罢开山歌棹讴。讵似江东掌间地，独自称言鉴里游。”充分反映了隋炀帝贯通大运河，南下江都的满怀豪情。

01 唐诗里的大运河

浙东运河就是历史上的唐诗之路，无论是《春日留别》中孙逖思念江南之情，还是《西陵寄灵一上人》反映的刘长卿的运河游记，抑或者《回乡偶书》中贺知章的家乡情结，《梦游天姥吟留别》反映的李白的浙东游历，无不说明浙东运河是唐代诗人们创作的源泉。

李白的《送王屋山人魏万还王屋》："遥闻会稽美，且度耶溪水。万壑与千岩，峥嵘镜湖里。秀色不可名，清辉满江城。人游月边去，舟在空中行。"描写了在浙东运河行舟的场景。同样是李白的诗《别储邕之剡中》："借问剡中道，东南指越乡。舟从广陵去，水入会稽长。竹色溪下绿，荷花镜里香。辞君向天姥，拂石卧秋霜。"记录了从广陵沿运河到东南一带游历的行程。

李白、杜甫、白居易、刘禹锡、贺知章……这些诗仙、诗圣、诗魔、诗豪、诗狂等都在大运河沿线留下了不朽的诗篇。李白曾六下扬州，在黄鹤楼写的"烟花三月下扬州"是为运河名城扬州做的千年广告，杜甫的"商胡离别下扬州"则是对运河商贸兴盛的生动写照。孟浩然、高适、徐凝、白居易、杜牧等大批诗人都曾游历运河，并写下了数百首歌

浙东运河畔的绍兴曾是唐代诗人笔下多次描写的地方

~

扬州盐商古宅重现历史上的繁华景象

颂运河风光秀美和市井繁华的诗歌。诗人笔下的运河城市无不是商贾如云，繁华热闹。如卢纶《送吉中孚校书归楚州旧山》中的楚州："沿溜入阊门，千灯夜市喧"。王建《寄汴州令狐相公》）中的汴州："水门向晚茶商闹，桥市通宵酒客行"。白居易《东楼南望八韵》中的杭州："鱼盐聚为市，烟火起成村"。杜牧笔下的扬州："街垂千步柳，霞映两重城"。张祜的《纵游淮南》诗云："十里长街市井连，月明桥上看神仙，人生只合扬州死，禅智山光好墓田。"王建的诗："夜市千灯照碧云，高楼红袖客纷纷。"杜牧的诗句"二十四桥明月夜，玉人何处教吹箫。"徐凝的诗句"天下三月明月夜，二分无赖是扬州"，更是将扬州的繁华描绘到了极致。在唐代诗人的眼中，扬州的繁荣是无以复加的，不仅雄富天下，而且是文化荟萃之地，文化品位很高。

唐诗中写大运河的诗很多，其中不乏古典文学精品，伴随大运河流传千古。

主要有三类，一类是写开凿大运河民工的悲惨命运，揭露隋炀帝骄奢淫逸的生活。如罗隐的《隋帝陵》："入郭登桥出郭船，楼日日柳年年。君王忍把平陈业，只博雷塘数亩田。"李商隐的《隋宫》："紫泉宫殿锁烟霞，欲取芜城作帝家。玉玺不缘归日角，锦帆应是到天涯。于今腐草无萤火，终古垂杨有暮鸦。地下若逢陈后主，岂宜重问后庭花？"胡曾的《汴水》："千里长河一旦开，亡隋波浪九天来。锦帆未落干戈起，惆怅龙舟更不回。"

第二类是肯定大运河的作用。如李白的《题瓜洲新河饯族叔舍人贲》称赞齐浣开瓜洲运河："齐公凿新河，万古流不绝。丰功利生人，天地同朽灭。"李敬方的《汴河直进船》，"汴水通淮利最多，生人为害亦相和。东南四十三州地，取尽脂膏是此河"，准确地反映出大运河成为维系唐王朝的生命线的事实。皮日休的《汴河怀古》："万艘龙舸绿丝间，载到扬州尽不还。应是天教开汴水，一千余里地无山。尽道隋亡为此河，至今千里赖通波。若无水殿龙舟事，共禹论功不较多。"被认为对隋炀帝开通大运河的最公正的评价。

第三类是对沿河两岸美丽风光的礼赞。张祜的《金陵渡》："金陵津渡小山楼，一宿行人自可愁。潮落夜江斜月里，两三星火是瓜洲。"唐代诗人刘长卿在《送子婿崔真甫、李穆往扬州四首》中写道："渡口发梅花，山中动泉脉。芜城春草生，君作扬州客。半逻莺满树，新年人独远。落花逐流水，共到茱萸湾。"这个茱萸湾就是古邗沟进入扬州的第一道湾，过了这个湾就进扬州古城了。无独有偶，孟浩然在茱萸湾也作过一首《问舟子》："向夕问舟子，前程复几多。湾头正堪泊，淮里足风波。"而高适的名句"莫愁前路无知己，天下谁人不识君。"（高适《别董大》）也是在运河边的沧州所作。王昌龄《芙蓉楼送辛渐》："寒雨连江夜入吴，平明送客楚山孤。洛阳亲友如相问，一片冰心在玉壶。"则是在镇江送客回洛阳的送别诗，"一片冰心在玉壶"成为千古名句。

~

隋炀帝墓

~

隋炀帝陵一号墓发掘现场

02 宋词里的大运河

~
瓜洲古渡

宋代，大运河的作用发挥得更加明显，宋代出名的词人几乎都与大运河有密切的联系。范仲淹既是诗词名家又是政治家与水利家，他曾在运盐河畔的扬州府海陵县（今盐城东台境内）筑捍海堰，带领民众抗洪水，又曾在苏州治水。他为好友滕子京所作的《岳阳楼记》因名句“先天下之忧而忧，后天下之乐而乐”而传颂千古，被历代廉吏奉为圭臬。

王安石在运河入江口瓜洲写下了《泊船瓜洲》：“京口瓜洲一水间，钟山只隔数重山。春风又绿江南岸，明月何时照我还。”宋仁宗皇祐二年（1050年）夏，王安石在浙江鄞县知县任满回江西临川故里时，途经杭州，写下了《登飞来峰》：“飞来山上千寻塔，闻说鸡鸣见日升。不畏浮云遮望眼，自缘身在最高层。”这两首诗都成为千古传颂的名诗。

而奉旨填词的婉约派词人柳三变也长期在运河沿线游历，柳永的词展现了一幅大运河畔的都市风情画，以致有水井的地方就咏柳词。宋代词人汤式一首《忆维扬》，以“天上人间”比喻扬州，描绘了当时扬州的繁盛与运河的气派：“羡江都自古神州，天上人间，楚尾吴头。十万家画栋朱帘，百数曲红桥绿沼，三千里锦缆龙舟。”

南宋时期，词人们主要围绕爱国情怀而创作。爱国诗人辛弃疾沿着大运河北上收复旧山河，在江南运河的起点镇江写下了《南乡子·登京口北固亭有怀》：“何处望神州？满眼风光北固楼。千古兴亡多少事？悠悠。不尽长江滚滚流。年少万兜鍪，坐断东南战未休。天下英雄谁敌手？曹刘。生子当如孙仲谋。”

03 元代运河诗词

元代诗人萨都剌（1272年－？）也留下了不少运河诗词，萨都剌是我国文学史上著名的少数民族诗人之一。元泰定帝泰定四年（1327年），五十六岁的萨都剌以三甲进士及第，当年秋季授镇江录事司达鲁花赤，于赴任途中路过扬州。萨都剌有《过江后书寄成居竹》诗云：“扬州酒力四十里，睡到瓜洲始渡江，忽被江风吹酒醒，海门飞雁不成行。”成居竹是隐居在扬州的一位不求仕进的人，萨都剌过扬州与他相见，过江后又作了这首诗相寄。

顺帝至正六年（1346年）秋，七十五岁的萨都剌赴江南诸道行台御史职，又过扬州，这次离前次来已相隔十二年之久了，他回忆起上一次的情况，将前两首诗句重加组合，写成《过广陵驿》一律：“秋风江上芙蓉老，阶下数株黄菊鲜。落叶正飞扬子渡，行人又上广陵船。寒砧万户月如水，老雁一声滔满天。自笑栖迟淮海客，十年心事一灯前。”寄托了他自己的身世之感和对大运河的深厚感情。

04 明清时期的运河诗词

明代汤显祖、归有光等著名文学家创作了很多大运河诗词。归有光曾作《初发白河》："白河流水日汤汤，直到天津接海洋。我欲乘舟从此去，明朝便拟到家乡。"这首绝句是诗人旅居期间，偶尔乘舟白河，想起白河与大运河相连，通江通海，于是浮想联翩，昔人"千里江陵一日还"，他便说"明朝便拟到家乡"。这首诗从侧面反映了明中期大运河是京城通向各地的南北主要交通线，舟行便捷，水道畅通。汤显祖的《叹卓老》写道："自是精灵爱出家，钵头何必向京华。知教笑舞临刀杖，烂醉诸天两杂花。"沈迈曾写过《过漷县》："巨艑如牛鞭不行，乘风隙喜片帆轻。四千秋驿何时到，今日经此第一程。"这都是描写大运河的诗。

明代的文坛领袖李东阳曾作《咏鳌头矶》，其一："十里人家两岸分，层楼高栋人青云。官船贾舶纷纷过，击鼓鸣锣处处闻。"其二："折岸惊流此地回，涛声日夜响春雷。城中烟火千家集，江上帆樯万斜来。"鳌头矶始建于明嘉靖年间。当年的会通河在靠近卫河附近分为两支，分别在南北两处流入卫河，因此，在会通河与卫河之间形成了一块周围环水的狭长陆地，人称"中洲"。鳌头矶处中洲突出之地，明代正德年间在此叠石为坝，状如鳌头，两支运河上的四处河闸像鳌的四只足，广济桥在鳌头矶后像其尾，"鳌头矶"因此得名。运河漕运鼎盛之时，文人骚客常登临楼阁眺望运河，见船来舟往、帆樯如林，即寄情抒怀、赋诗唱和。鳌头矶凝秀遂成为运河繁荣时期临清的一景。此诗第一首写运河至此分为两股，居民沿运河两岸分布，豪宅层楼矗立于云霄之中，显示着这座北方都市的不凡气势，以及它的繁华和富裕。运河上穿梭着此来彼往的官船和商舶，出闸进闸的钟鼓之声连绵不断，此起彼伏。第二首写诗人已登上鳌头矶之所见所闻。诗人从矶上俯瞰，但见从南旺北下的滔滔洪流从远处奔泻而至，然后至此西去与卫河相接后东移北上，河水受到阻遏和控制，因而浪涛汹涌、吼声如雷，诗人用十四字写出会通河与卫河相接处运河水的狂暴与被人们控制的无奈、极具气势。最后用"江上帆樯万斛来"一句概括，写出临清繁荣的原因。

清代康熙、乾隆祖孙两代皇帝南巡时也留下了众多的运河诗词。康熙曾作《潞河诗》:“东风吹雨晓来晴，春水高低五闸声。兰桨乍移明镜里，绿杨深处座闻莺。”乾隆《堤上偶成》:“运河转漕达都京，策马春风堤上行。九里岗临御黄坝，曾无长策只心惊。”纳兰性德曾作词《浣溪沙·红桥怀古和王阮亭韵》:“无恙年年汴水流，一声水调短亭歌。旧时明月照扬州。曾是长堤牵锦缆，绿杨清瘦至今愁。玉钩斜路近迷楼。”清代王维珍的诗:“云光水色潞河秋，满径槐花感旧游，无恙蒲帆新雨后，一枝塔影认通州”则形象地描写了大运河的最北端通州燃灯塔的景观。

~
临清鳌头矶

~
通州燃灯塔

大运河与小说

有学者说："大运河是中华文脉，沿线积淀了丰厚了文化资源。一颗颗文化明珠，通过大运河这条金丝线串起来了。"正是由于大运河的交流功能，带来了以运河为纽带的商业文化，而小说这种艺术形式正是商业文化的产物。

运河的开通，融汇了中国南北各地的官民礼仪、特色物产、饮食服饰和风情民俗，形成了绚丽多彩的运河文化，推动了文学艺术的大发展。许多历史名著的作者诞生在运河岸旁，如《窦娥冤》的作者关汉卿、《西游记》的作者吴承恩。有不少文人记述运河沿岸的故事，写出了《红楼梦》《金瓶梅》等不朽的作品。在运河文化的营养和滋润中，中国古代文学史上诞生了"四大白话"小说。

01

古典名著与大运河

（1）大运河流进《红楼梦》

中国古代四大名著首推《红楼梦》，这是一部具有高度思想性和艺术性的伟大作品，成书于清乾隆四十九年（1784年）。

曹雪芹世家与大运河结有长达80年的不解之缘。曹雪芹的高祖曹振彦于顺治十三年任两浙盐法道，两浙盐法道的官署设在杭州，曹振彦上任的路线是从北京沿大运河到杭州，他也是曹家最早走完京杭运河全程的人。康熙六次南巡，有四次是由曹家负责接驾的。《红楼梦》里也有不少关于大运河的描写。书中开篇写甄士隐一生“小荣枯”的故事，就发生在“地陷东南”之际的运河苏州段的阊门外。第二回“贾夫人仙逝扬州城”，给盐政林如海造成了家庭困境，为其女儿林黛玉从扬州沿大运河进京投靠外祖母提供了机会。于是就有了第三回的“林黛玉抛父进京都”。林黛玉从扬州进京走的就是大运河。全书结束于宝玉出家，穿一件大红猩猩毡斗篷在毗陵驿拜别父亲贾政，其地点就在常州老西门古运河北岸。

曹雪芹童年和少年随其祖父在江南生活，后来才迁居北京。乾隆年间曹家“家道复初”，长大成人后的曹雪芹有机会再从北京沿大运河南下。后来曹家丢官抄家，曹雪芹只好回到北京居住在西郊香山。《红楼梦》中既有北方方言、宿迁方言，也有南京方言、苏州方言等，扬州方言更是俯拾皆是。赵国平在《红楼梦里的扬州话》一文中研究，《红楼梦》中有不少扬州话。“有一搭没一搭”“小小巧巧”“不敢龇牙”“心里突突的”……这些句子，至今仍是扬州人挂在嘴边的俗语。曹雪芹运用扬州方言信手拈来，应该说他很熟悉扬州话，如果没有经过扬州话的熏陶，不可能把“强如”“才刚（方才）”“不相干”“歪（睡）一会儿”……等扬州土话当作口头语，反复在自己的作品中使用。（《红楼梦里的扬州话》）

除了语言特色，大运河沿线的景致、人文、风俗、典故都在《红楼梦》中有所反映。曹雪芹自幼饱受大运河熏陶，在《红楼梦》中他用那如椽之笔饱含激情地将大运河文化抒发得淋漓尽致。有专家在研究《红楼梦》与扬州的关系时说道："他祖父曹寅曾任江南织造兼作两淮巡盐御史，并在天宁寺刊印过《全唐诗》，所以曹雪芹曾在扬州生活过。林黛玉是一位多愁善感的扬州女孩，自小随父亲盐政御史林如海生活在扬州，讲的是一口地道扬州话，她的饮食习惯、说话口吻乃至爱使小性子儿的性格特征，都与扬州这方水土息息相关。"（《红楼梦中的扬州话》）

（2）齐鲁运河捧出《水浒传》

《水浒传》是中国古代另一部杰出文学名著。水浒文化和运河文化交汇、叠合于古郓州的区域，也就是梁山泊及周围地带，这也正是齐鲁文化中一个独特的部分。

元初以后，大运河一直在郓州地区纵向穿过，水泊梁山正是运河水系的一部分。济水自西南来，汶水自东方来，二水交汇于梁山泊。梁山泊自古就处于沟通东西、连接南北的交通要道。大运河穿行鲁西地区，这对古郓州所涉及地区产生了重要影响。《水浒传》写的是北宋的故事，但它的广泛传播和最终成书，则是在元末明初。大运河的贯通，对《水浒传》的形成，有着重要影响。随着运河城市的兴起，山东西部运河沿线成为各种信息的传播交汇点，全国各地的故事在这里汇聚，然后在运河中的船上品味、消化、加工，又随运河到别处传播，这样的故事也就越传影响越大了。《水浒传》更是烙上了深深的大运河印记。施耐庵居住在运河重镇淮安，宋江的归宿"蓼儿洼"就是楚州（淮安）城外的一片水泊。在罗贯中写作《三国志通俗演义》期间，施耐庵从苏州迁移到兴化，并在洪武三年逝世。为了纪念他的师傅施耐庵，罗贯中在完成《三国志通俗演义》之后，决定加工、增补施耐庵的《水浒传》。

（3）大运河造就了《三国演义》

"四大名著"的创作中有一个重要现象，那就是即使作者不是大运河岸边人，也往往都在运河城市中生活过的。《三国演义》的作者罗贯中就是如此。

罗贯中14岁时辍学随父亲去苏州、杭州一带做生意。后到慈溪随当时的著名学者赵宝丰学习。元至正十年（1350年），罗贯中沿大运河南下杭州，当时许多说话艺人在这里说书，一些杂剧作家，也在这里活动。罗贯中与这些志同道合者为友，加上他对民间文学又极其喜爱，开始创作章回小说和剧本。至正十六年（1356年），罗贯中辞别赵宝丰，到张士诚幕府作宾。在这段时间里，罗贯中结识了施耐庵，并拜其为师。至正二十三年（1363年），罗贯中涉足大运河沿线的城市和江南各地，搜集三国时期东吴的故事传说，发掘整理了大量流行于运河两岸的三国故事。

后来看到张士诚贪图享乐，罗贯中失去信心，于是返回老家太原。到至正二十六年（1363年），罗贯中又回到了杭州，开始《三国志通俗演义》的写作。明洪武元年（1368年），他与施耐庵居住在淮安，游览汉代遗址，并继续写作《三国演义》。到明太祖洪武三年（1370年），罗贯中已写了十二卷。后来，施耐庵病卒，罗贯中携自己未完成的《三国演义》书稿返故里，完成最后的著书。如今，大运河沿岸还分布着无数的三国遗迹。

（4）大运河热土孕育《西游记》

要了解名著《西游记》的成书，就要先看看吴承恩的故居，也就是吴承恩著《西游记》的环境。

《西游记》作者吴承恩塑像

吴承恩是淮安府山阳县河下（今江苏省淮安市淮安区）人。吴承恩号“射阳居士”，而射阳湖就是古邗沟流经的重要湖泊，当初淮安就属射阳县。今天吴承恩的故居，坐落在淮安城西北的河下打铜巷最南端。这地方，是古老的淮河和大运河交汇之处。正是这块人杰地灵的运河热土，催生了古典浪漫主义的文学巨著。

吴承恩嘉靖年间中举为岁贡生。嘉靖二十八年（1549年）他迁居南京，靠卖文为生。五十岁左右写了《西游记》的前十几回，后来因故中断了多年。嘉靖三十九年（1560年），他任江南运河畔的浙江长兴县丞，后辞官归乡。回到淮安后，隆庆四年（1570年）开始着力撰写《西游记》。

（5）临清是《金瓶梅》故事的原型地

大运河边的重要城市临清的市井文化十分繁荣，这给明清时期的小说提供了创作背景，中国古典名著《金瓶梅》就是以明代临清为主要故事背景地写作而成。《金瓶梅》中的人物活动中心在北方，从生活习俗上看，也是以北方的习俗为主，从语言上看，也大都是临清周围的方言土语。当时的临清是军事重镇，商业都会，手工业已很发达，以手工业命名的街巷众多，又是各种货物的集散地。临清钞关的商税曾居全国八大钞关之首。临清还是南粮北调的总中转站和粮食储存中心。《金瓶梅》从第五十八回开始到第一百回的四十二回中，有25处直接写到临清。第九十八回的标题即是：“陈敬济临清逢旧识，韩爱姐翠馆遇情郎”。《金瓶梅》尽管写的是宋代的事，但研究者认为，其时代背景就是明代时期的临清。

《金瓶梅》的作者笑笑生，如果不是临清人，也是客居在临清，因为他对临清太熟悉了。《金瓶梅》提及的临清地名如运河钞关、沙河，狮子街等都非常具体，小说中这些地点的位置、走向、距离和里程都与今天的现实情况完全吻合。有学者认为，没有大运河就没有临清，没有临清就没有《金瓶梅》。

尽管对《金瓶梅》的原型地运河沿线的城市在争抢，但《金瓶梅》故事发生在运河沿线却是不争的事实。作者自称兰陵笑笑生，兰陵这个地名指的是峄县，就是运河沿线的枣庄的古县名。

（6）《浮生六记》与运河生活的故事

《浮生六记》是清朝长洲（今苏州）人沈复著于嘉庆十三年（1808年）的自传体散文。沈复出身于幕僚家庭，没有参加过科举考试，曾以卖画维持生计。与妻子陈芸志趣投合，情感深厚，愿意过一种布衣素食而从事艺术的生活，但因封建礼教的压迫和贫苦生活的磨难，理想终未实现，经历了生离死别的惨痛。《浮生六记》是一部水平极高影响颇大的自传体随笔。该书是首部真实记叙夫妻感情的小说，富有创造性。这种创造性，首先体现在其题材和描写对象上。在书中，作者以深情直率的笔调叙了夫妻闺房之乐，写出了夫妻间至诚至爱的真情。书中多处写到了运河旅行，以及清代运河上的旅游。

~
在苏州沧浪亭上演的实景版昆曲《浮生六记》

（7）《老残游记》与运河游历故事

《老残游记》作者刘鹗，是江苏镇江人。《老残游记》写一个被人称做老残的江湖医生铁英在运河沿线游历中的见闻和作为。小说对社会矛盾开掘很深，尤其是他在书中敢于直斥清官（清官中的酷吏）误国，清官害民，独具慧眼地指出清官的昏庸常常比贪官更甚。同时，小说在民族传统文化精华提炼、生活哲学及艺术、女性审美和平等、人物心理及音乐景物描写等多方面都有较高的成就。

（8）《聊斋志异》反映运河地区社会现实

《聊斋志异》是清朝小说家蒲松龄创作的文言短篇小说集，全书共有短篇小说491篇。它们或者揭露封建统治的黑暗，或者抨击科举制度的腐朽，或者反抗封建礼教的束缚，具有丰富深刻的思想内容。作者蒲松龄，世称聊斋先生。他自幼便对民间的鬼神故事兴致浓厚。蒲松龄曾在运河沿线的宝应、高邮一带为官，搜集了大量离奇的故事，经过整理、加工过后，他都将其收录到了《聊斋志异》中。他曾在高邮盂城驿担任过一段代理驿丞，传说在盂城驿写出了一篇聊斋故事。如今高邮盂城驿中还塑有蒲松龄的石像。《聊斋志异》中胭脂的故事发生地东昌府，就是今天的运河城市——山东聊城。相传当年蒲松龄骑着毛驴来聊城，在东昌湖边撷取素材写成《胭脂》。故事的原型就是山东学政施闰章断案，为学子洗冤的历史事实。如今美丽的东昌湖还有了一个富有诗意的别称“胭脂湖”。

盂城驿中的蒲松龄像，传说蒲松龄在此住过一宿后写出了一篇聊斋故事

02 民国时期运河的小说作品

鲁迅小说《故乡》

民国时期，运河沿线丰富的社会生活成为小说家们创作的丰富题材，产生了一批在文学史上占据一定地位的小说作品。直接取材于运河及其沿线社会生活的小说以鲁迅的《故乡》、丁玲的《水》和叶圣陶的《多收了三五斗》影响最大。

《故乡》直接取材于浙东运河边的绍兴。民国八年（1919年），为了处理家族聚居的老屋，鲁迅从北京坐火车来到杭州，然后从杭州沿浙东运河乘船来到绍兴。在处理完老屋后，又从绍兴乘船到钱塘，乘火车到北京。他就以这次乘船沿浙东运河往返绍兴的见闻，创作了自传体小说《故乡》。小说中，鲁迅描写了运河边荒凉衰败的农村。“苍黄的天底下，远近横着几个萧索的荒村，没有一些活气。”小说把回忆中的聪明伶俐、天真活泼的闰土与这次回乡见到的木偶人的中年闰土对比，提示出农民的悲惨命运。小部通过乘船离开家乡时的悲凉、沉重的心情，反映了浙东农村社会问题的严重性。

丁玲的《水》则是描写民国二十年（1931年）大水，造成洪泽湖地区和里运河堤防溃决，洪水泛滥的场景，提示了官僚军阀和地主对人民的残酷压迫剥削是造成天灾的主要原因，人民对天灾的反抗，实际上是对人祸的反抗。

叶圣陶的《多收了三五斗》描写了戴毡帽的几个农民，在丰收之后，摇着船到河埠头万盛米行去粜米，结果不仅没有增加收入，而且严重折本的故事情节，提示了农民破产的原因，反映了帝国主义对中国的商品倾销，阻碍了中国民族工商业的发展，扼杀了运河地区小生产的农村经济。

03 〰 当代运河小说

（1）大运河之子刘绍棠的故事

现代著名乡土文学作家刘绍棠被誉为大运河之子，是"大运河乡土文学体系"创立者。他的作品描写的就是大运河两岸人们的生活。作品题材多以京东运河（北运河）一带农村生活为题材，格调清新淳朴，乡土色彩浓郁。他于1955年出版了第一部小说《运河的桨声》。丛维熙认为，刘绍棠的一生与大运河密不可分。

（2）运河作家汪曾祺的故事

从小生活在淮扬运河边高邮市的汪曾祺被称为运河作家。他自己在《说说我自己》一文中说道："我的家乡是一个水乡，江苏北部一个不大的城市——高邮。在运河的旁边。运河西边，是高邮湖。城的地势低，据说运河的河底和城墙垛子一般高。我们小时候到运河堤上去玩，可以俯瞰堤下人家的屋顶。因此，常常闹水灾。县境内有很多河道。出城到乡镇，大都是坐船。农民几乎家家都有船。"因此在他的小说《大淖记事》《受戒》中，自然而然地就写到了运河，运河的水、运河的故事、运河的风土人情。他在散文《我的家乡》中称运河是圣境。

汪曾祺纪念馆的雕像

肆

大运河与戏曲

过去戏曲界流传着这样两句话："商路即戏路""水路即戏路"。商贸发达、运输繁忙的大运河周边地区是最能聚集观众，也是最有经济条件与闲暇时间欣赏戏曲的地方，当然也是进行戏曲演出的最佳去处。

01 昆曲北上

昆曲又叫昆剧，如果从元末（14世纪中叶）算起，昆剧的历史有600多年。到了16世纪中叶的嘉靖时期，太仓人魏良辅对昆腔音乐细细琢磨，革新创造，推陈出新，比原来更优美动听，被称为"水磨腔"，很快在艺术竞争中占先，传播四方。

冯丽娜在《京杭运河与我国南北音乐文化的交流传播》中写道："明清时期，影响全国的戏曲四大声腔昆山腔、弋阳腔、海盐腔、余姚腔均出自南方，资料表明，它们的北传，大运河起到了重要的传播作用。"1993年出版的《中国戏曲志》介绍道："延至明万历，北杂剧已十分衰落，代之而兴起的是由京杭运河而北上的昆山腔和弋阳腔。由此可见，由于京杭运河是贯通我国南北的重要交通动脉，其流域商品经济繁荣，流动人口众多，具有音乐传播的良好的外部条件，因而京杭运河的通行带动了昆山腔和弋阳腔的北传。"

昆剧几百年历程，随着时代变化，自然有盛有衰。盛时宫廷里巷、首都边区，到处都有昆剧艺人足迹。明代后期昆剧已进宫。康熙乾隆多次南巡，每到苏州都要看昆剧，还选演员带回北京。许多贵族高官分到各地，大都要带家庭戏班去，甚至甘肃、云南、广东等地都有昆班演唱。

明清时期，各地声腔都向大运河沿岸城市镇聚集，同时，又借助大运河进行南北的交流与传播。了解昆曲的人都知道昆曲有南昆和北昆之分，为什么昆曲形成两个派别，就是因为起源于江南的昆曲在明清时期沿着运河北上，在北方传播的过程中，形成了北方昆曲的流派。

昆曲剧照

02 京剧徽班进京

京剧是清代运河区域戏剧的代表，它的产生与繁荣与清代的四大徽班沿大运河进京献演有着密切的关系。1790年，乾隆皇帝80岁，朝廷命各地组织戏班进京贺寿。其中就有来自扬州的高朗亭带的三庆戏班。戏班从扬州登上平底船，沿着大运河进京而去。进京后，三庆班很快便以阵容强大、演技出色赢得北京观众的普遍赞誉。三庆班的人马可能没想到，他们的贺寿演出竟成为在北京的成名立万之作，并在演出中打磨出了京剧的雏形。

高朗亭之后，又有四喜、启秀、霓翠、和春、春台等戏班相继乘船沿运河北上进京，这些戏班多以安徽籍艺人为主，故名徽班。在路上，每到一个集镇，戏班子就登岸演出，走一路演一路。在临清停留了一个月，培养了一大批京剧爱好者，因此，临清被称为京剧之乡之一。在北京演出过程中，六个戏班逐渐合并为四个，史称“四大徽班进京”。

他们在北京站稳脚跟后，广泛吸收汉调、昆曲、梆子腔和地方戏曲精华，与北京语言的字音字调结合，使念白和唱腔与老徽戏产生差异，演出剧目也有了自己的特点，表演方面有了自己的风格。在此后的几十年中，徽班不断在运河流域南下北上，到处巡演，在演出中不断吸收各地民间戏曲的精华，风格也逐渐清晰定型。形成了以皮黄为主，兼容昆腔、吹腔、拨子、罗罗等地方声腔于一炉的新剧种，其曲调优美，剧本通俗易懂，故而受到北京观众的热烈欢迎。渐渐地，这种带有北京特点的皮黄戏始称“京戏”，也叫“京剧”，如今已成为中国的国粹。

~

徽班进京展板

当徽班在北京唱出名气之后，为了保持艺术水准，其后的艺人也主要来自扬州、苏州两地。因此，徽班往往会到这两地收买伶童，并通过大运河输送到北京。关于此事，《燕京杂记》中有记载："优童大半是苏、扬小民，从粮艘至天津，老优买之，教歌舞以媚人者。"

除了四大徽班，扬州的其他戏班仍在当地传承发展，咸丰年间为了躲避战乱，一些戏班来到今天江苏中部的里下河地区发展，被称为里下河徽班。同治年间，里下河徽班在无锡、苏州一带演出，然后来到上海与从北京来的京剧班共同演出，进一步融合发展，形成了南派京剧。南派京剧的代表人物周信芳就是大运河畔的淮安人。京剧在上海流行后，京剧班社又继续沿运河传播，通过乘舟南行，向浙江杭嘉湖平原传播，形成了杭嘉湖水路京班。

探寻中国戏曲发展的轨迹，便无法回避大运河的作用与贡献，大运河为戏曲的广泛传播、不断发展并走向繁荣创造了便利条件，为新的艺术形式的诞生提供源源不断的营养，特别是为京剧的诞生奠定了基础。

03

运河沿岸的柳琴戏

在苏北、鲁南、皖北、豫东一带流行的柳琴戏也与大运河有密切关系。柳琴戏原名拉魂腔，徐州的剧团在上海演出时，媒体觉得这个拉魂腔名字不好听，于是改为柳琴戏。拉魂腔在运河沿线传播，不同的地区有不同的名字，在安徽泗县叫泗州戏，在苏北叫淮海戏。清末民初，山东枣庄的拉魂腔戏班十分活跃，主要靠的是大运河带来的流动人口。一个台儿庄镇就养活了几支柳琴戏班，江苏的泗阳、安徽的宿州等大运河沿线地区都留下了柳琴戏的身影。

拉魂夺魄的柳琴戏

04

运河南北民歌曲艺的互传

扬州民歌演出

早在明朝时期，南方各省的民歌就已经沿着运河传往北京，据《中国曲艺志》记载，“明朝时北京各种小曲的来源，除北京民间曲调外，最重要的是沿着运河北上的南方各省的民间小调”，与此同时，北方民歌也沿着大运河传往南方各省，“在这期间，产生于北方的《寄生草》《哭皇天》《打枣杆》和流行于湖广的《罗江怨》等曲调通过大运河和长江的船歌，相继流入江苏”。

南北民歌沿运河的传播必然造成南北民歌及曲艺的相互交流。南方评话和北方评书在清初得到丰富发展，南方评话包括扬州评话和苏州评话，扬州因为处运河运输中心和经济中心，艺人众多，且各有绝活。苏州评话活跃于东起上海，西至常州，北起常熟，南到杭州的长江三角洲地区。

05

北京八角鼓竟然出现在扬州街头

乾隆年间北京兴起的说唱艺术较有影响的是八角鼓和子弟书。八角鼓原为一种打击乐器，作为说唱艺术品种出现约在乾隆中叶以后，最早以岔曲命名。

清朝中叶，北京八角鼓沿运河传入了山东、江苏等地。据《中国曲艺音乐集成》介绍，北京的八角鼓，是清代满族八旗子弟在乾隆年间创始的一种曲艺形式，这种曲艺形式因伴奏使用八角鼓而得名。据研究，北京八角鼓传入山东的途径有两种，其中之一便是沿大运河经临清传入聊城、济宁等地。聊城八角鼓大约在清中叶由北京沿大运河传入，济宁八角鼓的传入时间与聊城大致相同。同样在清中叶，八角鼓传入扬州，清中叶张微桢有《湖上竹枝词》："忽听鼓声敲八角，游人争爱本京腔。"可见这时八角鼓已经在扬州出现。

音乐文献将岔曲、腰截、杂牌曲并为一类，题为八角鼓，一般以牌子曲联唱的形式出现。清乾嘉年间由北京流传到鲁西的八角鼓，民国时期在聊城、济宁两地仍有人演出。

北京街头的八角鼓表演雕塑

伍

大运河非遗

01 大运河非物质文化遗产的界定

并不是中国大运河区域内所有的非物质文化遗产都可以归纳到“大运河非物质文化遗产”名下，界定是否是大运河非物质文化遗产的标准应该是看它的形成、传承与发展变化，与大运河有没有直接或间接的连带关系，是否有着内生、发展、演变和传承的必须联系。荀德麟先生在《京杭大运河非物质文化遗产序》中选择了六个方面的内容，笔者认为比较有道理。

一是与大运河直接关联的非物质遗产，即大运河本体建设过程中所形成的非物质遗产项目，如运河开凿与疏浚中的传统勘测度量技艺，运河构筑闸坝、加固堤防、堵决筑堤等方面的传统技艺，分水、引水、蓄水、泄水等传统设施营造技艺等。

二是与大运河的原生性功用直接关联的非物质遗产，如漕运船舶的传统制造技艺，漕粮仓库的传统营造与防潮、防蛀工艺，巨型原木的传统水陆转运技艺，船舶过闸、盘坝的传统技艺等。

三是由大运河沿岸所派生的人类口述遗产，如关于大运河的各类故事、传说，关于大运河的河工号子、船工号子，由大运河助推传播的民歌、童谣等，由大运河产生的社会风俗、礼仪、节庆，以及一些重要的因大运河而形成的方言等。

四是在大运河沿线地区形成或传承、发展的表演艺术，如戏曲艺术的京剧、昆曲、梆子戏等，曲艺中的扬州评话、苏州评弹、相声、单弦、评书等，音乐艺术的古琴艺术、宗教音乐，舞蹈艺术中的京西太平鼓、天津法鼓、余杭滚灯等。

五是由于大运河的交通助推、促进需求而产生或传承发展的传统手工技能，如临清的贡砖烧制、苏州的金砖制作技艺，宋锦等高档丝织品、刺绣品的制作技艺，玉雕、漆器等手工艺品制作技艺及雕版印刷技艺、木版水印技艺、青瓷和紫砂烧造技艺，碧螺春、龙井茶和花茶的加工制作技艺，以及北京烤鸭、天津狗不理包子等食品加工技艺等。

六是率先在大运河沿线地区形成或传播、发展的中华传统武术、中华传统杂技，以及其他具有代表性的游艺项目等。

02 〰 大运河非遗项目

大运河非物质文化遗产种类繁多，目前，世界级非物质文化遗产中大运河沿线就有17项，大运河沿线还拥有国家级非物质文化遗产450余项，占了全国的三分之一。省级、市级的非遗项目更是数不胜数。因此，本书对大运河非物质文化遗产仍旧按照《保护非物质文化遗产国际公约》的五个部分的分类分别选择一些典型代表来介绍。

（1）口头传说和表述，包括作为非物质文化遗产媒介的语言

运河传说：临清运河铁窗户的传说。说起运河铁窗户，临清人基本上都能讲上几句与此相关的传闻轶事。大运河临清段，三元阁至避雨亭这一段河道，即临清人所说的南湾子，此段是一“C”形水道，水流湍急，滚沙无常，水患频仍。

传说大禹治水时，在此河段留下一泉眼，泉水成潭，久旱不枯。后来有一条修炼多年的蛟鱼，相中了此处，以泉眼为府，常兴风作浪危害过往船只，吞噬行人牲畜，刷岸溃堤。这条蛟鱼成为沿岸百姓和船家的重要祸患，为除蛟鱼人们想尽了办法，但始终没有根除此患。

听老人们讲，大清嘉庆年间，大宁寺来了一位挂单高僧，算出六月初一蛟鱼幻化成人形来大寺街游玩。当蛟鱼刚走进大寺山门，等待多时的高僧，抛起铁钵，兜头罩下，只听轰的一声，一条水柱冲天而起，仅地上留下片腥臭的黑水，众人一片哗溃。高僧手拿铁钵神情凝重地自语道：“唉、百年不遇的机缘错过了，临清的不幸，运河的不幸呀”。这时游人和众商铺的伙计掌柜们都凑过来了。高僧简单的对大家讲了，蛟鱼、水患、欲擒、受伤、逃走的经过。继续说道：“此孽障这次伤的不轻，它需七七四十九天，卧河底泉眼中吐纳疗伤，如果这期间能把他降伏，是最佳时机”。

听说高僧有方法除蛟鱼治水患，众商家纷纷进言，“为造福临清百姓，我们大家愿出钱，出力。”

“阿弥陀佛，我佛慈悲，有好生之德。我们用大铁窗户把它封在河底泉眼里，这样既不伤它性命，又能束缚住它。”好、好，这样好，大家附和着。

一时间，这件事轰动了整个临清城。大寺街布店的刘四爷联合众商铺，捐款捐物。大寺街铁匠铺的张家、王家、毕家也都自愿出工。铁匠铺在众商户的资助下用了三天时间，打造了个丈余见方的铁栅栏窗户，三条挠勾铁链。

六月初六这天，大宁寺山门口前聚集了无数看热闹的人。众人抬着铁窗户、铁挠勾链，顺大寺往西，经银锭巷、大宁巷，钉子街，炭厂街各路口，穿过了避雨亭，直奔南湾子。

正午时分。高僧一手举铁窗户，一手拖着挠勾链，下水了。高僧潜到河底，定睛一看，泉眼向外突突地翻涌着水流，只见丈余长的一条蛟鱼，卧在里面。高僧不迟疑的把挠勾抛向蛟鱼，蛟鱼在泉眼里上下翻腾，越翻腾挠勾链缠的越紧，使蛟鱼动弹不得。这时高僧快速把铁窗户钉向泉眼口，丈八长的挠勾链的这一头，固定在了铁窗户上了，在蛟鱼的翻腾拉扯下铁窗户已牢牢地固定在了河底泉眼上。

自从高僧用铁窗户关住了鲛鱼后，临清南湾子运河段，再没有发生过重大水患。

时至今日，运河临清段已多年干枯，唯独铁窗户处形成了一个偌大水面的潭坑，旱季农民用数台抽水机，在潭坑抽水浇地，从没抽干过，从而更增添了它的神秘感。

~

晚霞中的临清运河

（2）表演艺术

中国古琴艺术。古琴，亦称瑶琴、玉琴、七弦琴，古代称为琴，近代为区分琴与西方乐器中的琴，因此添加“古”字，称之为古琴。古琴是中国最古老的传统弹拨乐器，是中华文化中的瑰宝，是人类口头和非物质遗产代表作。传说原始时代黄帝就创造了最初的古琴，西周时期已广为流传，并与瑟、鼓等乐器在祭祀时演奏。湖北曾侯乙墓出土的实物距今有2400余年，唐宋以来历代都有古琴精品传世。存见南北朝至清代的琴谱百余种，琴曲达三千首，还有大量关于琴家、琴论、琴制、琴艺的文献，遗存之丰硕堪为中国乐器之最。隋唐时期古琴还传入东亚诸国，并为这些国家的传统文化所汲取和传承。近代又伴随着华人的足迹遍布世界各地，成为西方人心目中东方文化的象征。

2003年11月7日，中国古琴艺术被联合国教科文组织授予“人类口述和非物质文化遗产代表作”的称号，这是继昆曲被授予这一称号后，中国第二个入选的项目，古琴艺术的突出价值再次得到了世界公认。中国古琴九大流派，其中有几个活跃在中国大运河沿线，分别是浙派、虞山派、广陵派、梅庵派等。

~

中国古琴艺术

~

通州漕运码头

（3）社会实践、仪式、节庆活动

通州开漕节。通州运河开漕节始于明代，源于祭坝祭祀吴仲等人，是古代通州独有的大型文化活动。据《明史·河渠志》载："大通桥至通州石坝，……自此漕艘直达京师。……人思仲德，建祠以祀之。"《日下旧闻考·京畿·通州二》："通惠祠嘉靖四十五年建，以祀监察御史吴仲。"《通粮厅志》载：每年祭坝毕，在北督储馆（又称石坝御门）公宴。陈乃文家祖传《漕运底帐》记有："祭坝费银"。祭祀活动在通惠河东端葫芦头东岸石坝举行。气氛热烈，场面大。祭坝后开始验收转运漕粮，故又得开漕节之名。祭坝有春祭、秋祭之分，春祭又有公祭、民祭之别。公祭由官方主持，各方头面人参加，是正式的祭祀活动，仪式隆重而简约。这天清晨，仓场总督率坐粮厅官员及其所属军、白粮经纪和掌管石坝的州判、掌管土坝的州同，各按身份着官服或礼服齐集石坝东，按等级列队，每人高举三炷香，向事前请置于石坝几案上的吴仲等四人木神主鞠躬礼拜。这四位都是疏浚通惠河的功臣。吴仲力主疏浚通惠河，为朝廷分忧，为人民解了难。人民当然忘不了他，生前就为他立了生祠，死后又祭奠他。另外那三位是何栋、尹嗣忠、陈璠，都是疏浚通惠河的功臣。公祭后开始民祭，民祭由商民组织。每年农历三月初一（清明节前后），开河后第一帮粮船到达通州后，即择日举行春祭。这就是开漕节。开漕节又是庆祝首批漕粮至通州的日子，此节日形成始于明代，且定在每年农历三月朔日举行。每临开漕节，中央掌漕官员和通州地方官吏、各省在通工商会馆、民众等数万人齐集通州城东运河西岸，共庆首批粮帮运船到达。开漕节过后，漕船、商舟就可穿梭于大运河沿线。

（4）传统手工艺

扬州漆器髹饰技艺

扬州漆器是中国特色传统工艺品种之一。起源于战国，兴旺于汉唐，鼎盛于明清。其工艺齐全、技艺精湛、风格独特、驰名中外。早在秦汉时期，扬州彩绘和镶嵌漆器制作工艺就有很高的水平，扬州北郊天山汉墓，北京老山汉墓，长沙马王堆汉墓出土的文物中都有漆器的早期作品；唐代扬州漆艺还被鉴真大师传播至日本；到明清时代，扬州成为全国的漆器制作中心，盛极一时。

扬州漆器曾于1910年和1915年、2001年三次参加国际博览会，均获得金奖。扬州漆器在工艺上采用涂、绘、勾、刻、填、雕、镂、磨、镶、嵌等多种手法，具有平、亮、细、匀、艳、雅的艺术表现效果。扬州漆器制作技艺主要有十大工艺门类：点螺工艺、雕漆工艺、雕漆嵌玉工艺、刻漆工艺、平磨螺钿工艺、彩绘（雕填）工艺、骨石镶嵌工艺、百宝嵌、楠木雕漆砂砚工艺、磨漆画制作工艺。其中，最有名的主要有多宝嵌漆器和螺钿漆器。扬州漆器髹饰技艺现为国家非物质遗产。2004年09月09日，原国家质检总局批准对“扬州漆器”实施原产地域产品保护。

“以针作画”“巧夺天工”的苏绣

苏绣是中国优秀的民族传统工艺之一，是江苏地区刺绣产品的总称，其发源地在江南运河畔的苏州吴县一带，现已遍布大运河沿线的无锡、常州、扬州、宿迁等地。宋朝时随着运河的进一步畅通，江南成为全国经济中心，苏绣开始发扬光大，建于五代北宋时期的苏州瑞

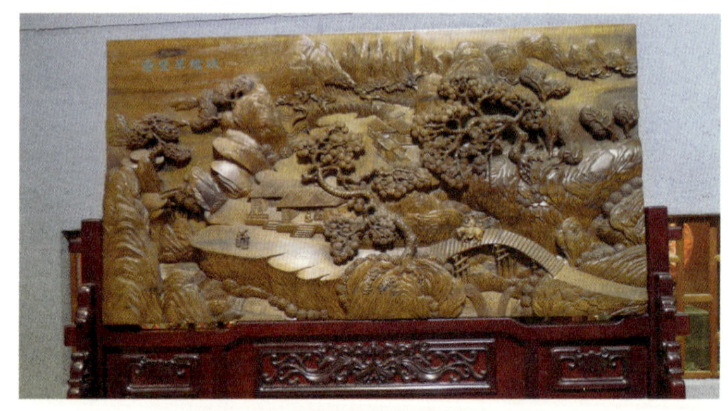

~
漆器制作技艺

~
扬州漆器 风采千古

~
苏绣

光塔和虎丘塔都曾出土过苏绣经袱。在针法上已能运用平抢铺针和施针，这是目前发现最早的苏绣实物。宋代以后，苏州刺绣十分兴盛，工艺也日臻成熟，城内还出现了绣线巷、滚绣坊、锦绣坊、绣花弄等坊巷。当时刺绣不仅作为普通百姓生存的手段，富家闺秀也往往以此消遣时日，陶冶性情，所以有“民间绣”“闺阁绣”“宫廷绣”的名称。明清时期，苏绣艺术开始走向成熟。明朝时，形成了“家家养蚕，户户刺绣”的盛况。在绘画艺术方面出现了以唐寅（唐伯虎）、沈周为代表的吴门画派，推动了刺绣的发展。艺人结合绘画作品进行再制作，所绣佳作栩栩如生，笔墨韵味淋漓尽致，有“以针作画”“巧夺天工”之称。清朝的苏绣以“精细雅洁”而闻名，出现了精美的“双面绣”，仅苏州一地专门经营刺绣的商家就有65家之多。苏绣具有图案秀丽、构思巧妙、绣工细致、针法活泼、色彩清雅的独特风格，地方特色浓郁。2006年5月20日，苏绣经国务院批准列入第一批国家级非物质文化遗产名录。

苏绣又有狭义和广义之分，广义的苏绣遍及江苏运河沿线。无锡是苏绣的重要发源地之一，无锡刺绣又称“精微绣”，明代中叶，俞氏创制的堆纱绣因巧夺天工而被选为贡品。扬州刺绣是流传于扬州地区的传统工艺，与苏州刺绣属同一门类，但由于受扬州历代文化的影响和扬州八怪画派的熏陶，追随中国画的文化内涵和笔墨情趣，“仿古山水绣”和“水墨写意绣”逐步形成扬州刺绣的两大特色。

民国时期，丹阳正则女子职业学校老师杨守玉发明了乱针绣，使刺绣画面更富立体感。杭州人都锦生织出了第一幅丝织风景画《九溪十八涧》，他的丝织风景画参加美国费城国际博览会获金质奖章。今天，刺绣成为人们生活中的日常用品。

中外文化交流的纽带

作为古代中国的交通大动脉，
大运河已深深烙印进历史，通过与国外文明的交流互鉴，
大运河已成为世界文明进程的重要组成部分。
大运河的开通与整修，不仅直接活跃了中国区域间的物流与人际交往，
同时也影响到古代中国与世界的外交往来及其路径。
大运河是古代东方世界主要国际交通路线的组成部分。
隋唐宋时期大运河最东端从明州港（宁波）通过
『海上丝绸之路』串联海外诸国，
最西端则从洛阳西出以衔接横贯亚洲内陆的
『陆上丝绸之路』，大运河成为陆海丝绸之路的连接线。
作为中华文明与外国文明交流互鉴的纽带，
大运河为中外文化的交流发挥了重要的桥梁作用，
这里重点介绍大运河与丝绸之路的关系、
中华文化通过大运河的输出和国外文化通过大运河的输入、宗教文化的传播这三个部分内容。

大运河对丝绸之路的影响

唐朝后期以至于宋元，封建统治者对大运河的依赖日益加强，中外经济文化的交流也更加频繁。在古老的亚洲大陆两端，阿拉伯人立足于两河流域的古驿路和地中海，将陆海丝绸之路在西方的两个终点连结起来，并进而延伸到了北非、欧洲。在亚洲的东部，中华民族则依靠运河来沟通中国的自然水系，并使横贯亚洲大陆和海洋的古代交通路线在东方的终点闭合而延伸。尤其是海上丝绸之路逐渐成为政治、经济、文化交流的主渠道时，大运河在中外交流史上的地位和作用就更加突出。因此，从这个角度来说，大运河的开凿和贯通，对整个人类社会的发展，乃至现代文明世界的形成，都是不可磨灭的贡献。

而长安是西汉陆上丝绸之路的东方起点之一，水路在运输粮食的同时，也运输丝绸等其他畅销品，供中外贸易之用。到了东汉定都洛阳后，早期运河与丝绸之路的关系进一步明显。洛阳所需的粮食和物资，在长江下游是通过汴渠运来的，在关东主要通过齐鲁地区的济、泗、菏等水系运输而至。这条济水、泗水和菏水水道，在西汉时便是漕粮等重要物资运输的重要线路，船舶经这条水道，溯黄河，进入渭水，然后抵达长安。到了隋唐时期南北大运河形成后，大运河与陆上丝绸之路的联系便清晰起来。

~

扬州宝塔湾

01 唐宋与丝绸之路

唐代中期以前，北方的纺织业比江淮地区发达。但是随着南方的开发，到了唐开元末年，情况发生了重大变化。天宝二年（743年），水陆转运使韦坚在长安广运潭上呈江、淮各郡特产，广陵郡船列在第一，第一种产品即为锦。安史之乱爆发后，北方人口大量南下，南北方的纺织技术得以交流，江淮丝织品成为重要贡品。唐后期江淮丝织业的发展，也同漕粮一样，已成为维系唐王朝的经济命脉。

唐朝时期，中亚、西亚、北非各国，与唐朝的经济文化交流也相当频繁。这些国家与唐朝的交往，主要是通过西北地区延伸到国外的丝绸之路。这些国家虽与运河无直接关系，但西域的丝织品等有许多都从江淮地区通过运河辗转运达，与运河仍有间接的联系。唐代中期后，不仅中央政权所需的粮食、丝绸等物资要通过大运河仰仗江南，而且此时与丝绸之路各国的贸易交往也需要通过大运河从江南运来，再辗转运到北方边疆的丝绸、茶叶等物品。

隋唐中原王朝实行开明的民族政策，大力发展水路、陆路交通体系，与周边少数民族政权进行互市贸易，进一步促进了民族经济文化交流。在与边疆诸族的互市贸易中，双方仍然物物交易，以其有而易其无的传统模式。唐代用以互市贸易、赏赐和赠送的物品，最主要的是丝织品和茶叶。而这些物品，有相当部分来自于江淮地区，是通过大运河直接或间接地运往边疆各地的。此外，从吐鲁番出土唐代庸调布的情况看，有“宣州溧阳县”“婺州兰溪县”“湖州安吉县”等地的织物，也有“常州布”，等等。这些物品有不少经过运河运至关中，然后经丝绸之路进入西北、西南地区，有的则从运河径自运往北方边疆。这说明在运河贯通之后，与边疆各族的经济文化联系已日益密切了。

随着民族经济文化的交融，许多边地的物品也纷纷流入内地。与之同时，胡商贩客们也纷纷通过运河将异域之物运往内地。如《唐大和尚东征传》载，天宝二年，鉴真和尚准备东渡时，所携带的香药就有麝香、沉香、甲香、甘松香、龙脑、香胆、唐香、安息香、栈香、零陵香、熏陆香等，这些香药不少来自丝绸之路上的各个国家。

五代十国和宋代时期，西北和北方的多个少数民族政权并存，并且海上丝绸之路已成为对外贸易、文化交流的要道，但陆上丝绸之路并非就销声匿迹，陆上丝绸之路的贸易文化交流依然存在和发展着。

一般认为，海上丝绸之路形成于汉武帝时期。汉代的海上丝绸之路有两条航线：一是从中国出发，向西航行的南海航线，它是海上丝绸之路的主线；二是从中国东部沿海向东到达朝鲜半岛和日本列岛的东海航线，它是海上丝绸之路辅线。

海上丝绸之路形成后，它与大运河的关系也由模糊到逐渐清晰了，它们的连接点就是洛阳、扬州、明州等几个运河城市。魏晋南北朝时期，南方运河区域的对外贸易有所发展。南方造船技术先进，航海事业发达，北到辽东，南到南海，都有南朝的商船往来。东吴与高句丽、扶南（柬埔寨）、林邑（越南中部）、交趾（越南河内一带）和南洋群岛的百数十国建立起友好往来，沟通了南方运河区域的对外贸易交流。国外的香料、细葛、明珠、大贝、琉璃、翡翠、玳瑁、犀角、象牙等，不断从海上运至建业。

随着民族经济文化的交往，对外经济文化的交流也日益活跃起来。在隋唐以前相当长的时间内，我国主要是通过横贯亚洲内陆的丝绸之路，同亚、非、欧各国联系；通过海上丝绸之路与朝鲜、日本、南海诸国、南亚次大陆以及红海、波斯湾沿岸交往。隋炀帝在贯通大运河的同时，也通使海洋。大业三年（607年）炀帝派屯田主事常骏、虞部主事王君政准备出使东南亚的赤土国（今苏门答腊）。大业四年（608年），赤土国派使节向隋进贡文物。同年，常骏出使赤土国，并前往罗刹国，促进了隋与南洋诸国的文化交流，据《隋书》记载，南荒朝贡者共有10余国。其中就有真腊国（今天的柬埔寨）、丹丹国、盘盘国（今马来西亚的一部分）、婆利国（今巴厘岛）等。大业三年（607年），向往中华文化的日本派使臣小野妹子来隋朝访问。由于日本遣隋使在国书中称“日出处天子致书日没处天子无恙”。俨然一副平起平坐的派头，这使得自认为中原大国国君的隋炀帝十分不高兴。但还是按惯例将小野妹子与百济、赤土等国使者一样放在了朝贡的蕃属外臣的位置。为了宣扬大隋的威名，这年四月，隋炀帝还是派裴世清为使，取道百济、新罗出使日本。隋使来到日本后，日本朝野十分高兴，热情接待。约一个月后，裴世清一行辞别日本天皇回国。这次中日文化交流也为唐代的中日文化大规模交流奠定了基础。唐代由大运河串联起的陆海丝绸之路更是成为大唐帝国屹立于世界各国之林的生命线。

到了两宋，随着经济政治中心的南移，海外贸易更加发达，大运河与海上丝绸之路的联系更加密切，中外经济文化交流空前繁盛。中国与东亚、南亚和北非、欧洲的多个国家都进行着经济文化往来。在安徽淮北市柳孜运河遗址发掘的宋代沉船中发现的瓷器及扬州段运河中发掘的沉船中的瓷器，都与南海一号沉船中的瓷器十分相似，说明大运河确实是为海上丝绸之路输送物资的补给线，是海上丝绸之路在陆路的延伸段。

02 元明清时期运河与丝绸之路

元朝通过大运河和海上丝绸之路与东南亚、南亚、东非、欧洲等诸多国家保持着经贸文化往来。泰定元年（1324年），元朝使臣文子方出使安南（今越南），回国后著《安南行记》，载其国山川土俗甚详。留居中国的安南人黎景高（景高为其字）著有《安南志略》一书。元成宗初年，元朝遣使真腊（今柬埔寨）。元朝派杨庭璧为使臣，多次出使俱兰（印度西海岸），大大增进了中、印两国之间的友好关系。元代著名旅行家汪大渊搭附商船出海，往来于中国、非洲之间，到过数十个国家，回国后著有《岛夷志略》一书，记其所见所亲。其中记载了位于非洲东海岸附近的层拔罗国（今桑给巴尔）。元朝与欧洲诸国的联系也空前密切，《马可·波罗游记》就是一个见证。

明朝长期实行海禁，但是海外经济文化交流依然进行。清朝基本实行夜郎自大的闭关锁国的政策，失去了与世界同步发展进步的良机。明清时期，最有名的海外交往事件就是郑和七下西洋。从永乐三年（1405年）至宣德八年（1433年）的28年间，郑和七次奉旨率船队远航西洋，航线从西太平洋穿越印度洋，直达西亚和非洲东岸，途经30多个国家和地区。他的航行比哥伦布发现美洲大陆早87年，比达·伽马早92年，比麦哲伦早114年。在世界航海史上，他开辟了贯通太平洋西部与印度洋等大洋的直达航线。

~
高邮盂城驿中的马可·波罗

~
新加坡的郑和宝船

贰

中国文化沿大运河的外传

01 鉴真东渡

在扬州大明寺讲律传戒的鉴真和尚，对于律宗有很深的研究，他应日本圣武天皇的约请东渡日本，经过六次东渡，历尽艰险，双目失明，终于在天宝十三年（754年）到达日本。鉴真原姓淳于，14岁时在扬州出家。由于他刻苦好学，中年便成为有学问的和尚。742年（唐天宝元年），他应日本僧人邀请，先后6次东渡，每次东渡都从扬州由大运河出发，历尽千辛万苦，终于成功。此时，佛教在中国已完成本土化进程。鉴真不仅把律宗传到日本，同时还把佛寺建筑、雕塑、绘画等艺术传授给他们。他留居日本10年，辛勤不懈地传播唐朝多方面的文化成就。他带去了大量书籍文物。同去的人，有懂艺术的，有懂医学的。他们也把自己的所学用于日本。

鉴真带去很多佛经和医书到日本。他主持重要佛教仪式，系统讲授佛经，成为日本佛学界的一代宗师。他指导日本医生鉴定药物，传播唐朝的建筑技术和雕塑艺术，设计和主持修建了唐招提寺。经过两年，唐招提寺建成了。这座以唐代佛殿结构为蓝本建造的寺庙是世界的一颗明珠，对日本建筑产生了重要的影响，保存至今。鉴真死后，其弟子为他制作的坐像。至今仍供奉在寺中，被定为“国宝”。在鉴真东渡的出发地——扬州大运河畔的宝塔湾仍竖立着鉴真东渡纪念碑。扬州大明寺还建有建筑大师梁师成设计的鉴真纪念堂。

~
鉴真坐像

~
鉴真纪念堂全景图

02

日本遣唐使与留学生

中国与日本一衣带水，早在秦汉时期，即已经有了交往。隋代，日本曾三次派遣使者来华学习先进文化。到了唐朝，日本全方位学习、移植中国文化。一方面，日本派遣遣唐使，来中国学习先进文化。另一方面唐朝的使者高僧频频东渡，应邀赴日本传播唐朝先进的文化；当时日本来唐的路线已增加到三条：一条是北路，经朝鲜半岛西渡黄海，至登州上岸，再由青、济、汴州达于洛阳、长安。二是中路，由日本直接跨海西行，至长江口岸及苏北沿海一带登陆，入扬州、楚州，通过邗沟和通济渠继续行船，经汴州、洛阳西达长安。三是南路，从日本横越东海，南下明州（今宁波）及浙江沿海登陆，溯钱塘江或浙东运河经越州（今绍兴）至杭州，由此经江南运河至扬州，再循邗沟、通济渠西去长安。其中后两条线路都与大运河密切相关。从唐太宗贞观四年（630年）至照宗乾宁元年（894年），日本前后派遣了十九次遣唐使，其中十六次成行。前七次皆由北路入唐，后九次则走中路或南路，8世纪以后皆走南路。（本宫泰彦著、胡锡年译《日中文化交流史》）

日本遣唐使团组织完备，多时一次达550多人。除官员，还有医师、阴阳师、画师、史生、音乐长、玉生、锻炼生、铸生、细工生等，还有不少的留学生和学问生。他们给唐朝带来珍珠绢、琥珀等贵重礼品，唐朝政府则回赠一些高级丝织品、瓷器、乐器、文化典籍等。在中国学习的留学生，被分配到长安国子监学习各种专业知识。如阿倍仲麻吕（汉名晁衡）长期留居中国，擅长诗文，在唐历任光禄大夫、御史中丞、秘书监等职，与著名诗人李白、王维等常以诗酬赠。晁衡回国途中遭遇风险，误传淹死，李白为此写下《哭晁卿衡》的悼诗，表达了两国人民之间的深情厚谊。后来，晁衡历尽艰险返回长安，继续任职，最终病逝于长安。这一人物在电影《妖猫传》和小说《长安十二时辰》中均有提及。

日本人阿倍仲麻吕在唐朝为官

崔致远纪念馆

崔致远先生汉白玉雕像

03 崔致远与大运河

新罗人崔致远是中华文化成功熏陶新罗、中国与朝鲜半岛友谊长存的见证。咸通九年（868年），十二岁的新罗人崔致远，来到晚唐的洛阳、长安等地求学，十八岁进士及第，接着游历了两年的东都洛阳后，当了三年溧水县尉，在运河名城扬州呆的时间最长，宦游了五年。主要是入淮南节度使兼盐铁转运使高骈的幕府，先后任从事、馆驿巡官，为都统巡官。曾因代高骈作《讨黄巢檄》传诵一时。崔致远在扬州高骈幕中生活了近四年。《桂苑笔耕集》中的300多篇文章和60首诗，是这段时间生活和创作的最好记录。

中和四年（884年）九月，崔致远的堂弟崔栖远自新罗来唐迎崔致远回国，出于深沉的故国之思，崔致远向高骈请归，得到了允许。高骈给予厚赐，还代表朝廷加委了一个充国信使的名衔，使崔致远以双重身份回国。不久，二十八岁的崔致远从运河边的扬州启程回国，在中国待了16年的他对中国尤其是扬州产生了深厚的感情，“万里始成归去计，一心先算却来程”。回国后他先在中央政府任要职，后被贬放地方，四十二岁时归隐山林。崔致远的一生，备受中国文化的熏陶和滋养，是韩国历史上第一位留下个人文集的大学者、诗人，一向被韩国学术界尊奉为韩国汉文学的开山鼻祖，有“东国儒宗”“东国文学之祖”的称誉。他著有《私试今体赋》1卷、《五言七言今体诗》1卷、《杂诗赋》1卷、《中山复箦集》5卷（任溧水县尉时作品），都已不存，只有《桂苑笔耕》20卷和收在《东文选》等书中的少量诗歌传世。《桂苑笔耕》是朝鲜三国时期流传下来的唯一一部个人著作集，其中的全部诗文都是他在中国生活时期所作。

04 《马可·波罗游记》与大运河

意大利旅行家马可·波罗来中国宦游17年，走访了运河沿岸的许多城市，后来他活着回到欧洲，在《马可·波罗游记》中对这些城市的气候、物产、风俗习惯、宗教信仰做了记载，展示了元代运河和城市的生动景象。

马可·波罗出生在意大利威尼斯的商人家庭。他的父亲尼可罗·波罗和叔父马菲奥·波罗是巨商，曾于至元三年（1266年）来华见到了元世祖忽必烈。他们回到威尼斯，带回了关于东方和中国的动人见闻，令马可·波罗心驰神往。至元八年（1271年），尼可罗·波罗和马菲奥·波罗带着马可·波罗，随同罗马教皇所派遣的两名传教士尼古勒与吉岳木东来，踏上了东征中国的旅程。两位传教士因惧怕危险半途而废，只剩下父子叔侄三人沿丝绸之路历尽艰险继续东行。至元十二年（1275年）夏，他们伫到达元上都（今内蒙古锡林郭勒盟正蓝旗），马可·波罗开始了17年待在中国的历程。他博闻强记，很快学会了蒙古语和汉语，熟悉宫廷中的礼仪和行政机构的法规，很受忽必烈重用，担任过枢密副使、淮东道宣慰使、扬州总督等职。据说，在三年的扬州总督任上，管理24个县，刚正不阿，主持公道，受到百姓的爱戴。

马可·波罗雕像

马可·波罗还奉忽必烈之命，巡视了山西、陕西、四川、云南和江南广大地区。每到一地，考察当地风俗民情、物产资源等，向朝廷报告，出色完成任务。特别是运河沿线城市成为后来他写的游记中的重要内容，如苏州、杭州都在他后来的游记中有详细描写。他还奉命沿海上丝绸之路出使南洋东南亚各国，大大拓宽了视野。至元二十八年（1291年），马可·波罗父子利用护送蒙古公主阔阔真到伊利汗国的机会，从福建泉州乘船走海路回国。元贞元年（1295年），马可·波罗回到阔别多年的故乡威尼斯。大德二年（1298年），热那亚进攻威尼斯，马可·波罗参战被俘。在狱中，他把自己在中国和其他亚洲国家的所见所闻口述，由通晓法文的鲁思梯谦笔录，写成《马可·波罗游记》（又叫《东方见闻录》）。第二年，马可·波罗获释，临终前他说自己的游记“还未说出自己所见所闻的一半”。《马可·波罗游记》是脍炙人口的世界名著，传播甚广，极大地加强了欧洲人对东方的了解。其中以大量篇幅记述了马可·波罗在运河区域的所见所闻，记录了运河区域的物产、风俗、人情、建筑等情况，是元代以运河文化为代表的中国文化外传的重要见证。至今，在运河沿线的扬州、杭州等地都留了多处马可·波罗的遗迹。

~
马可·波罗家乡意大利威尼斯赠送给扬州马可·波罗纪念馆的铜狮子

05 鄂多利克与大运河

继马可·波罗之后，意大利又一著名旅行家鄂多利克，于延祐元年（1314年，或说1316年或1318年）从威尼斯出发，取海道前往中国。他后来到达中国的广州，由泉州至福州，再由福州经仙霞岭，下钱塘江入杭州到金陵，后从扬州沿运河北上，经临清等城，最后到达元大都。鄂多利克在大都居住了三年后，离京西行，经中亚、波斯返回意大利。他回意大利后，拖着病体，口述其东方见闻经历，由他人整理写成了《鄂多利克东游录》。至顺二年（1331年），鄂多利克与世长辞，此时他的游记已广泛传播，被译成多种文字，是元代中国文化外传的又一见证。

06 苏禄王与大运河

苏禄国位于今天的菲律宾群岛的南部，早在宋元时期，中国的商人和商船就到达苏禄，用丝绸换取当地的珍珠和土特产。郑和下西洋，足迹远至非洲东岸，每到一地，都要向当地统治者宣读明朝皇帝的诏书，并邀请其来华访问。永乐七年（1409年）郑和船队经过苏禄国，明朝船队的威武气势和贸易物资的丰盛，给苏禄国的统治者留下了深刻的印象，使他们产生了强烈的与明朝通好的愿望。

明永乐十五年（1417年），苏禄群岛上的三位国王东王巴都葛叭哈剌、西王麻哈剌叱葛剌麻丁和峒王妻叭都葛巴剌卜，在东王巴都葛叭哈剌带领下，率家眷、官员共340多人的友好使团远渡重洋来明帝国进行访问，经杭州、扬州沿大运河北上去北京。他们沿大运河北上时，明成祖已得到消息，他听说苏禄国三王一起来朝贡，十分高兴，要求运河沿线的地方官员热情接待，为使团提供充足的口粮和相关开销。八月初一，苏禄国使团来到北京，受到了明成祖朱棣的隆重接待。明成祖不但为他们举行了隆重的国宴，而且为他们举行了正式的册封仪式，封巴都葛叭哈剌为苏禄国东王，其他两位国王也受封，并赐诰命和袭衣。这样，苏禄王的名分确定，苏禄国得到明朝的正式承认。

在中国访问了27天后，三王辞归，明成祖朱棣又派人专程护送。九月初，沿运河行至德州时，东王巴都葛叭哈剌因为水土不服，加上旅途劳累，身染重病，不得已停船就医，但就此一病不起，于九月十三日病逝于德州。朱棣闻讯后悲痛万分，立即派礼部郎中陈士启前往德州致祭，并抚慰其家人。朱棣还为苏禄东王写下悼文，追谥他为“恭定王”，按王礼将苏禄东王葬于德州。朝廷按照诸侯王的规格，在德州城北为苏禄东王营造了高大宏伟的陵墓，其陵墓南侧有御碑、石人、石马、石羊、翁仲等。墓碑是由明成祖朱棣亲自题写。

东王下葬后，其长子都马含随西王、峒王等人回国继承王位。按照中国的礼俗，成祖让王妃葛木宁、次子安都鲁、三子温哈剌及侍从十余人留在德州守墓3年后返回。明朝对守墓的东王后裔非常照顾，不仅赐田免税，德州官仓还每人每月供给口粮一石。朝廷还从山东历城县拨来3户居民供东王守墓的后人役使。每当季节，德州地方官员都要祭扫东王墓。

由于留在德州的东王家人受到明朝廷的优厚照顾，三年守丧期满后，东王的儿子安都禄、温哈剌不愿再回到苏禄国，而愿长久留在德州为父守墓。他们按照中国的姓氏习惯，改姓安姓和温姓。永乐二十二年（1424年），明朝政府派人护送王妃葛木宁回国，由于对东王的眷恋，次年她再次返回德州，从此再未离开，与两位王子长期留居德州，直到去世。现在的苏禄王墓东南方，有三个比王墓略小的土堆，便是王妃和王子的坟墓。经过数代繁衍，到明万历年间，安都禄的后代已达到70多人，王墓附近已形成了一个苏禄人的村庄。

返回苏禄国的王子都马含继承父王的东王位后，继续与明朝通好，不断遣使来明朝贡，永乐十八、十九、二十二年，三次派使来贡，其中，永乐十九年东王母亲派遣使节，贡献了一颗7两多的特大珍珠，引起轰动。到今天，苏禄东王长眠在中国大地上已600多年，他的后裔安、温二姓已传至20世纪孙，计500多人。

~
德州苏禄王墓

从大运河传入的国外文化

国内运河的开凿，南北统一大运河的形成，陆海丝绸之路的开辟和发展，为中外文化交流架设了桥梁，音乐、服饰、医学等外国文化源源不断地输入中国，并通过运河在国内快速传播。

01 国外文化沿大运河的传播

在运河逐渐成长的过程中，伴随着陆海丝绸之路的发展，异域文化源源不断传入中国，并通过运河的便利交通得以快速传播。

魏晋南北朝时期，伴随丝绸之路的兴盛和佛教文化的东传，来自中亚、南亚等国家的科学技术和文化艺术传入中国，对大运河区域的文化产生了广泛而深远的影响。佛教寺院遍布洛阳、建康、邺城等主要城市，其中，北魏洛阳的永宁寺和梁朝的同泰寺最具代表性。寺院内都建有浮图塔，佛殿僧房均仿天竺形制，佛像雕塑更富有异国色彩。中国的石窟雕塑也是受佛教影响而出现的一种艺术形式，运河区域最著名就是洛阳的龙门石窟。

洛阳的龙门石窟

~
洛阳的龙门石窟

隋唐以后，随着统一的南北大运河的成功开凿，国内交通和海外贸易的进一步发展和完善，中华民族以博大胸怀吸纳外国的优秀文化。

隋唐时期，中国的文学艺术已深受佛教的影响。唐朝沙门守温依拟梵文字母体系，择定了汉语的30个字母，后到宋代修订为36个。数万多个的新词汇和成语在翻译大量的佛学经典中形成，创新了中国汉语的词库。佛教界所用的是带有白话文性质的新文体，汉语文章的结构受佛经本身的结构影响而有所创新。因此有人甚至认为，唐代的义疏之学，是从佛典的疏钞中学来的。在文章体裁上，始于隋唐、兴于宋元明的传奇小说，显然与佛教传播中的“俗讲”与“变文”有渊源关系。此外，佛教还愈加影响了中国的建筑、雕塑、印刷、绘画等。这个时期，天竺的数学、天文学、外科手术、整骨科、眼科和来自阿拉伯的新药材等科学技术传入中国，产生了重大影响。唐代《开元占经》就保留有天竺数学的数码、圆弧的画法、弧的正弦等知识。僧一行编制《大衍历》时，曾参考过天竺的《九执历》。印度的制糖新工艺也传入中国，中国加工制出了白糖和冰糖。隋炀帝所制的“九部乐”、唐太宗所制的“十部乐”，都有外国音乐的艺术因子，如西安的安国乐和康国乐旅游景点展示了这类中西结合的音乐。

宋代文化、艺术、工艺技艺高速发展是继隋唐之后中华文明发展的又一高峰，宋代统治者积极吸纳外国文化为己所用。伴随着宋朝的建立，伊斯兰教及相关的民族技艺，以及阿拉伯天文学、数学及医学开始大量传入我国，并在运河沿线进行传播，对宋代科学技术的发展产生了积极的影响。当时的阿拉伯地区在天文历算方面已经取得了许多重大成就，提出了地球绕太阳运转的学说，论证了地球是圆形和有自转的等。

高丽等外国的音乐对宋代中国的音乐产生了积极影响。高丽音乐在北宋至道（995—998年）年间传入中国。除了高丽音乐外，许多外国的音乐都传到中国的运河区域，中国人称之为“蕃曲”。到北宋后期，汴京几乎处处吟唱外国歌曲。《宋史 · 高丽传》写道：“街巷鄙人，多歌蕃曲，名曰：异国朝、四国朝、六国朝、蛮牌序、蓬蓬花等，其言至俚，一时士大夫亦皆歌之。”高丽、日本的绘画这个时期也传入中国运河区域。宋人称日本的民族绘画为“大和绘”或“倭绘”。据《宋史 · 三佛齐传》载：“汴河沿岸的大相国寺市场上，就有卖日本国扇的商人。扇上的绘画‘意思深远，笔势精妙，中国之善画者或不能也’”（《宋史 · 三佛齐传》）。大和绘屏风被宋僧奝然带入中国，为宋廷所收藏。高丽的绘画也达到了相当高的水平，如著名画家李宁得到宋徽宗的推崇，并要求宋画家向他学习。

元朝，许多阿拉伯天文学家来华，带来了阿拉伯天文学。如波斯天文学家札马鲁丁编定的《万年历》，即为元代首次正式颁布波斯所用的历书。他还制造了浑天仪、方位仪、斜纬仪、平纬仪、天球仪、地球仪、昼夜时刻之器等7种天文仪器。元朝为此于至元八年（1268年）在大都设置回族天文台，由回族主持天文观测并绘制回历。在数学方面，阿拉伯数学亦传入中国，如弧三角法、阿拉伯数字等。在医学方面，久负盛名的回族医学传播到运河区域。太医院旗下的广惠司，由叙利亚人、景教教徒爱薛创建，保存有《忒毕医经十三部》（忒毕，阿拉伯语医学），专门掌握制造御用的回族药物及和剂，引起当时朝廷的重视。

02

利玛窦与大运河

利玛窦是意大利耶稣会派来中国的传教士。其原名中文直译为玛提欧·利奇，利玛窦是他的中文名字，号西泰，又号清泰、西江。他是最早进入中国的西方传教士，是耶稣教会在中国的奠基人。万历十年（1582年），利玛窦抵达澳门，并先后在肇庆、韶州、南昌、南京等地传教，结识了不少中国官员和朋友。他觉得，要把传教事业发扬光大，最重要的是要获得中国皇帝的许可。明朝万历年间的1600年，在朝廷礼部尚书王忠铭的帮助下，利玛窦自南京乘船进京。这位学识渊博的传教士，沿着大运河，一闸一闸地过关航行北上。从扬州到北京，一路顺畅。他说："大运河实在是美极了，是世界奇迹啊！"他曾来到苏州，盛赞苏州的繁华富饶："经由澳门的大量葡萄牙商品以及其他国家的商品都经过这个河港。商人一年到头和国内其他贸易中心在这里进行大量的贸易，结果是在这个市场上样样东西都能买到。"

利玛窦带着进贡的礼品（其中有《坤舆万国全图》）走进了紫禁城。神宗皇帝看到利玛窦所献礼品欣喜异常，对利玛窦格外亲切，将利玛窦留在宫中居住，还让太监跟利玛窦学习演奏西琴。从此，利玛窦和西方传教士们获得了在中国传教的合法地位，他们同时也把西方自然科学到中国来。利玛窦和中国科学家徐光启合译了西方自然科学著作《几何原理》，使中国人首次认识到西方科技的进步。

03

汤若望与大运河

汤若望（1592—1666年），字道未，德国科隆人，天主教耶稣会传教士。1620年到澳门，在中国生活47年，历经明、清两朝，是继利玛窦之后最重要的来华耶稣会士之一。

汤若望在顺治年间所受的恩宠与隆遇使得天主教当时在中国的传播较为顺利。随着传教士人数的增加、活动范围的扩大，信徒人数增长较快，到1650年信徒已达到15万人。1650年，清政府赐地在宣武门内原天主堂侧重建教堂。汤若望将利马窦建的一座经堂扩大，建成了北京城内的第一座大教堂（南堂）。汤若望在华期间关于宗教方面的著述，主要有《进呈书像》《主教缘起》《主制群徵》《真福训诠》《崇一堂日记随笔》《圣母堂记》等。

1634年，汤若望帮助徐光启完成了其生前未完成的《崇祯历书》，共计46种137卷。《崇祯历书》的编撰完成，标志着中国天文学从此汇入世界天文学发展的潮流。他将《崇祯历书》压缩成《西洋新法历书》103卷，进呈摄政王多尔衮。清廷定名为《时宪历》，册面上印有“依西洋新法”五个字，颁行天下，从此成为每年编制历书和各种天文学的依据，直至现在也是中国编制农历的基础。汤若望被任命为钦天监监正，成为中国历史上的第一个洋监正，开创了清廷任用耶稣会传教士掌管钦天监的将近二百年之久的传统。汤若望受崇祯帝之命，成功造出大炮，并完成了《火攻挈要》一书。汤若望还翻译了德国矿冶学家阿格里科拉的《矿冶全书》，定名为《坤舆格致》。全书共分12卷，涉及矿业和相关冶金工序的每个阶段。可惜该书未及刊行，便在明末清初的战火中遗失了。

肆

大运河与宗教文化的传播

大运河的开通与整修，不仅活跃了中国区域间的物流与人际交往，同时也影响到古代中国与世界的外交往来及其路径，宗教的传播与流传就是这种中外文化交流的产物。有了大运河，从陆路和海路传入中国的佛教、伊斯兰教和天主教等多种宗教得以广泛传播，并且有的完成中国本土化后再东传日本等国家。

01 佛教沿大运河的传播

公元前后，佛教由陆上丝绸之路传入我国新疆地区，西汉末年沿着丝绸之路传到京城长安。哀帝元寿元年（前2年）派蔡愔赴大月氏（一说天竺）求取佛经。后来，蔡愔偕大月氏僧侣摄摩腾、竺法兰一起来到洛阳，并且用白马驮回了一些佛教经典，于永平七年（64年）在洛阳城西建造了中国第一座佛教寺院——白马寺，翻译佛教经义。此后，中国开始有了汉译本的佛经。到了隋唐，佛教得到空前发展，完成了中国本土化进程，尤其是在中国大运河沿线传播最为迅速。洛阳、汴州、楚州、扬州、杭州等运河城市均是佛寺林立，成为佛教传播的中心城市。扬州城有三四十所佛寺。唐代，来中国宣扬佛法的外国僧侣和赴印度求法的中国僧人不断增加，大部分是从海上丝绸之路出发的。其中外出取经求法最突出的是的玄奘和义净，分别从陆路和海路出发，前往天竺取经，均取得了巨大成功，产生了重大影响。北宋开宝二年（969年），下诏重修开封太平兴国寺并赐额。南宋的杭州成为大运河区域的佛教传播中心，城内有寺院480余所。元朝时，藏传佛教——喇嘛教在大都和运河区域广泛传播，并且享有突出的地位。元世祖忽必烈封喇嘛教徒八思巴为国师，并授以玉引，令其统管天下之教。在明朝政策的扶持下，佛教又复兴起来。运河区域寺院林立，牒僧大增。大运河北部的京师内外，官立寺院已多至639所。清朝基本上延续了明朝的佛教政策，并且奉喇嘛教为国教。但清初对佛教尤其限制，运河地区仍是全国佛教活动的重心，镇江的金山寺、扬州高旻寺、常州天宁寺、宁波天童寺，号称禅宗四大丛林。

开封大相国寺

（1）大运河四大名寺

扬州天宁寺。天宁寺位于扬州明清城北郊外城河边，是清代帝王南巡时驻在扬州的行宫，为清代扬州八大名刹之首。天宁寺是扬州最早的佛教庙宇之一，其规模之大在历史上也极为罕见。建筑群由山门殿、天王殿、大雄宝殿、华严阁、东西廊房及配殿组成，以中间一条南北向的中轴线为主，主要建筑都位于南北向的中轴线上，次要建筑安排在轴线东西两侧，构成“一庙五门天下少，两廊十殿世间稀”的格局。整个建筑群对称分布，布局严谨，井然有序，为中国传统的四合院式的寺庙建筑群。建筑群内各元素之间有着微妙、虚实的自然衔接关系，体现出中国古代建筑群内建筑之间“含蓄”的关系。远远望去仿佛飘然在白云之中，被许多人誉为“江南小故宫”。天宁寺内植物配置起到了烘托建筑肃穆气氛的作用，强调平面布局轴线的效果。两棵银杏树对称式置于建筑前方。前景以规则式修剪的草坪为底，以修剪过的低矮的海桐杏的对称式点缀其上，在垂直方向上烘托出来建筑和两棵银杏的挺立肃穆之感。深秋银杏的金黄绚烂与色彩庄严凝重的殿宇形成鲜明对比。

~
天宁寺

~
运河边的高旻寺行宫

高旻寺。在扬州市南郊古运河与仪扬河及瓜洲运河的交汇处形成了一处三汊河口，就在这三汊口建有一座名刹，它就是驰名中外的清代扬州八大名刹之一高旻寺。据《邗江县志》载："高旻寺创建于隋代，屡兴屡废，且数易其名，清初重建为行宫。顺治八年（1651年），两河总督吴惟华于三汊河岸筹建七级浮屠，以纾缓水患，名曰"天中塔"。十一年（1654年）秋塔成，复于塔左营建梵宇三进，是为"塔庙"。康熙帝于三十八年（1699年）第三次南巡莅扬，见天中塔倾圮，欲颁内帑修葺，为皇太后祈福。江宁织造曹寅、苏州织造李煦倡两淮盐商捐资报效，大加修缮并扩建塔庙。四十三年（1703年）康熙帝第四次南巡，曾登临寺内天中塔，极顶四眺，有高入天际之感，故书额赐名为"高旻寺"。次年又御制《高旻寺碑记》，颁赐内宫药师如来脱沙泥金宝像，寺内建金佛殿及御碑亭供奉。其后曹寅等于寺西创建行宫，规模数倍于寺。康熙五、六次南巡，乾隆首次南巡，均曾驻跸于此。乾隆三十六年（1771年），高旻寺天中塔的金刹为飓风吹落，损及塔身，由两淮盐商修复，于次年上顶合尖。咸丰中，寺与行宫俱毁于火。民国时高僧来果住持高旻寺三十多年，扩建寺宇，整顿寺规，严明宗约，断绝经忏，唯以参禅悟道为指归，由此宗风大振，闻名于世。

宁波阿育王寺。在今宁波市东20千米，在一座以阿育王命名的千年古刹，这就是宁波阿育王寺。这座创建于西晋太康三年（282年）的阿育王寺闻名中外，不仅因为山明水秀，殿宇巍峨，更缘于寺内有一座举世瞩目的舍利宝塔。阿育王寺占地6万多平方米，现存主体建筑为清代。中轴线由南而北依次为山门、天王殿、大雄宝殿、舍利殿、法堂（楼上藏经楼）。东、西两侧为厢房及附属建筑。天王殿七间，通面宽30.36米，通进深18.20米。三大殿均为重檐歇山顶，抬梁式结构，舍利殿屋顶盖金黄琉璃瓦，内有舍利塔。寺内有二塔，一塔建于山上，俗称上塔，一塔建于山下，俗称下塔，上塔已残。下塔建于元至正二十五年（1365年），砖木结构，仿楼阁式，六面七层，高约36米。寺内另存有唐、宋碑刻，唐石雕造像等，并设有宗教文物陈列室。

大明寺。大明寺位于江苏省扬州市区西北郊蜀岗。始建于南朝宋大明年间（457—464年），故称“大明寺”，又称“栖灵寺”；又因其位于唐城之西，也称“西寺”。隋文帝仁寿元年（601）于大明寺内建栖灵塔，塔高九层，雄踞蜀冈，塔内供奉佛骨。本梵僧大觉遗灵之言，故称“栖灵塔”。隋唐时期，扬州的政治经济发展甚快，已成为全国第三大都会，繁华仅次于长安、洛阳。唐代著名诗人李白、高适、刘长卿、刘禹锡、白居易等均曾登临栖灵塔赋诗赞颂。唐代高僧鉴真曾在大明寺担任住持。大明寺内还有平山堂、谷林堂、欧阳文忠公祠等众多遗迹。

~

唐城遗址博物馆

~

宁波阿育王寺

唐子城

~
鸟瞰蜀冈

（2）大运河四大名塔

随着佛教的传播，寺院的兴建，大运河沿线也建造了众多的佛塔，其中京杭大运河沿岸就有“四大名塔”的说法，这就是通州燃灯塔、临清舍利塔、扬州文峰塔、杭州六和塔，这四大名塔不仅是运河沿线建筑艺术的杰出代表，而且是明清时期运河区域繁荣的见证。

通州燃灯塔。燃灯塔又被称为燃灯佛舍利塔。始建于北周，唐、元、明诸代曾予以维修。通州燃灯塔又被民间称为镇水塔，意在防止洪水泛滥威胁运河和保护两岸人民免遭水灾。燃灯塔的结构为八角十三级密檐式实心砖塔，高约45米。须弥座双束腰，每面均有精美的砖雕。塔身正南券洞内供燃灯佛，故名燃灯塔。其余三正面设假门，四斜面雕假窗。塔身以上为十三层密檐，第十三层正南面有砖刻碑记“万古流芳”。整座塔上共悬风铃2224枚，雕凿佛像415尊。

临清舍利塔。在临清市城北南运河东岸有一座舍利塔，也就是临清舍利塔。此塔建于明万历三十九年（1611年），塔高61米，九级八面。楼阁式，通体近垂直，仿木结构，刹顶呈将军盔形，基座八面，每面长4.9米，底面积为186平方米，其空间面积可达7000平方米，外檐砖木结构。临清舍利塔是真正与大运河相伴生的建筑，它见证了明清时期临清这一运河名城经济的发展。明清两代漕运兴盛之

~
临清舍利塔

时，客商学子登塔览胜者众多，留有多首题咏。如今，尽管临清的繁华不在，但临清舍利塔仍然是运河沿线四大名塔之一。

扬州文峰塔。在扬州城南古运河东岸文峰寺内有一座塔叫文峰塔，当地的地名宝塔湾就是因为此塔而命名。文峰塔相传是为镇住扬州之文风，使学子在科举场上出头而得名。其实，在运河边的塔都是镇水之用。文峰塔砖砌塔身，高40米，登顶可南望大江，北眺蜀冈，绿杨城廓尽收眼底。文峰塔初建于明万历十年，知府虞德晔建塔，僧人镇存募化三年资财得以建成，当时的扬州按察御使邵公题为“文峰塔”，取“文风昌盛，文脉顺达”之意。文峰塔为七层八面砖木结构楼阁式宝塔，塔身红木青瓦，古塔庄严厚重，成为古运河畔的显著标志。塔上的灯龛，亦起到航标的作用，明清粮船盐艘多从塔前来往，帆樯林立，盛极一时，此河湾遂改为宝塔湾。据说，在抗日战争时期，塔顶也曾遭日本人破坏。现在的文峰塔与文峰寺一起成为扬州古运河畔一道亮丽的风景。

《文峰塔》

杭州六和塔。六和塔，又名六合塔，是取天、地、东、南、西、北六方以显示其广阔的含义，即“天地四方”之意。位于钱塘江畔月轮山上的六和塔，是北宋时吴越王为镇钱塘潮而建。据《杭州六和塔的传说》介绍：“此地原为五代吴越国王的南果园。北宋开宝三年（970年），钱弘俶舍园造塔，派僧人智元禅师建造了六和塔，并建塔院，建塔的目的是为了镇压江潮。现在的六和塔塔身重建于南宋，清光绪二十五年（1899年），又重建塔外木结构。塔名取佛教“六和敬”之义，命名为六和塔。”

除了这四大名塔，在中国大运河沿线还有许多有名的佛塔，有被誉为“天下第一塔”的开封铁塔；有因让道保塔的故事出名的高邮镇国寺塔；还有宁波阿育王寺的舍利塔。

~
杭州六和塔

~
开封铁塔

~
宁波阿育王寺舍利塔

~

镇国寺

~

镇国寺和大运河

02

伊斯兰教沿大运河传播的

伊斯兰教产生于7世纪的阿拉伯半岛，唐朝初中期，就通过外交、战争等渠道传入中国，伊斯兰教传入中国分陆路、海路两条通道，而无论是海路，还是陆路，在中国国内的传播都与大运河密切相关。

伊斯兰教从陆上丝绸之路传入中国主要是天山北道和南道。当时，都城长安穆斯林商人的身影随处可见，在长安西市、东市都有很多大食人和波斯人开的店铺，当地人谓之“胡店”“胡邸”。西亚及非洲的象牙、犀角、香料、珠宝源源进入长安。中国的丝帛、瓷器、茶叶广销阿拉伯各地。传入长安、洛阳等地的伊斯兰教又顺着隋唐大运河传入运河沿线地区。

伊斯兰教从海上丝绸之路传入中国后，大量的阿拉伯和波斯商人乘船来到中国，也沿着运河在中国的内陆地区广泛传播伊斯兰教。据《旧唐书·邓景山传》及《田神功传》记载，唐上元元年（674年）发生田神功之乱，扬州的波斯、大食商人死者就达数千人。可见当时留居中国的大食、波斯商人之多，甚至有的已经改为汉姓。如唐朝进士李彦升就是一位大食人，大商人李苏沙是波斯人。这些留居中国的阿拉伯人、波斯人，当时被称作“蕃客”，在华所生子女称“土生蕃客”，居处称“蕃坊”。在蕃客中，除阿拉伯和波斯商人外，还有传教士。相传唐时由海路来中国传教的有四大“先贤”，大贤传教于广州，二贤传教于扬州，三贤、四贤传教于泉州。

~

济宁东大寺

~
扬州仙鹤寺望月亭

到了宋元，伊斯兰教在中国的传播进入鼎盛时期，特别是在运河地区以及东南沿海地区，传播尤为广泛。北宋政府为照顾这些国外的商旅，特别为他们划定专门的居住区。如熙宁年间，即安排西域天方国王所率领的一个5300多人的团队分居在江淮沿运河地区。允许伊斯兰教教徒与汉族通婚。尤其是尊重其信仰，在各地兴修清真寺。宋代在扬州建的仙鹤寺，规模相当大。

扬州堪称伊斯兰教在中国的发祥地之一，除了著名的仙鹤寺外，目前各个县域均保留有清真寺，高邮市还有一个以回族命名的乡镇——菱塘回族乡。

宋代，越来越多的信奉伊斯兰教的阿拉伯、波斯商人、传教士、工匠来到中国，分布在广州、泉州、扬州、杭州、海南岛等地，这些城市纷纷建造起规模宏伟壮丽的清真寺。蕃客人数达十几万，出现了“五代土生蕃客”。在沿海一带，形成了一个个伊斯兰教的兴旺区域。元代大都著名的清真寺就是始建于至正年间的东四清真寺，还有由伽色尼人阿合买德和花不剌人阿力掌教的牛街清真寺。河北定州、山东济南、河南开封和商丘等地，都建有清真寺。此外，苏州、松江、杭州、宁波以及泉州等地，也建有规模庞大、宏伟壮丽的清真寺。

明代，伊斯兰教在运河区域的传播与运河作为南北主要通商之路有着直接的关系。特别是在沿运河城镇，吸引大批有经商传统的穆斯林经商落户，自然伊斯兰教也随之成为当地的宗教之一。如在大运河南端的杭州，明弘治年间扩建始建于宋代的真教寺（又称凤凰寺）据康熙《真教寺碑记》载："武林真教寺居城之中，巍然高峙，左镇江海，右映湖山，表东南之巨丽，壮江山之形势，兹寺实一方之镇焉。"充分显示出了伊斯兰教的兴旺。在运河中段的扬州，明代以后吸引大批穆斯林经商居住，原来的仙鹤寺数次重修扩建。据嘉靖《维扬志》记载，该寺于"洪武二十三年（1390年）哈三重建，嘉靖二年（1523年）商人马宗道同住持哈铭重建"。扩建后的仙鹤寺，与杭州的凤凰寺、泉州的麒麟寺、广州的狮子寺，并称我国东南沿海伊斯兰教四大名寺。**运河北端终点的北京，明代又在前朝的基础上兴建了锦什坊清真寺、安内清真寺、花市清真寺等，成为伊斯兰教在北方地区的传播中心。**

运河其他城镇也都在扩大传播伊斯兰教。天津的金家窑大清真寺、泊头镇大清真寺，河北沧州的清真北大寺，北京通州的常营清真寺，山东德州的北营清真寺、临清的老礼拜寺和大清真寺、临西（明代属临清）的洪官营清真寺和张秋镇的清真东寺、济宁的清真东大寺，均建于明代。另外，江南的镇江、常州、嘉兴也有许多清真寺建于明代。如果说，明代伊斯兰教在运河城镇的传播发展是从事商贸活动的穆斯林定居的结果，那么它在运河沿线农村的传播则是大批移民的结果。明朝与吐蕃关系恶化后，从正统元年（1436年）起，明朝相继数次从甘州、肃州和凉州等地，迁徙穆斯林安插到运河区域的农村进行屯耕。(《明世宗实录》卷48）大量穆斯林迁移落户，自然促进了伊斯兰教在运河农村地区的传播。

~

杭州凤凰寺

普哈丁墓园

谈及伊斯兰教与大运河的关系，不能不说阿拉伯王子普哈丁这位富有传奇色彩的人物。

普哈丁是中古时期的阿拉伯人，据传是伊斯兰教创始人穆罕默德的第十六世裔孙，在国内颇有声望。南宋咸淳年间（1265—1274年）来到中国扬州。在扬州期间，他弘扬伊斯兰教传统美德，扶弱济贫，广交朋友，得到扬州官府的礼遇和地方人士的拥戴。普哈丁主持修建了著名的仙鹤寺。清光绪年间出版的《西域先贤普哈丁墓碑记》记述了一则普哈丁传教的故事："其时绿扬城东有龙王庙，老僧华仙素擅法术，颇有名誉，见先贤欲一斗其伎俩，卒不能胜，乃折服而退。"这个故事反映了普哈丁刚在扬州传教的曲折，体现了东西方文化的碰撞和交流。

普哈丁在扬州待了十年，其间他曾回西域三年，后又来到运河畔的津沽（今天津）、济宁等地传教。1275年7月，他乘船沿运河南下，于当月19日抵达扬州，黎明时在船中归真。根据他生前遗愿，后人将他安葬在古运河东岸的土冈上。这座墓园最初是专为安葬普哈丁而修建的，穆斯林尊其为先贤墓。后来又陆续有来扬传教、经商或做官的阿拉伯人以及明清以来的一些中国阿訇和虔诚的穆斯林，卒后附葬于此，使墓园逐渐形成今天的规模。

03 天主教在大运河流域的传播

基督教发源于1世纪巴勒斯坦地区的犹太人社会，并继承了犹太教耶和华上帝和救世主弥塞亚等概念，以《旧约全书》为基督教圣经。基督教的兴起是犹太下层民众反抗罗马暴政的社会运动的产物。11世纪基督教第一次分裂为天主教（罗马公教）和东正教（希腊正教）两大宗。15世纪，从天主教（罗马公教）中分裂出了信义宗（路德教派）、圣公宗（英国国教派）以及归正宗（加尔文教派）等，统称新教。

元朝时候，天主教开始传入中国。宋末元初之际，蒙古帝国军队西征欧洲，引起罗马教廷和欧洲各国的不安。于是，他们派出柏郎嘉宾、鲁布鲁克等传教士，先后出使蒙古帝国，以说服蒙古可汗信服天主教，停止侵略行为。**元朝对罗马教廷和欧洲国王派来传教士通好的行为表示了赞赏，也渴望与西方建立友好关系。**

至元二十五年（1288年），元朝廷派列班、扫马出使罗马教廷，请求派传教士到中国传“七艺”。次年，罗马教皇惯古拉四世派遣孟高维诺来华传教。孟高维诺从陆路转海路，取道印度，留居马八儿一年，于至元三十年（1293年）乘船来到扬州。然后沿大运河北上，最后于至元三十一年（1294年）抵达大都。来到中国后，孟高维诺首先在蒙古贵州族和阿兰人中宣道布教，接着又对其收养的150名儿童传教，取得成功。大德三年（1299年），大都第一所天主教堂竣工。大德九年（1305年）八月，他又在大都建第二座天主教堂。罗马教皇充分肯定孟高维诺的功绩，大德十一年（1307年），特许设立汗八里（大都）总主教区，委任其为总主教，统辖元朝各处主教，管理远东教务。同年还派格拉德等7人来华协助孟高维诺。至元四年（1338年），罗马教皇尼迪克特十二世再派佛罗伦萨人马黎诺里为特使，率领50人，携带致元朝皇帝的书信及礼物出使元朝。4年后，马黎诺里团队来到大都，觐见了元顺帝，进献了罗马教皇的礼物、骏马和书信。顺帝对骏马十分喜欢，命文人赋诗作画，称之为“天马”。马黎诺里在大都待了四年，其间大力传教。

至正六年（1346年），他沿运河南下泉州，乘船回国。元顺帝特设宴饯行，并赠3年费用和良马200匹，又回书给罗马教皇请再派人来中国。**元代，运河区域的镇江、杭州和东南沿海的泉州都有天主教传播。**

到了明代嘉靖年间，天主教继续从海路传入中国，广东等地率先建立教会。万历时传至苏州、扬州、丹阳、绍兴等运河城市。先后至运河地区传教的有意大利传教士利玛窦、龙华民和罗明坚，葡萄牙罗如望，西班牙庞迪我，还有邓玉函等。传教士们不仅介绍西方神学知识，还把西方天文、历法、舆地、数理等自然科学传授给中国的士大夫，为中国开启一扇看西方看世界的窗户。一些运河地区的官僚士子也纷纷受洗入教。清朝，天主教继续在中国传播，传教士汤若望曾任中国钦天监正，并在北京修建教堂一所。另一传教士柏应理在苏州、镇江、淮安一带热心传教，还与其他教士一起，把《四书》翻译成法文，为中外文化交流做出了贡献。

嘉兴天主教堂

~
扬州天主教堂

清朝初期，朝廷对天主教采取比较宽容的政策，教会势力有所发展。据不完全统计，至康熙三年（1664年），运河地区的教堂达10多座，教徒达3万以上。仅北京就建有南堂、东堂、墓堂三处教堂，教徒达15000人，为全国之冠。江苏沿运河地区，常熟有教堂两处，教徒达万人。扬州、淮安各有教堂1处，教徒分别有1000人和800人。浙江沿运河地区，杭州有教堂两处，教徒1000人。康熙十九年（1680年），比利时籍传教士柏应理等来苏州传教，并扩建了当地的教堂。康熙四十一年（1702年），法国籍神甫龚当信在绍兴购房设立教堂，传教近6年（《中国教案史》）。鸦片战争后，天主教从海路进入运河流域传播，获得了空前发展，不但建造了一大批规模宏大的天主教堂和为数众多的分堂，而且还创办了一些教会和慈善机构。运河城市嘉兴的文生修道院地处嘉兴市区东北角，前临大运河，自1903至1908年，嘉兴文生修道院为中国遣使会的唯一总修院，又是总合院。嘉兴还有一座天主教堂，旧称圣母显灵堂，俗称圣母堂、天主教堂，始建于20世纪初叶，规模宏伟，是天主教加尔默洛会（圣衣会）在嘉兴的总部，当时“中国第一、远东第三”的大教堂，也是建筑年代较早的西洋优秀建筑之一。

~
嘉兴文生修道院

尾声
新时代大运河的新使命

大运河申遗成功只是一个新的开始，在新的起点上，
大运河申遗人又揭开了大运河保护传承利用的新篇章。
2014年9月26日，大运河遗产保护管理工作会议在扬州召开，
对申遗成功之后推动新时期大运河遗产保护管理工作全面动员。
为了继续做好大运河遗产的保护管理工作，
大运河申遗的主体演变为大运河遗产保护管理的主体，
大运河世界遗产保护管理城市联盟正式成立，
制定并通过了联盟章程。同时，
大运河联合申遗办公室更名为大运河遗产保护管理办公室，
继续履行大运河遗产保护管理的牵头协调责任，
从而开启了后申遗时代大运河遗产保护管理的新篇章。

在大运河申遗成功三周年之际，中国文化发展迈入新时代，
大运河也迎来了新的发展机遇。2017年，
习近平总书记两次对大运河保护利用工作作出重要批示：
「保护大运河是运河沿线所有地区的共同责任。」
「大运河是祖先留给我们的宝贵遗产，是流动的文化，
要统筹保护好、传承好、利用好。」
习近平总书记的重要指示，为推进大运河文化带建设指明了方向。

01 大运河文化带建设的国家战略

大运河文化带建设，是新时代党中央、国务院主动适应我国社会主要矛盾变化，作出的一项重大决策部署。在新时代，建设大运河文化带有利于深入挖掘大运河承载的丰富历史文化资源，将大运河打造成为展示中华文明的亮丽名片。2019年5月，中办、国办印发了由国家发改委组织编制的《大运河文化保护传承利用规划纲要》。《规划纲要》按照“河为线，城为珠，线串珠，珠带面”的思路，构建一条主轴带动整体发展、五大片区重塑大运河实体、六大高地凸显文化引领、多点联动形成发展合力的空间格局框架。

（1）一条主轴

根据大运河区位特征、水系特点、河道现状和沿线经济社会发展基础条件，以京杭大运河和浙东运河为骨干（含河北雄安新区白洋淀与大运河连通部分），充分发挥线性串联和综合展示功能，打造大运河文化带的主轴，推动隋唐大运河成为大运河文化带的重要一支，实现大运河水域、岸线及沿岸珍贵文化、生态、景观等资源要素点带汇聚、有机组合和高效匹配。

（2）五大片区

依托大运河河道水系分布和通水通航现状，将大运河文化带范围划分为京杭大运河黄河以北片区（含雄安新区）、京杭大运河黄河以南片区、浙东运河片区、隋唐大运河北片区、隋唐大运河南片区，形成对大运河壮丽本体的空间支撑。其中，京杭大运河黄河以北片区主要突出京津冀区域文化展示、河道水系修复和沿河景观，京杭大运河黄河以南片区主要突出特色历史文化城乡振兴、河道疏浚、绿色航运、生态修复和沿河景观，浙东运河片区主要突出海上丝绸之路与大运河文化展示、绿色航运，隋唐大运河北片区和隋唐大运河南片区主要突出遗产展示、有水河段修复。

（3）六大高地

挖掘京津、燕赵、齐鲁、中原、淮扬、吴越等大运河沿岸地域文化特征，推动分类集中、功能衔接、融合发展，布局六大文化高地，构筑大运河实体与地域文化伴生共荣的集中展示空间。其中，京津文化高地主要包括北京、天津等地，燕赵文化高地主要包括沧州、邯郸、雄安新区等地，齐鲁文化高地主要包括济宁、泰安、聊城、德州、枣庄等地，中原文化高地主要包括郑州、开封、洛阳、淮北、宿州、徐州等地，淮扬文化高地主要包括扬州、淮安等地，吴越文化高地主要包括常州、镇江、苏州、无锡、嘉兴、湖州、杭州、绍兴、宁波等地。

（4）多点联动

按照大运河文化资源富集程度、沿线城乡规模等级和发展定位等，围绕六大文化高地，形成支点城市和特色村镇功能分明、辐射联动的发展格局。大运河沿线的支点城市，主要承担集聚要素资源、辐射带动周边的重要窗口功能和支点带动作用，大运河沿线特色村镇是大运河文化保护传承利用的具体单元，是大运河文化带的基础。（国家发改委《大运河文化保护传承利用规划纲要》）

《规划纲要》根据大运河文化影响力，以大运河现有和历史上最近使用的主河道为基础，统筹考虑遗产资源分布，合理划分大运河文化带的核心区、拓展区和辐射区。

~

大运河风光

运河三湾公园

（5）核心区

核心区是指大运河主河道流经的县（市、区），包含典型河道段落和重要遗产点，是孕育形成大运河文化的主要空间，也是大运河文化带的关键区域，包括北京（2个）、天津（7个）、河北（21个，含雄安新区安新县、雄县）、山东（18个）、河南（40个）、安徽（7个）、江苏（37个）、浙江（18个）等8省（市）的150个县（市、区）。大运河文化带的主轴和具备条件的其他有水河段两岸各2000米范围内的核心区范围划定为核心监控区。

（6）拓展区

主要是指大运河主河道流经的地市，是大运河文化向外逐步拓展与沿线地域文化融合的交汇地带，也是大运河文化带的重点区域，包括北京5个区，河北（5个）、河南（9个）、安徽（2个）、江苏（8个）、浙江（5个）6省的34个地市除核心区之外的地域范围，以及雄安新区除新县、雄县之外的地域范围。

（7）辐射区

主要是指大运河主河道流经的省（市），是大运河文化进一步向外传播辐射的联动区域，也是支撑和保障大运河文化带的省域空间，包括北京、天津、河北、山东、江苏、浙江8省（市）除核心区和拓展区之外的地域范围，衔接“一带一路”建设、京津冀协同发展、长江经济带等重大国家战略。

（8）《规划纲要》确定了三个阶段性目标

2018—2025年，大运河文化遗产实现全面保护，主要河段基本实现有水，绿色生态廊道基本建成，文化旅游形成统一品牌。大运河文化带核心区范围内现有文化遗产梳理甄别全部完成，各类文化遗产资源保护实现全覆盖，分级分类展示体系基本形成。力争京杭大运河主要河段基本实现正常来水年份有水，适宜河段实现旅游通航，京杭大运河黄河以南段和浙东运河现有通航河段实现绿色通航。生态空间布局基本形成，核心监控区内不符合规划和生态保护要求的建设项目得到有效控制，劣五类水体大幅消减。大运河旅游基础设施条件和公共服务保障能力显著改善，文化和旅游与相关产业深度融合，一批文化旅游精品线路和大运河统一品牌基本形成。权责明确的大运河文化保护传承利用协调机制和平台基本建成并运行良好。

2026—2035年，大运河文化遗产实现科学保护、活态传承、合理利用，主河道全线有水，生态环境根本改善，文化旅游品牌影响力显著提升。大运河文化遗产实现整体系统保护，现代化展示体系全面建成，大运河文化价值和精神内涵得到深入挖掘和活态传承。力争实现京杭大运河正常来水年份全线有水，稳妥推进适宜河段通航，已通航河段航运效能有效提升。核心监控区内不符合生态环境保护和相关规划要求的已有项目态系统服务品牌体系更加完善，社会效益和经济效益实现高度统一。在世界上具有较高知名度和吸引力。

展望2050年。一条包容开放、俯仰古今、贯通南北的大运河以全新姿态展示在世人面前。各类文化遗产焕发新的生机与活力，河湖安澜有序，环境优美宜居，“千年运河”文化旅游品牌享誉中外，大运河宣传中国形象、展示中华文明、彰显文化自信亮丽名片的作用更加突出，成为中华民族伟大复兴中的一幅辉煌画卷。（国家发改委：《大运河文化保护传承利用规划纲要》）

02 大运河国家文化公园的新创举

国家文化公园是一类文化资源的典型代表，对于阐释、解说或研究国家遗产的自然或文化主题具有独一无二的价值，是国家文化财富的宝贵载体。国家文化公园也是国家形象特征和文化传统的标志体现，饱含了一个国家的历史起源、民族精神与国家价值观的渗透。国家文化公园是我国在新时代文化建设的一个新的伟大创举。

（1）大运河国家文化公园的提出过程

在2019年1月召开的全国文化和旅游厅局长会议上，文旅部进一步表示，我国将重点打造长城、大运河、长征3个主题的国家文化公园。

7月24日，中央全面深化改革委员会第九次会议审议通过了《长城、大运河、长征国家文化公园建设方案》，标志着国家文化公园建设进入实质性推进阶段。方案提出计划用4年左右时间，到2023年基本完成长城、大运河、长征国家文化公园建设任务。

9月27日，大运河国家文化公园建设推进会在扬州召开。同日，大运河国家文化公园标志落户扬州运河三湾生态公园。

12月5日，中办、国办正式印发了《长城、大运河、长征国家文化公园建设方案》，并要求各地贯彻落实。

（2）大运河国家文化公园的任务要求

按照《建设方案》，大运河国家文化公园根据文化遗产和文化资源整体布局、禀赋差异及周边人居环境、自然条件、配套设施等情况，结合国土空间规划，重点建设管控保护、主题展示、文旅融合、传统利用4类主体功能区。一是管控保护区。由文物保护单位范围、世界文化遗产区及新发现发掘文物遗存临时保护区组成，对文物本体及环境实施严格保护和管控，对濒危文物实施封闭管理，建设保护第一、传承优先的样板区。二是主题展示区。包括核心展示园、集中展示带、特色展示点3种形态，核心展示园由开放参观游览、地理位置和交通条件相对便利的国家级文物和文化资源及周边区域组成，是参观游览和文化体验的主体区。集中展示带以核心展示园为基点，以相应的省、市级文物资源为分支，汇集形成文化载体密集地带，整体保护利用和系统开发提升。特色展示点分散但具有特殊文化意义和体验价值，可

大运河国家文化公园标志

满足分众化参观游览体验。三是文旅融合区。由主题展示区及其周边就近就便和可看可览的历史文化、自然生态、现代文旅优质资源组成，重点利用文物和文化资源外溢辐射效应。四是传统利用区。城乡居民和企事业单位、社团组织的传统生活生产区域，合理保存传统文化生态，适度发展文化旅游、特色生态农业，适当控制生产经营活动，逐步疏导不符合建设规划要求的设施、项目。

大运河国家文化公园建设主要包括四大任务。一是修订制订法律法规。推动保护传承利用协调推进理念入法入规，也就是要推动大运河河流域性立法，同时要求沿线省市也要结合实际修订制定配套的法规规章。二是编制建设保护规划。按照多规合一要求，结合国土空间规划，编制大运河国家文化公园建设保护规划，要求相关省市也要对前期规划建议进行修订完善，形成区域规划。三是实施文物和文化资源保护传承利用协调推进基础工程。主要包括保护传承、研究挖掘、环境配套、文旅融合、数字再现5个基础工程。保护传承工程：加大管控力度，合理恢复大运河航运功能，提高传承活力，分级分类建设完善展示体系、组织形式多样的主题活动，让大运河文化融入群众生活。研究发掘工程：加大支持力度，构建与大运河国家文化公园建设相适应的理论体系和话语体系。环境配套工程：修复空间环境，加强城乡综合整治，维护人文自然风貌，改善旅游线路，完善公共设施，健全标准化服务体系，推出大运河国家文化公园形象标志，打造广为人知的视觉形象识别系统。文旅融合工程：对优质文化旅游资源推进一体化开发，打造一批大运河文旅示范区，培育一批有竞争力的文旅企业，推动开发大运河文化旅游产品，组建大运河文旅联盟，开展整体品牌塑造和营销推介。数字再现工程：加强数字基础设施建设，对大运河文化资源进行数字化展示，打造永不落幕的网上空间，建设完善文化遗产文化资源数字化管理平台。四是完善大建设管理体制机制。构建中央统筹、省负总责、分级管理、分段负责的工作格局。分省设立管理区，设立专家咨询委员会，提供决策参谋和政策咨询。

2020年11月13日，习近平总书记考察扬州运河三湾生态文化公园时指出："千百年来，运河滋养两岸城市和人民，是运河两岸人民的致富河、幸福河。希望大家共同保护好大运河，使运河永远造福人民。"这一重要讲话再次为大运河文化的保护传承利用指明了方向。在开启全面建设社会主义现代化国家的新征程上，大运河文化带建设和大运河国家文化公园建设成为运河沿线地区的共同目标，大运河故事正在谱写新的篇章，千年运河将为我们今天的社会主义现代化建设作出新的贡献。

~
扬州打造江淮生态大走廊

参考文献

[1] 邹逸麟：舟楫往来通南北．南京：江苏凤凰科技出版社，2018.

[2] 国家文物局：中国大运河申遗文本，2013.

[3]（清）张伯行．居济一得（卷2）．丛书集成本．上海：商务印书馆，1936.

[4]（清）黎世序．续行水金鉴（卷73）．上海：商务印书馆，1936.

[5]（北魏）郦道元，水经淮水注，成都：巴蜀书社，1985.

[6] 元史，卷64河渠志一，北京：中华书局，1976.

[7]（清）沈复．浮生六记．精装典藏本．沈阳：北方联合出版传媒集团万卷出版公司，2015.

[8] 姜师立等．京杭大运河历史文化及发展，北京：电子工业出版社，2014.

[9] 荀德麟等．京杭大运河非物质文化遗产．北京：电子工业出版社，2014.

[10] 本宫泰彦著、胡锡年译．日中文化交流史，北京：商务印书馆，1980.

[11] 周魁一等．二十五史河渠志注释，北京：中国书店，1990.

[12] 国家发改委．大运河文化保护传承利用规划纲要．2019.

后记

这本书是我写的第十本大运河图书了。运河畔出生并长大的我与大运河有着不解之缘，我老家所在的村就叫运河村，我喝着运河水，吃着运河里的水产长大。从村东头流过的大运河是从邵伯湖流向七河八岛的一段，也是大运河最宽阔的一段，河两岸之间距离有1000多米。记得小时候到运河边游泳，看着运河边川流不息的船队，小伙伴们比赛谁能绕过船队先游到对岸，有的小伙伴游到中间游不动了，就拉住经过的货船旁的轮胎，歇会儿再游。长大后，童年的伙伴相聚还常常引为笑谈。2010年，大运河申遗牵头城市扬州市举行市管领导干部公推公选活动，有个大运河联合申遗办副主任的岗位，我毫不犹豫地选择了这个岗位，而且有幸成为大运河申遗的见证者与参与者。这虽然有偶然的因素，但也许是历史的必然。

做大运河申遗工作的这几年，我从一个新闻工作者转向文化遗产工作者，而且奠定了我今后的研究方向，那就是中国大运河。6年从事大运河保护与申遗工作，6年从事大运河文化研究工作，我对大运河的认识不断加深，从介绍运河遗产常识，到解读运河文化，再到推动大运河文化带建设，再到向大众普及运河文化，我先后写成了10本运河图书，被称为“运河之子”。

这本书是继《大运河遗产系列》《中国大运河系列》和《大运河政治文化生活系列》丛书后，本人主编的第十部大运河图书。这几年围绕大运河文化研究，出版了几本书，尽管这些书都图文并茂，但由于出版社考虑到成本，设计得并不出彩。说实话，我对前面几本书是不满意的。因此，一直想写一本图文并茂，设计精美的普及读本，能够让读者轻松阅读。中国轻工业出版社约我写一本杂志式的大运河图书，正合我意。本书全面反映了大运河的水工成就、文化价值、经济作用、民族融合、运河保护等，可以说是一本大运河的百科全书。本书用科学严谨的笔法，杂志式的设计，让读者在轻松愉快的氛围中，读懂大运河世界遗产的内涵与分布范围，了解大运河的价值所在，相信对大运河知识的普及，大运河文化的传播传承，民众文化遗产保护意识的提高将会起到一定的推动作用。

在国家文物局、中国文物学会、中国博物馆协会、中国文化遗产研究院等机构的关心支持下，在扬州大学苏中发展研究院、扬州大学中国大运河研究院的帮助下，本书历经半年编写而成。在本书的写作过程中，参考了姚汉元先生的《京杭运河史》、周魁一先生的《二十五史河渠志注释》、安作璋先生的《中国运河文化史》、邹逸麟先生的《舟楫往来通南北》、荀德麟先生的《京杭大运河非物质文化遗产》，以及《中国大运河申遗文本》等资料。本书的写作还得到了张谨、黄晓帆、李广春、吴育华、宋桂杰、文蓉、吴益群、张芸、张益、孙明光、管斌、朱育林、李国耀、朱翔龙、刘奇斌、崔金、周泽华、崔佳明、潘娟、姜跃岭、杨小茹、薛志坚、沈娟娟、江勇、陈相辉、杨静路、董辉、刘江瑞、张卓君、王支援、刘东华、张秋、郭世军、季文静、张秉政、刘颖、萧加、杨长兰、丁春晴、殷国栋、章栎、冯家红、靳国君、熊海峰、钱菲菲、荣骏炎、王国鸿、王立生、蔡以忠、梁宝富、陈跃、文啸、高南健、王华尧、黄杰、李赛南、赵永、黄浙苏、黄建军、朱明松、蒋永庆、吴同祥、贾丽琴、徐颖宏、孙万刚、司新利、李斯尔、孟德龙、陆启辉、张明、韩绪南、张元奇、丁华、王爱民等，以及国家博物馆、北京通州区文化馆、南京中国科举博物馆、扬州博物馆、现代快报、扬州日报、中国文物学会会馆专委会、中国地图出版社等单位在图片、制表等方面的大力帮助，在此一并表示感谢。部分图片因时间久远，未能找到作者，请作者与本人联系，以便奉上稿酬。特别要感谢文物界德高望重的大运河研究专家刘曙光先生、张廷皓先生亲自为本书作序推荐。

大运河遗产是中国最有特色的世界遗产之一，申遗成功让大运河得以重新回到世界舞台的中心，大运河文化带和国家文化公园建设又让大运河成为新时代的文化焦点之一，希望以这样一本书来帮助读者全面了解大运河，继而热爱大运河，参与到保护传承利用大运河的伟大事业中来，助推大运河文化带建设。

执此一卷，文图相融，让我们轻松阅读中国大运河。

姜师立 于2021年8月16日

展望 2050 年，一条包容开放、俯仰古今、贯通南北的大运河以全新姿态展示在世人面前，大运河宣传中国形象、展示中华文明、彰显文化自信亮丽名片的作用更加突出，成为中华民族伟大复兴中的一幅辉煌画卷。

——《大运河文化保护传承利用规划纲要》

图书在版编目（CIP）数据

传奇中国：大运河 / 姜师立编著. —北京：中国轻工业出版社，2022.1

ISBN 978-7-5184-3682-8

Ⅰ. ①传… Ⅱ. ①姜… Ⅲ. ①大运河—介绍—中国 Ⅳ. ①K928.42

中国版本图书馆CIP数据核字（2021）第195276号

责任编辑：刘忠波　　责任终审：劳国强　　整体设计：王超男

排版制作：锋尚设计　　责任校对：吴大朋　　责任监印：张京华

出版发行：中国轻工业出版社（北京东长安街6号，邮编：100740）

印　　刷：天津图文方嘉印刷有限公司

经　　销：各地新华书店

版　　次：2022年1月第1版第1次印刷

开　　本：889×1194　1/16　印张：34　插页：3

字　　数：400千字

书　　号：ISBN 978-7-5184-3682-8　定价：198.00元

邮购电话：010-65241695

发行电话：010-85119835　传真：85113293

网　　址：http://www.chlip.com.cn

Email：club@chlip.com.cn

如发现图书残缺请与我社邮购联系调换

210269Z1X101ZBW